校園自殺、自傷與暴力
評估、預防和介入策略

Suicide, Self-Injury, and Violence in the Schools:
Assessment, Prevention, and Intervention Strategies

Gerald A. Juhnke, Darcy Haag Granello
& Paul F. Granello 著

楊延光 校閱

施彥卿、蕭芝殷 譯

Suicide, Self-Injury, and Violence in the Schools

Assessment, Prevention, and Intervention Strategies

Gerald A. Juhnke,

Darcy Haag Granello,

Paul F. Granello

CONTENTS 目次

第一部分　自殺與自我傷害行為

作 | 者 | 簡 | 介

Gerald A. Juhnke

德州大學聖安東尼奧分校（The University of Texas at San Antonio）
諮商系教授及博士學位課程主任

Darcy Haag Granello

俄亥俄州立大學（The Ohio State University）諮商教育學系助理
教授

Paul F. Granello

俄亥俄州立大學諮商教育學系助理教授

作者簡介

校│閱│者│簡│介

楊延光

學歷
高雄醫學大學醫學系醫學士

經歷
國立成功大學學生事務處心理健康與諮商輔導組組長
國立成功大學附設醫院人體試驗委員會副主委兼執行祕書
國立成功大學附設醫院斗六分院精神部主任
美國杜克大學（Duke University）精神科研究員
國立成功大學醫學院附設醫院精神部一般精神科代主任
國立成功大學醫學院精神學科講師、副教授
國立成功大學醫學院附設醫院精神部社區精神科代主任
國立成功大學醫學院附設醫院精神部住院醫師、主治醫師

現職
國立成功大學醫學院醫學系精神學科教授
國立成功大學醫學院附設醫院精神部主任

譯｜者｜簡｜介

施彥卿

學歷

長榮大學社會工作研究所

東吳大學社會工作學系

教育部講師證書

社會工作師證書

衛生福利部心理衛生專科社會工作師證書

經歷

臺灣心理衛生社會工作學會理事

長榮大學社會工作學系兼任講師

衛生福利部社區關懷訪視及自殺通報個案管理計畫督導

臺南市政府家防中心高風險家庭服務方案外聘督導

臺南市政府衛生局自殺防治志工外聘督導

臺南市政府家防中心、犯罪被害人保護協會特約治療師

臺南地方法院家事庭家事調解委員

現職

成大醫院精神部社工師

家庭諮詢門診／腫瘤心理諮詢門診

嘉南藥理大學社會工作學系兼任講師

蕭芝殷

學歷

國立臺灣大學健康政策與管理研究所博士

英國 Bristol 大學心理學研究所碩士

東吳大學心理學系

經歷

亞東紀念醫院家庭醫學科青少年健康中心管理師

國立成功大學醫學院精神科、國家衛生研究院、台北醫學大學博士後研究員

現職

自由工作者

作｜者｜序

非常歡迎！你願意詳讀這本書是我們的榮幸，如你一樣，我們會瀏覽許多書開始的那幾頁，來決定是否值得花時間繼續閱讀下去。我們希望你能發現這本書是有用的，也讓你喜歡。為你服務真的十分榮幸。

這本書的目的十分單純，我們想要協助學校諮商師及其他學校專業工作者，能針對面臨自殺和暴力風險的學生，設計出最佳的預防、介入及後續介入。這本書同時也希望能協助你對於經歷校內自殺或暴力的學生，制定出危機介入及後續介入的方法。沒有人比你更了解你的學生，你才是自己學生和學校的專家，你了解你的學生的特殊需求，我們的目的並非否定你的臨床知識或判斷，也不是想要告訴你應該如何做，相反地，我們希望和你們一起針對校園自殺及暴力發展出相關和有用的預防、危機介入及後續介入策略。我們盼望這些策略可以讓你、你的學生、你的學校以及你的社區更有力量。

本書省略許多既知的一般細節，而是提供你有關於校園自殺及暴力最重要的資訊。本書分為三個部分，第一部分特別針對自殺及自我傷害，清楚聚焦於可行的方法，而非模糊不清和深奧的說辭。在此部分，Darcy Granello 博士和 Paul Granello 博士特別針對青少年及兒童的自殺、自殺行為和自我傷害提出了重要資訊。兩位 Granello 博士是研究兒童及青少年自殺的知名學者，他們曾在美國國內和世界各地演講，並為中學及高中

的學校諮商師提出重要的預防和篩選重點，之後設計出了校園危機介入和後續介入的策略，這些素材將有助於你獲得有效介入所需的信心和知識。最後，兩位 Granello 博士討論了日益增加的非自殺性自傷的相關議題，這些討論切合重點。如果你是學校諮商師，或是面對學校或服務對象為在學兒童、青少年的心理衛生專業人員，他們所提供的這些資訊和方向將是非常有價值的。

　　第二部分由 Gerald Juhnke 博士所撰寫，聚焦於暴力問題。Juhnke 博士在諮商領域是國際知名的領導者，他已出版了相當多有關於自殺、家庭、酒藥癮行為及暴力的著作。他分享自身經驗來協助讀者學習如何有效地進行面對面的臨床會談，並運用「暴力學生量表」（VIOLENT STUdent Scale）來評估暴力或潛在暴力的學生和家長。許多案例的臨床對話，是為要協助你對暴力評估有更深入的理解。接下來，Juhnke 博士描述你可以如何參與關懷系統（Systems of Care）和「包裹式服務」（Wrap around）的動力，來強化你的諮商介入，其目的是藉由共同創造出為了降低重複或新暴力之可能性的介入，共同對學生和他們的家長予以充權。Juhnke 博士也描述了如何運用心理急救（Psychological First Aid）和對暴力倖存者適用的減壓敘說模式（Adapted Debriefing Model）。

　　這本書第三部分也是最後一部分，則對學校諮商師和其他校內專業人員指出必須察覺的許多重要議題。包括當校內自殺和暴力問題升高時，必

校園自殺、自傷與暴力—評估、預防和介入策略—

須考量的倫理和法律議題，特別的是，討論倫理和法律的章節提到一個合乎倫理的決策模式，包含設計一套流程協助學校諮商師和心理衛生專業人員，在開始這類介入之前，先考量到介入過程可能潛在的影響。鑑於校內自殺和暴力相關訴訟的可能性，作者也強調當出現自殺和暴力議題時，可能需要的專業保險顧問與進行法律諮詢的重要性。最後一章的內容，討論學校自殺和暴力預防工作的重要性，為學校諮商師提出一套普遍的模式，以及之後的介入方法。

　　再次謝謝你願意讓我們為你服務，我們也祝福你在協助全國學生和未來領袖的專業上，可以順利成功。

Gerald "Jerry" Juhnke
Darcy Haag Granello
Paul F. Granello

校 | 閱 | 者 | 序

自殺歷年來一直占據在國內民眾十大死因排名榜單之內，直到近二、三年來經過全國各界合力努力，名次終於下降而離開了十大死因之列。就以臺南市為例，在自殺死亡率最高峰曾越過 20 （每十萬人口），即一年將近 400 人死於自殺。但在各方努力之下，2013 年已下降至 15 （每十萬人），意即這些努力讓臺南市民約每週少 2 人死於自殺（一年死亡人數減少將近一百人），因此全市人口平均餘命也跟著增加約 0.2 歲。這是很重要也很值得的工作。在這過程中，臺南市政府整合全市政府機構的力量定期檢討，以及全市各公私立機關團體的配合是功不可沒的。

兒童及青少年在臺灣的自殺死亡率雖略低於平均值，但對於應在快樂中成長且兒童是國家未來主人翁的印象下，他們的早逝總令人震驚與心碎。這些人絕大部分都尚在就學階段，這也是本書《校園自殺、自傷與暴力：評估、預防和介入策略》翻譯的目的之一，希望能協助國內更多在自殺防治第一線工作人員提升專業技能。

除了自殺議題之外，非自殺性的自傷或自殺企圖更是實務工作的大挑戰，據臺南市政府的統計，自傷或自殺企圖與自殺死亡的比率約 30:1。自傷有許多與自殺本質不一樣的因素，不能一概而論，處理原則及衝擊各有不同的面向，本書亦有特別章節——第四章將介紹。

我在成大醫院工作近三十年，會遇到病患不治而過世的經驗，然而未

曾因此而到過醫院的太平間，直到擔任成功大學學生事務處心理健康與諮商輔導組主管三年半工作期間，才知曉太平間的位置並數度目睹家屬看到其親人（學生）瞬間成為一具冰冷屍體，由冷凍櫃中移出時之情緒崩潰慘狀。因此自殺後相關人員的後續介入更是重要，在本書的第五、七、八、九章均談及各類後續介入的方式。

暴力相關議題亦是常見，除了常見的霸凌議題外，現今學生伴侶關係之間的爭吵，有時甚至會暴力相向，也時有所聞。這些暴力事件若不細心及詳加處理，日後可能衍生成家暴、情緒障礙或更重大的傷害案件，然學生們常不願意向師長透露這些不願人知之事，尤其是被施暴者，因此相關的暴力議題其實不亞於自殺的議題。然而此部分坊間專書中，與自殺相比，談論更少，本書亦有數個專章討論此議題。

臺灣目前雖然對上述這些議題已較過去關心，資源也陸續投入，然在校園中需多少此類工作人員呢？目前說法並不一定，有些學者認為（學生及工作人員比）以 5000:1 到 1000:1 的概念設置才合格。建構校園心理健康是條漫長的路，然而眼前我們的困境並不只在於專業工作人數的多寡，而更重要的是在於人員的素質。臺灣目前雖採證照制，但取得專業證照後仍需一定時間的養成教育及督導制度，臺灣當前大學／研究所教育體系中，還是以學位文憑及論文掛帥，許多相關科系的老師實務經驗較少，且各大專院校對師資的升等並不將實務經驗的累積當成最重要的參考指標，

因此畢業生若未走學術路線，其實務的養成訓練只能自求多福各憑本事了。我在成功大學心輔組工作的經驗與在成大醫院精神部工作經驗相比，真的有很大的落差。在校園的專業人員包括：心理師、社工師、護理人員及其他相關人員，畢業後之養成過程可用渾然天成的概念來形容（督導訓練系統不完整），然而專業助人的訓練絕不是念了碩士學位，期間含一年的實習就可以了。有鑑於此，希望此書能成為仍在辛苦工作而尚未有良好督導系統的夥伴提供一些參考及學習之材料。

本書原作是英文著作，在譯成中文過程中常陷入信、達、雅及文化差異的矛盾抉擇，其間小組成員必須於百忙的臨床及研究工作中，抽出時間討論並一章章慢慢完成。兩位譯者都是與我共事達二十年以上的一時之選。施彥卿社會工作師，碩士，這二十多年來一直在成大醫院精神部擔任社工師及督導之工作，除了常規的精神科臨床工作外，亦曾是臺南市自殺通報個案社區關懷照顧計畫的負責人。蕭芝殷，臺灣大學健康政策與管理研究所博士，曾留學英國也擔任成大醫院精神部的研究工作，目前仍在進行相關的精神醫學之研究工作。

但願此書能有助於讀者們於工作上之參考。

楊延光

成功大學醫學院精神學科教授兼主任

校園自殺、自傷與暴力 ─評估、預防和介入策略─

林｜序

我國《精神衛生法》之宗旨目標明訂應促進國民心理健康，惟政府多年來礙於經費預算有限，均以精神疾病防治為施政重點，近年才增加自殺、物質濫用、家庭暴力及性侵害防治，而初級預防工作仍力猶未逮。然實務工作中發現，上述問題常導因於個人成長過程中缺乏所需之關愛與教導，而心理健康之正確概念應自小即開始培養，包括家庭教育、學校教育及社會教育。

政府組織再造，於 2013 年 7 月成立衛生福利部，且在心理衛生界努力奔走爭取下，設置心理健康之專責部門——心理及口腔健康司，下設心理健康促進科，未來將整合各部會，規劃國民心理健康政策，以朝向心理健康主流化為目標，而校園乃最重要之場域，因此本書將可提供相關政策措施之重要參考。

我國自殺死亡率已連續三年未列入全國十大死因排名，惟自殺卻是青年人第二大死亡原因。目前校園心理健康課程並未受重視，多以大型學生集會的方式進行，無法深入思考及學習相關議題。本書強調教育當局應積極重視校園自殺防治工作，並一一澄清相關迷思，且由生理、心理及社會層面剖析兒童青少年自殺的原因，並提出相關保護因子與如何適當介入，包括：普遍性介入——如何加強學生健康教育課程之內容與教學技巧，如何對教師、家長及各學齡層級的學生進行校園自殺守門員的訓練，學習觀察及辨識相關警訊或線索，以及如何做全面性心理衛生篩檢；選擇性介

入——如何審慎評估自殺／自傷風險及適時轉介醫療或相關資源，學校如何研擬預防策略及安全計畫；針對性介入——如何協助自殺危機後重回校園的學生適應學校生活，並提醒校方人員應有的態度及在倫理與法律層面之考量。校園在自殺事件後如何避免模仿行為，成為學生正確資訊及支持的安全環境；後續危機處理團隊之任務和具體步驟；如何面對媒體，引導其做正確的報導，預防助長自殺行為的擴散。其考量十分周延，可參考訂定學校在自殺／自傷事件防範及處理的作業手冊，並作為學校人員研習之重要教材。

兒童青少年暴力行為日趨嚴重，校園霸凌、群體鬥毆、傷人殺人事件在媒體報導時有所聞。2014 年 5 月學生在臺北捷運連續殺人事件引起社會強烈震驚，學校如何評估暴力危險及相關處理機制成為事後檢討之重點。經查目前校園暴力防治系統已建置多年，其中包括事件通報、學校校長、訓育人員及教師知能研習、學校新生父母親職教育、教師認輔制度、偏差行為學生輔導手冊等，可見教育單位對學生暴力之重視，但問題仍層出不窮，顯示尚須加強相關措施。本書提出關懷系統模式（systems of care model），聯合學生、家長、社區相關人員及學校諮商師發展個別化的處遇計畫，共同合作提供暴力風險學生全時且兼顧校內外生活的支持與協助，同時以優勢觀點及結構式家庭治療強化家庭照顧系統，轉移學生對暴力行為的注意力，內容鉅細靡遺，並顧及各種可能發生之狀況及因應方

法。此外也針對經歷暴力事件之學生及其家長設計心理急救八大核心行動並分享統整減壓敘說（debriefing）團體，作者並以案例詳述各項實務操作技巧及提點應注意之相關細節，對學校暴力防治人員非常具學習的價值。

國內也有各類心理衛生工作手冊，但是內容多為原理原則，未能詳盡說明如何落實執行。本書不僅理論架構面面俱到，十分完整，更基於作者本身豐富實務經驗，佐以生動的案例細膩描述各項操作技巧，深入淺出，再加上成大精神醫療團隊流暢的翻譯，使讀者易於閱讀學習，真是一本很實用的好書。本人很榮幸受邀為此書寫序，也因而得以先行拜讀，實在受益良多！藉此鄭重推薦給教育及心理衛生行政主管單位，以及所有相關從業人員，期待我國校園心理健康促進品質更臻提升，裨奠定社會和諧幸福的基礎。

林惠珠
臺灣心理衛生社會工作學會理事長

王｜序

助人專業需要不斷成長

本人很高興可以從事心理諮商、社會工作以及大學助人專業教育工作，多年來常期許自己可以不斷心理成長與專業進步，也感受到「學然後知不足」及「開卷有益」。很多時候，平時的經驗累積與心得感想，會在看完某些有深度的書籍或影片後，靈機一動，激盪產生或反思出不少寶貴見識與智慧，誠如後現代主義所倡導的，我們的主體存在無庸置疑，是自己生命世界的專家，每個人的感受是真實的。同樣的，世界上並無所謂唯一的真理典範，或最完好的學理及技術，事實上學術典範與個人生命見解都在變動當中，但是願意品味人生並尋求更加完善，可幫助自己在助人專業工作上不斷的反思成長，繼續勇敢向前邁進。

很榮幸為彥卿翻譯的《校園自殺、自傷與暴力：評估、預防和介入策略》（*Suicide, Self-Injury, and Violence in the Schools-Assessment, Prevention, and Intervention Strategies*）做中文推薦序，中譯本裡可見彥卿發揮了豐富的助人專業學經歷背景。我慶幸可以在正式出版前，先閱讀德州大學聖安東尼奧分校諮商系教授 Gerald A. Juhnke、俄亥俄州立大學諮商教育學系助理教授 Darcy Haag Granello 與 Paul F. Granello 三人的專業大作，喜孜孜的用心看了幾天，有諸多收穫與啟發，著實令人欣喜。

看完本書後，想班門弄斧與讀者分享自己的一些心得感想。國內外的兒童青少年自殺問題嚴重化的確不容忽視，過往農業時代的許多迷思需要盡快調整才不會誤人壞事；校園預防模式的自殺防治方案（普遍性、選擇

校園自殺、自傷與暴力──評估、預防和介入策略─

性、針對性介入）刻不容緩；針對高自殺風險學生進行七項評估與介入步驟措施；關懷與協助非自殺性自傷學生（NSSI）學習更健康的方式表達生心理或情緒痛苦；制訂校園發生自殺後的後續介入措施與有效應變機制；學習如何與暴力、潛在暴力學生及他們的家人進行面對面臨床會談，而且兼顧法律諮詢與人身安全；用系統化的照顧方式介入有暴力行為或具暴力傾向的學生，關懷系統方法有助於進行協調、增加合作、預防暴力行為、培養利社會且沒有暴力的互動模式；使用心理急救（Psychological First Aid）回應校園暴力倖存者與其家長，歡迎他們以覺得舒適的程度與速度加入；針對倖存者與父母採取焦點解決的減壓敘說模式，優先考量學生的特殊需要，提供一套包含多元評估與處遇的有效治療；不斷學習倫理與法律議題，不要做唯一的校園介入者，總要諮詢其他專業同儕、督導以及專業律師的意見；最後，在校園內外建構出合作、非自殺、非暴力的環境，需要我們所有教職員工生、家長等相關人員一起協商合作，齊心協力建立跨領域合作的自殺介入及反暴力方案和系統性機制，方能做好對潛在的危機與創傷事件進行有效反應與應變。

　　過去幾年我在某些研究也發現，國內中學生及大學生的憂鬱情緒、生活壓力與自我傷害傾向等問題不容小覷。綜觀國內諸多文獻與調查報告的確呈現日益嚴重現象，逐漸接近歐美已開發國家等級，究竟文明與現代化趨勢是喜或憂，令人費解。雖然如此，身為專業工作者，總是貴在治標與

治本間不斷努力取得平衡及成效，期望為個案與案家屬提供更堅實的助人服務。

　　目前國內校園師生在自我傷害、自殺及暴力行為上也都有頻率逐漸升高的問題，需要效法歐美經驗來進行預防及應變的政策與流程，來保護師生人身安全，並避免專業耗竭或無謂法律訴訟糾紛。本書的十一個章節特別針對自殺及自我傷害議題、暴力問題議題以及倫理與法律等議題，逐一介紹釐清，對於學校輔導老師、諮商師、心理師、社工師、教師、職員、家長、志工和教育當局，都有不少寶貴參考指南，特別是風險評估的資訊指引，有助於實務助人工作者學習如何因應減低實務及臨床操作上的危險，值得我們學習。

　　國內在自殺與自我傷害防治上，近年來已有不少積極應變機制與政策，例如教育部於 2001 年 2 月行文要求各級學校除加強學生輔導工作之外，應更積極推動生命教育，編印《自我傷害防治處理手冊》並寄發各級學校，舉辦教師之自我傷害防治座談會、心理衛生及自殺防治研討會、專題演講、工作坊等，並提升全國輔導人員之編制人力與專業知能，以有效處理學生自殺與自傷防治問題；同時也制訂「校園事件通報管理系統實施要點」，要求校園意外事件、校園安全維護事件、校園暴力事件與偏差行為、管教衝突事件及兒童少年保護事項等五大類之各種事件，其程度達到校園事件程度劃分等級表之重度以上者，需立即循通報系統通報各該主管

教育行政機關及教育部校安中心,當然涵蓋本書所著重的自傷、自殺、暴力事件,各級學校應立即成立危機處理小組應變,以便積極落實校園安全。此外,以校園為例的憂鬱與自殺防治的三級預防模式也是方興未艾,推展一級預防處治階段、二級危機處治階段、三級事後處治階段;同時,法務部也協同合作參與預防少年暴力或犯罪之少年事件處理機制,以及內政部警政部門之少年輔導委員會與警力支援等,上述種種防範與預防校園自殺、自傷與暴力防治工作,都是應興之舉。

當然,衛生福利部也不遑多讓,除了推展精神醫療機構的普及化與可及性,也與各級學校建立心理衛生與醫療合作機制,更積極推展「自殺防治中心」,推動自殺防治網絡、自殺防治守門人 123 宣導(1 問、2 應、3 轉介)、心理衛生篩檢等積極作為,教導民眾與相關專業人士防範自殺的技巧;提供諸多心理衛生諮詢與精神醫療機構資訊,建置在專門網頁上公開民眾使用,免付費安心專線 0800-788-995,也讓需要幫助的人快速得到幫助,亦可到衛生福利部所屬醫院或相關心理衛生醫療院所,尋求更多的心理衛生資訊,以得到更多的精神醫療幫助。當然,我們也要感謝民間社福機構或志願服務組織,多年來為臺灣的心理衛生服務貢獻許多心力,特別是生命線專線電話 1995、張老師專線 1980、董氏基金會等機構也積極推展心理衛生服務,同時也可見臺灣到處都有祥和計畫志願服務團隊,以及各級學校熱烈推展服務學習團隊關懷社會,其中有不少服務團隊進入

校園與校園內輔導團隊一起從事認輔與關懷方案，對於有自殺、自傷或暴力傾向的學生而言提供不少情緒支持與輔導效益，誠然是台灣民眾與莘莘學子之福。

王春展

嘉南藥理大學社會工作系前系主任

國立政治大學教育學系博士（教育心理與輔導組）

校園自殺、自傷與暴力─評估、預防和介入策略─

劉｜序

霸凌現象無可避免，有形、無形的霸凌行為從古至今從未停止發生過，學校霸凌行為發生率普遍，常常可能成為通報的黑數，影響層面總教人惶惶不安。不論性別、年齡或社會階層為何，某些被害者也不乏受人歡迎或學業成就上上者，面對霸凌者直接、間接的攻擊，卻可能選擇霸凌自殺（bullycide）的無助反應令人震驚、不捨，對照出多樣、間斷與集體霸凌行為者的邪惡性令人髮指，然而家庭、校園與社會憂心忡忡之餘，該如何及時有效地發現與處埋目前可能正在角落中煎熬的被害人、未來潛在的被害人？相對的，對於已發生或潛在的霸凌行為者、共同參與者，又如何早期預防、復發預防與介入處遇，成為刻不容緩的心理健康、社會倡導議題。

投入少年司法實務工作二十餘載，社群對於暴力傷害行為與行為者，幾乎採取零容忍態度而移送法辦，更複雜的是某些霸凌行為者與受害者可能存在著易受性（vulnerability）、循環角色模式，少年司法「懲罰、保護」雙元平衡觀點與「修復式正義」（restorative justice）政策的樂觀期待，對未成年人採取第二次機會（second chance）策略，例如在學校基礎下，附帶要求少年及其家長進入調解程序、社區服務、親職教育或轉介輔導、諮商／治療，得換取各種回歸社區處遇的少年保護處分。

然而，為了兼顧社區責任的角色功能、被害人及其家屬有知的權利、損害回復或賠償、霸凌行為者接受司法懲罰與自我證明、復原處遇，統合

在少年司法、法網擴大的平衡程序中，三者共同面對與協商，終能達成關係修復的多元目標，實務工作者則必須倚重一套完整、系統、以家庭與實證為基礎的專業書籍。本人才疏學淺，卻萬分榮幸拜讀享有盛名的 Granello、Juhnke 等博士群之著作，長期在自殺、自傷與暴力風險兒少群體所做的研究、診療上的洞見與詮釋，著實教人獲益良多。

殊有勝者，同樣敬佩國立成功大學醫學院附設醫院精神部的醫療、社工團隊，群策群力展現出活力與使命感，透過洗鍊、融會貫通的筆觸與統合功力，以及巧妙的比方讓人不言而喻，皆為學校諮商師、心理衛生專業人員，與協作平臺上的社政、司法相關從業人員，提供重要、實用、有指標性的參考工具。期待未來透過這本書所建構的工作模式、流程與評估工具，早期發現潛在的被害人與暴力行為者，適時、深入地關照兩造當事人及其家庭，以及不斷更新後追實務、研究交互激勵的效能。

劉如蓉

臺灣臺南地方法院主任觀護人
國立彰化師範大學輔導與諮商研究所博士
國立中正大學犯罪防治學系兼任助理教授

校園自殺、自傷與暴力──評估、預防和介入策略──

譯│序│一

入秋，甫入校園，一下子被大學新鮮人的豐富生活給淹沒，所有經驗總令人躍躍欲試，社工家族既熱情又溫暖，對學弟妹的我們像家人般的照顧。一次和往常一樣熱鬧的家族聚餐隔天，我的學長——一位才華洋溢的社團領導者，在校園裡結束生命。不知如何問，也沒有答案，也不再有家族聚會。記憶中，那年冬天的外雙溪格外寒冷。

進入精神科臨床社工領域之後，每天面對的是受疾病與情緒所苦的人，包括他們自己和他們的家人，努力在生命絕境中尋覓著出路，期盼在幽谷中看見一絲曙光，自殺和自傷議題就這樣化為各種面貌，和我有了新的交集。因緣際會，在帶領社工和關懷訪視員讀書會的過程中，我們發現了這本書，對正苦惱於缺乏自殺和自傷個案介入指引的我們來說，作者用豐富的經驗整理出一個方向，也提醒了我們許多未曾思考過的細節。

自殺議題在近年成為社會關注的焦點，青少年自殺率在國內外更都有上升的趨勢。表面上一個看似衝動的自殺行為，實際上卻是一連串歷程的結果，其複雜性絕非任何單一因素可解釋；而年輕人自殺和自傷行為的背後，隱含著難以向他人直言表達的困難，更成為防治工作的一大挑戰。這在我所參與的「自殺通報個案管理計畫」中，有更深入的觀察，在訪視員主動關懷的個案中，不乏渴望同儕認同的年輕人，用喝酒、藥物、暴力、鬥毆及自我傷害的行為來引起他人的關心；或是自我要求完美的孩子，因為害怕情緒困擾的問題被發現，而選擇長期壓抑，一直到企圖輕生時，才

被察覺已達憂鬱症診斷多時。因此，除了由專業人員在自殺事件發生後進行介入之外，提高校園同儕師長對於周遭同學的自殺警訊辨識與及時關懷的能力，才是自殺防治的積極展現。

　　暴力是另一個長期存在校園的現象，它不僅是校園的問題，也是社會的問題，若不能及時遏止或得到妥善的介入，可能成為孩童一生揮之不去的陰影。針對施暴、受暴和目睹學生，以及他們的家長，都需要有一套完整的評估與介入方法。Dr. Juhnke 不只提供了實務操作的技巧之外，他更多次強調對於學生及其家長充權的概念，聚焦於家長和學生正在進行的努力和創傷復原的進展，並且加入重要他人的正向支持，建構一個有力的、系統取向的治療環境。

　　這本書就在忙碌的日子裡完成了，我們秉持忠於原著的精神，目的是向讀者完整介紹作者所要傳達的理念。

　　謝謝楊延光主任在百忙之中撥空為本書進行校閱，林惠珠理事長、王春展主任和劉如蓉主任為本書撰寫推薦序，這給了我們莫大的鼓勵；謝謝芝殷允諾加入這本書的翻譯，工程之浩大，早已超出原來的想像，在往返討論和相互打氣之間，記錄了我們將近二十年的友誼；謝謝佩欣協助部分初稿，她曾是自殺通報個案的關懷訪視員，表現傑出且投入；謝謝多年合作的社工夥伴們，每每在大家的討論之中，開啟了我新的視野；謝謝心理出版社的耐心和協助，讓本書可以順利出版，衷心期盼透過這本書，可以

讓更多同路夥伴得到幫助。

　　願將這本書獻給曾經慷慨與我分享生命中的創傷與失落的朋友，陪伴關係雖然會結束，留下的故事卻難以忘記，那份勇氣，終將成為再出發的力量。

施彥卿

接聽諮詢專線曾經是我在青少年健康領域時負責的工作之一。來電的多半是憂心忡忡的父母，諮詢從生長遲緩、懷孕、適應、性別認同等各種身心健康「問題」，多數能夠轉介相關醫療或社會資源進行後續處置，然而一通來自老師的電話，卻讓我不知如何是好。這通電話是因為校園裡有孩子企圖跳樓自殺，及時發現後危機暫時解除，但老師們對於後續除了該打電話通知家長外，是否該送醫急診、之後該如何提供協助、該怎麼對其他孩子說明，還有自殺事件是否可以預防等，都感到不知所措，而這個牽涉甚廣的問題也一直是我的困惑。翻譯過程中，這通電話又再度浮上心頭，本書不見得能夠回答所有疑問，希望書中對美國校園自殺與暴力事件的處置介紹，能夠作為實務參考，讓老師們面對這類事件時不再驚慌失措。

謝謝彥卿學姊的邀約，讓這本書串聯起我在青少年健康促進和精神科研究的兩段工作，也讓多半時間身處二線研究工作的我，對第一線校園實務多一點認識。答應加入時，誤以為能將此當成研究工作的週末娛樂，開始後才發現即使對心理衛生與自殺議題有基本認識，要能夠流暢的翻譯依然是大挑戰。因為本書，這一年多了不少午餐咖啡，也見證了黃花風鈴木、木棉花、鳳凰花以及阿勃勒輪流盛開的季節變化。有趣的是，完成本

書後，那些清晨或深夜努力趕進度的日子都很模糊，只記得咖啡與林蔭大道街景交織的討論畫面。這本書給我重新認識臺南四季的機會，是最美麗的意外。

蕭芝殷

警　告　Warning

　　自殺與暴力風險評估、預防計畫及介入是一個複雜的過程。實際上不可能鑑別出所有可能出現暴力行為或自殺的人。因此，本書中所描述或提出的自殺和暴力評估、面對面臨床會談等，不應視為唯一的方法。這些評估和會談單純是提供一個及時的「簡要描述」（snapshot），以及建議出當下可能的危險等級，之後仍必須經由有經驗的心理健康跨專業團隊持續再做評估。隨之而來對於自殺與暴力的預測、介入和處遇方法等建議或描述，應只被視為一個多元組成結構下的部分組成元素。而且，一套周密的自殺和暴力預防及介入流程，至少需由經驗豐富且專業的諮商師、諮商督導、法律顧問，以及一位學生人權專員或倡議人員所組成的安全小組來完成。謹記：持續徵詢你的諮商督導、校內法律顧問、專業保險的風險管理顧問，以及其他專業同儕的意見，以確定你所提供的評估及介入對所有人已達到最大安全值。

自殺與
自我傷害行為

第一章

兒童與青少年的自殺

兒童與青少年的自殺

　　兒童及青少年處於最容易受到自殺想法與行為影響的一個階段，他們缺乏成人的歷練和觀點，而且多數尚未學習到如何掌控生命中的種種挑戰。今日，兒童及青少年時常需要面對各種處境，或暴露在多元的資訊之下，這個趨勢早已超越他們所能理解的程度。成人容易低估了年輕人的自殺風險，並誤以為兒童時期是安逸的，沒有什麼需要憂慮或承擔責任的。實際上，兒童時期與青少年時期可說是一個風暴的階段，它可能引發出難以處理的想法與情緒，兒童及青少年在學校或家中時常只能掌控些微的情況，他們或許沒有足夠的因應技巧，或懂得在最需要的時候尋求幫助。在此章中，我們將探討有關兒童及青少年自殺最凸顯的幾個問題，包括辨識出哪些年輕人可能處於自殺或其他自傷行為風險的方法。

≫ 從全面性的角度來看

　　2009 年，自殺在美國全年齡層的死亡原因排名第 11 位，而在 10 到

---

* 　資料由 Karen Michelle Hunnicutt Hollenbaugh 及 Alexis M. Rae 所提供。

24 歲年齡層中，自殺為死亡原因排名的第三位，在這段年齡層中，每年約有 4,500 人死亡，相當於每天有 12 人死於自殺，或每兩小時就有 1 個人自殺。雖然每年自殺死亡人數僅占全美死亡人數的 1.3%，但是在 15 至 24 歲年齡層中，自殺死亡者在死亡人數中占了 12.3%，這是因為年輕人遠比年長的成年人不易死亡，可是一旦這些年輕人死亡，大多數可能是死於自殺。

然而，10 至 24 歲這個年齡層表現出很廣泛的連續性發展，正如大家可以預料的，這個族群在自殺死亡率、自殺企圖以及自殺方法上有很大的差異。舉例來說，15 至 19 歲年齡層的自殺率（每 10 萬人有 8.2 人自殺死亡）將近是 10 至 14 歲自殺率（1.3 人／10 萬人）的 6 倍。而 20 至 24 歲的年齡層有更高的自殺率（12.5 人／10 萬人）。更進一步來看，較為年長的年輕人比較傾向於使用槍械（46%）、窒息（39%）和服毒（8%）等方法達成自殺；而孩童多數可能死於窒息（占自殺死亡人數 66%）。

但是，自殺死亡只是代表一個持續性的自殺想法和行動的最後結果。和其他年齡層相比較，在 10 至 24 歲年齡層中，自殺企圖者更多過於自殺死亡者。在年輕族群中，一位自殺死亡者背後，多達 100 到 200 位的自殺未遂者，又相當於每年有多達 90 萬次的自殺未遂行為。大多數的這些自殺企圖沒有太高的致命性，多數也不需要就醫，然而，全美每年還是有將近 149,000 名此年齡層的年輕人，於急診室接受自傷行為的醫療照護（National Center for Injury Prevention and Control [NCIPC], 2008）。

一項針對公私立高中生（九到十二年級）的全國性調查，也同樣發現高比例的自殺想法及行為。每年約有 17% 的高中生認真地考慮自殺，13% 訂定出一個自殺計畫，而約有 7% 的人回答曾經企圖自殺（Centers for Disease Control [CDC], 2008; NCIPC, 2008）。其他調查結果也顯示，每年高中生自殺未遂的比率將近 10%（Aseltine & DeMartino, 2004）。無論哪項調查最準確，事實上，這些自殺意念和行為，代表在全國年輕人中存在的一個非常重大的公共健康議題。

也許更甚於其他年齡層的是，青少年自殺代表著一個很令人難以接受的潛在損失，事實上，自殺在政府統計數字裡的一個意義，是透過「餘命損失」（Years of Potential Life Lost）來呈現，全美每年因為兒童與青少年自殺而損失了 27 萬年的餘命年數。當年輕人因為自殺而死亡時，很難不聯想到所有潛力、可能擁有的未來以及所有可能性將永遠無法再實現，很明顯地，這些損失的潛力，是促進兒童與青少年自殺防治工作背後的原動力。實際上，其他各年齡層的自殺率（以每 10 萬人的自殺死亡人數計算）也很高，舉例來說，65 歲以上的白人男性自殺率為 31 人／每 10 萬人（85 歲以上的白人男性自殺率為 48 人／每 10 萬人），但是自殺防治工作仍針對兒童與青少年投入最多的努力。

雖然自殺是遍及所有年輕族群的公共健康議題，但在 10 到 24 歲這個年齡層內的族群比其他年齡層處於更高的風險，男童死於自殺的人數接近女童的 4 倍，此男女比例跟全美全年齡人口相比是相當一致的。雖然男性自殺死亡者較多，但女性自殺未遂的比例通常為男性的 2 至 3 倍（CDC, 2007）。這樣的差異主要是因為企圖自殺者所採用的方法不同所導致，男性多傾向於使用槍械，女性則較多傾向選擇藥物或毒藥。

一般來說，各個年齡層中的自殺死亡者以男性白人占最多數，約為自殺死亡人數的 74%。然而，在兒童與青少年自殺風險中仍存在文化上的差異，舉例來說，自殺死亡的比例在美國印第安人和阿拉斯加原住民中較高，西班牙裔的兒童與青少年自殺未遂的比例高於與他們同齡的白人。初步研究顯示，自殺是年輕男同性戀者、女同性戀者、雙性戀者與跨性別者（gay, lesbian, bisexual, and transgender, GLBT）的首要死因，並且遠高於異性戀的年輕人。事實上，年輕的跨性別者自殺死亡的比例，大約是一般自殺死亡者的 2 至 3 倍，並占所有自殺青少年的 30%（McWhirter, McWhirter, McWhirter, & McWhirter, 2007）。

如同這些統計數字一樣令人不安的是，它們很可能是被低估的，多數的自殺被裁定成意外死亡而未被通報，通常這些意外與衝動及使用酒精有關，這也是自殺的危險因子。舉例來說，藥物過量通常也被記錄為意外死

亡而無法確認為是自殺。一些研究者曾提出，可能有超過 50% 的自殺率被遺漏通報。

在我們針對學校教職員工和其他專業人員進行的自殺防治訓練過程中，我們發現這些資料及統計數據已經勢不可當，你可能同樣也會為此感到氣餒。令人悲傷的事實是年輕人的自殺率正在增長，10 到 14 歲兒童的自殺率在過去二十年已經增加了 50%，青少年的自殺率自從 1950 年迄今也已增加了兩倍。或許當我們面對這些數據時，自然而然會產生無助感也就不足為奇，我們對兒童及青少年自殺議題的挫折與恐懼，已清楚指出大家對於當今年輕族群所面對的龐大社會問題之關注。雖然這樣的數據資料幾乎勢不可當，但是花點時間去發揮我們個人的影響力是很重要的，不論我們是諮商輔導人員、教育工作者、家庭成員或是朋友，每個人都能為自殺防治做些什麼。如果我們可以被教育、被提醒，並且願意教導他人，在需要的時候介入處遇，在適當的時候尋求協助，我們將能協助創造出一個不同的結果。

對兒童和青少年自殺的迷思

D. H. Granello 和 P. F. Granello（2007）提出了幾項和兒童自殺有關的迷思，包括：

- **童年是人生中比較無憂無慮的時期。** 童年其實是一段艱困的時期，孩子在缺乏因應技巧和經驗的情況下，卻又要經歷到許多成人所面對的情緒壓力，現今的孩子時常暴露在各種物質或決定下，這早已經超出他們的發展能力所能處理的。

- **孩童並不了解死亡的最終結果。** 很難一概而論地說「全部」的孩子是否了解，但是越來越多證據顯示，許多小學孩童理解死亡的結果。在我們的工作中，我們曾看過年紀很小的孩子充滿死亡意圖地企圖自殺。

- **孩童不可能自殺死亡。** 事實上，研究顯示孩童對於結束自己的

生命是有些概念的，而且有許多被裁定為意外的死亡，實際上是死於自殺。

以下也有許多關於青少年自殺的迷思：

- **對青少年談論自殺會增加自殺風險。**這是特別危險的迷思，已經過研究證實完全不可採信。問題在於這個迷思使青少年無法與信任的成人資源討論自殺、心理健康或他們對於死亡的想法。實際上，教育學生有關自殺的議題及適當的求助方法，有助於預防自殺的發生，因為跟成人比較起來，青少年比起成年人更可能告訴同伴有關自己的自殺想法。

- **多數企圖自殺的青少年想要死亡。**其實大多數死於自殺的人是矛盾的，他們並非真正想死，而只是很簡單地想要結束他們正在經歷的痛苦，通常青少年只是無法從目前的現況中看到另一條出路。

- **青少年只是用「自殺」來引起關注。**「自殺」一詞永遠應該要被嚴肅視之。即使發現青少年只是用這個名詞來引起注意，談論自殺仍是一種求助方式，並且是自殺未遂或死亡特別重要的危險因子。

- **每個自殺死亡的青少年都是憂鬱症。**大多數死於自殺的人（多達 90%）在他們死亡的時候具有某些類型的精神疾病，但並不一定是因為憂鬱症的緣故。很遺憾的是，這些疾病通常是未經確診或是未經治療的。實際上，研究指出只有 20% 的憂鬱症青少年曾經接受任何處遇，並且只有 1% 的自殺死亡青少年在他們死亡時正在接受相關的心理健康服務。由於青少年憂鬱的症狀可能表現出憤怒或煩躁不安多過於悲傷，以至於成人可能無法辨認青少年的憂鬱症。

- **目前的預防計畫足以預防青少年自殺。**研究顯示當前的防治計畫僅僅降低些微的自殺率，主要是因為只有少數州要求學校設

置自殺防治計畫，而大多數學校的防治計畫是非常不足的。好消息是，有越來越多的證據顯示，校園的主要防治計畫具有正面的成效。

你曾經聽過以上這些迷思嗎？是否還有其他的？你認為當校方人員和兒童與青少年一同工作時，這些迷思對他們會有什麼樣的影響？

🍃 自殺的危險因子

自殺是一種極端且複雜的現象。當一個年輕人死於自殺時，尋求一個簡單的解答是許多人會犯下的危險陷阱，也許這是我們與生俱來都有的渴望，試圖去了解那些我們一無所知的事，但是理解自殺的答案卻從來都沒有這麼容易。

我們的自殺防治工作讓我們接觸到許多曾經因自殺而失去孩子或學生的人們。舉例來說，我們想到一起合作過的一位高中棒球隊教練，他因為學生自殺而失去了他的學生，那位年輕人因為嘴裡嚼著一團菸草，違反了校規而從球隊的練習中被遣送回家，當他在日正中午回到家時，發現了他父親的槍，之後開槍自殺；另一個來自地方高中的同事告訴我們一個故事，一位高中生在學校公告大學錄取名單當天，因為未被他中意的學校錄取而自殺；一位在社區中投入自殺防治服務的志工，同樣因為自殺而失去了他的女兒，當身為大學新鮮人的她打電話回家，請求讓她用父母的信用卡來支付一個披薩的費用時，她的母親告訴她，他們已經支付了學校的膳食計畫，而她也應該要在學校餐廳用餐時，這個年輕的女孩在當天稍晚自殺了。

這些故事代表著三個可怕的悲劇，但如果我們只看到事情的表面，可能很容易就得到錯誤的訊息。從球隊練習中遣送回家、當你得知無法進入理想大學時如何面對你的朋友、晚餐無法吃到披薩，這些事件都不是自殺背後真正的主因。這些故事只在最後一點點「**突發事件**」上描繪，而成為壓垮駱駝的最後一根稻草。這些年輕人透過各自不同的途徑面對自殺的危

機，倘若我們只說出他們這一小部分的故事，我們將會錯過重點。

　　自殺風險是相當複雜的，每個人面對自殺風險的途徑也各不相同。自殺危險因子可以幫助我們了解許多自殺者分享的一些主要問題，但是也僅限於幫助我們了解自殺問題對大眾一般性的影響。知道哪些族群處於自殺的高風險，有助於校方人員在防治計畫上的決策，及在需要的時候進行介入，不過對於我們了解個別風險的幫助不大。危險因子以整合的數據為基礎，也就是說，學者重新檢視特定年齡層的所有自殺者，以便了解是否有共通性存在，但這些資訊只能在使用得當時，發揮極佳的功用。

　　為了強調自殺風險的複雜性，在文獻中曾被提出不同的兒童與青少年自殺危險因子至少已經超過 75 個以上（Granello, in press b），事實上，還有太多不同的兒童與青少年的危險因子，要全面了解它們將成為一大挑戰。然而，只有最普遍且最被完整研究的危險因子會在本章中被提及，應當注意的是，「危險因子」一詞，指的是個體在各個方面，不論是生理上、環境上，它們可能增加其自殺意念與行為。兒童與青少年可能表現出這些因子，但是並沒有真的自殺，相反地，他們也可能表現出我們在此沒有提到的因子，但是卻有自殺意念。最重要的是，必須察覺到自殺危險因子和可使用的資源，而且願意跟處於自殺風險的兒童與青少年開放地討論。

≫ 生理上的危險因子

　　家族史是自殺的常見原因，若過去曾有其他家族成員自殺的青少年和孩童更容易企圖自殺，若是家人自殺發生在最近，尤其是在過去一年之內，此風險將會提高（Kiriakidis, 2008）。當然，我們難以得知這是否與生物鏈結或環境形塑的影響有關。舉例來說，我們發現不論是接觸到**任何自殺類型**（從學校、朋友、知名人士或媒體報導）的年輕人，特別是如果後續處理不當的話，可能會增加仿效性自殺的風險。然而，遺傳方面還是被認定為有自殺意念和自殺企圖的危險因子，舉例來說，一份針對雙胞胎

的研究指出，同卵雙生（同一個受精卵）的雙胞胎與其他異卵雙生（不同的受精卵）的雙胞胎相比，更容易與藥物濫用、憂鬱及攻擊等相關自殺因子有關（Cho, Guo, Iritani, & Hallfors, 2006）。事實上，有足夠的證據顯示，家族病史中若確定有某些精神疾病診斷（例如憂鬱症、躁鬱症、焦慮症、精神分裂症），則有九成的自殺者也有一些潛在的精神疾病；一些研究亦指出，環境危險因子在性別上的表現也有明顯的不同，研究結果發現，女孩比男孩更容易因人際壓力而死於自殺（Ang, Chia, & Fung, 2006）。

》 情緒上的危險因子

普遍來說，面對自殺風險的兒童與青少年，有很高的比例存在著心理壓力。對一些年輕人而言，自殺企圖與非自殺性的自我傷害行為是一種反映劇烈情緒痛苦的管道。大致來說，被診斷出有精神疾病的兒童與青少年跟其他人比較起來，有自殺意念與自殺行為者占極高的比例，特別是被診斷為躁鬱症、憂鬱症、精神分裂症、藥物濫用、行為障礙等患者，比起被診斷為其他精神疾病的人有更高的風險。就如前文提到的，許多患有精神疾病的年輕人並未被發現及治療，更凸顯出心理健康的重要性，在自殺防治中是很重要的一部分。

絕望感是所有自殺中一項很重要的危險因子，而憂鬱和絕望兩者結合在一起時特別棘手。一個相信「**一切再也不會好起來**」的嚴重憂鬱者，自殺風險將明顯地提升。記住，自殺並不僅只是死亡而已，自殺者處在極大的心理痛苦當中，「自殺學之父」Edwin S. Shneidman 稱這種痛苦為「心理痛楚」（psychache）——一個反映這種嚴重痛苦的強烈字眼。感到絕望的人堅信他們將一直感覺如此糟糕，並且無法想像痛苦的一生。

不同於成人，特別是在兒童與青少年身上，衝動是一種情緒化的危險因子，孩童遠比成人更容易衝動自殺，一般來說，他們不太可能花時間來計畫自殺行動。高衝動性的兒童在因應有壓力的情境時，可能會有困難，

或許會出現攻擊行為，可能被診斷出腦傷，以及注意力不足過動症（Attention Deficit Hyperactivity Disorder, ADHD），這些診斷也與兒童的高自殺企圖有關（Stillion & McDowell, 1996）。甚至在青少年中，衝動性一直是一個明顯的自殺因子，一份 2001 年的研究發現，在幾乎致命的自殺年輕人中（13 至 34 歲），近乎四分之一（24%）的自殺行為是發生在從決定自殺起五分鐘內達到實際行動的（Simon et al., 2001）。恐怕有多達 50% 的青少年自殺可以被歸類為衝動自殺（從決定到行動不到五分鐘）（O'Donnell, Farmer, & Catalan, 1996）。對這些人而言，自殺成為處理危機與衝突的方法，而不是一個憂鬱到想死的心願。

≫ 認知上的危險因子

因應與解決問題能力較差的兒童與青少年處於更高的自殺風險，普遍而言，兒童和青少年比大人更傾向於非黑即白、非對即錯的思維，當他們處於心理痛苦中，而且不希望這樣的苦楚繼續下去時，他們或許決定出自殺是一個減輕痛苦的方法，一旦他們想到這個「解決之道」，就會放棄嘗試尋求其他管道來解決他們的問題。當然，這些「認知的迷思」可能會出現在任何年齡層中，像臨床上憂鬱症的症狀之一就是僵化的思考模式。那麼，也許憂鬱的兒童比憂鬱的成人**更可能**因應能力不足，而且缺乏解決問題的能力，就並不足以為奇了。

在年輕人中，第二個明顯的認知危險因子是完美主義，你可能聽過這些兒童或青少年的故事，他們在各方面表現都優良。他們是好學生、受歡迎、前途看好等，可是，當他們面對危機時卻完全無法處理，高度完美主義的兒童和青少年，自殺的風險可能會提高。完美主義若適當地用於目標取向上，可能是很適合的，但是當人們為自己設定過高而且無法達成的標準時，就會極度地適應不良。一旦他們無法滿足自己的期望時，他們會發現自己還沒有發展出可掌控的因應技巧，當這種狀況發生時，自殺開始似乎像是唯一的解套方法一樣冒出來。重要的是，我們不能只根據我們自己對學生所處情境的想法，去假設他或她不會有自殺的念頭。

>> 行為上的危險因子

兒童與青少年的衝動行為和藥物濫用問題，再合併不計後果或冒險的行為，足以導致嚴重的傷害或死亡。高危險行為的例子包括極限運動、酒後駕駛、賭博、危險的性行為和飆車等，誘發這些高危險行為的原因包含低自尊、缺乏父母關愛、學業成就不佳等。研究顯示，俄羅斯輪盤[1]仍然是一種常見極度冒險的死亡方式，特別是在年輕男性當中（Shields, Hunsaker, & Stewart, 2008）。另一個高危險活動：窒息式性愛，是一種透過蓄意阻斷大腦的氧氣供應，來加強性刺激的方法。有很多種方法被用來達到所需氧氣的消耗，例如在頭上套上塑膠袋、勒絞、使用瓦斯或其他溶劑等，雖然大多數參與的個人並沒有自殺傾向，但卻可能會發生重傷或死亡。事實上，全美每年估計有 1,000 人死於窒息式性愛，主要發生在年輕男性中（Downs, 2005）。窒息遊戲和窒息式性愛不同，參與者試著透過手、皮帶、領帶或其他設備來施加壓力剝奪大腦的氧氣，以企圖得到一種「高潮」或是愉悅的快感；另一種變化需要一個人深吸口氣後屏住呼吸，而第二個人從他（她）身後抱住，直到前者覺得暈眩與昏厥。死亡發生在窒息遊戲比窒息式性愛來得少，但是，死亡與大腦損傷仍會發生。一份針對奧勒岡八年級學生的研究發現，36% 的人曾經聽過窒息遊戲，30% 的人曾聽聞朋友參加，大約有 6% 的人則曾經親身參與過。曾參與過的鄉村青年（7%）可能稍微比都市青年（5%）來得多，有精神障礙與藥物濫用的年輕人參與窒息遊戲的可能性，是無此危險因子孩子的 9 倍（CDC, 2010）。

Warner（2009）針對窒息遊戲提出了以下的辨識警訊：

- 在脖子附近有奇怪的瘀青或是紅色痕跡。
- 布滿血絲的眼睛。

---

[1] 譯註：不是賭博輪盤，而是用六發子彈的左輪手槍指著人頭開槍，一般來說手槍裡面只放一發子彈，所以有六分之一的機會，上膛後轉一下彈夾，就不知道那一發子彈的位置，之後幾個人輪流拿槍指著自己的頭開槍，沒死就換下一個人繼續。

- 床單、皮帶、T 恤、領帶或繩索綁著奇怪的單結，或是在不尋常的地方被發現。
- 瀏覽和窒息或窒息遊戲有關的網站或聊天室。
- 對窒息感到好奇（會詢問「感覺怎麼樣？」；或是「如果……會怎樣」等問題）。
- 獨處之後會出現神智不清或是東倒西歪。
- 房門或浴室的門會被阻擋或上鎖。
- 經常（頻繁地）有嚴重的頭痛。
- 態度有很大的轉變；變得更具攻擊性。
- 家具上（雙層床或是衣櫥吊桿）有磨損的痕跡。

其他行為上的危險因子也被認為與自殺風險增加有關，包含高危險的性行為（多重性伴侶、不安全性行為）、飲酒狂歡與暴力，特別是那些在少年觀護所的年輕人，觸犯法律的風險正在逐步升高。最後，非自殺性的自我傷害（例如割腕或燙傷）也已被連結至自殺風險的增加，由於這個危險與自我傷害有關，將在第四章專題討論這個問題。

≫ 環境的危險因子

環境危險因子在兒童與青少年自殺中扮演著一個重大的角色，尤其對年輕人而言，羞恥和尷尬的作用是特別凸顯的。青春期是一段尋求歸屬感的時期，年輕人特別容易受到同儕壓力的影響，需要被其他人接受，並且想要被歸屬在同儕團體中。當他們在同儕團體面前面對會令他們感到羞恥或尷尬的壓力時，他們可能還沒有做好處理結果的準備，甚至不願意去嘗試。我們時常聽到年輕人在公開一段關係結束後；以男同志、女同志、雙性戀或跨性別身分「出櫃」後；或在他人面前被嘲笑（或者他們感到被嘲笑）之後，企圖自殺或者自殺成功。

孤立和退縮對所有年齡層的人都是自殺的危險因子，但是可能對年輕人特別重要，對青少年而言，被歸屬以及被融入的需要性，已強烈到能被

社會孤立感給毀滅。那些開始變得退縮的年輕人（特別是那些原來有著鞏固社會關係的人），正對其他人清楚地傳達出他們處於危險的警訊。

另外兩個顯著的兒童與青少年之環境危險因子是虐待史及家庭功能障礙。身體虐待、性虐待或精神虐待都與自殺意念和自殺行為高度相關，受虐孩童的憂鬱與絕望感的比例高出那些未被虐待的孩子，導致自殺風險的提高。家庭功能障礙包含家庭成員有藥物濫用的問題、嚴重的衝突、對醫療及精神治療有高度的需求等。很明顯的，所有的這些因子都息息相關，大致上，愈多危險因子，自殺的風險就愈高。

最後，承受高度壓力但只擁有較少資源的低收入戶，也與自殺風險的增加有關。研究也顯示出在鄉村地區的居民比都市地區的居民有更高的自殺風險，而應注意的是，這也可能與其他的變項有關，包含毒品與酗酒問題、缺乏心理衛生資源與社會經濟地位不同等。

≫ 誘發情境

誘發情境是指導致年輕人有較高自殺風險之個人或環境的壓力源，在年輕人生活中的任何明顯壓力源，都可以視為是自殺的誘發情境，即使那些壓力源並未直接在這裡被提到。切記，「明顯壓力源」的構成，對每個不同個體而言，都是獨一無二的，在年輕人的案例中，那些可能讓成人視為一般情況，認為不是很嚴重的，但對當事者而言，就像是世界末日一樣。當我們與專業人士談到青少年自殺風險時，我們通常會要求他們回想一下當自己是青少年的時候，「你是否還記得似乎所有的事情都顯得如此嚴重？朋友們的反應是如何代表著一切？某位重要他人的一個尋常的招呼，或甚至是一個眼神（相反的，對方的一個冷落或拒絕），都可能成為有史以來最糟糕的事情？」成人有更多不同的眼光、更多的經驗可供借鑑，而且一般來說，他們較少有情緒化的行為，這也是為什麼好意的成人會跟青少年說「天涯何處無芳草」之類的話。從成人的眼光來看，我們都可以了解，13 歲青少年眼中的「一生摯愛」，最終不會是我們生命中的另

一半，但這樣的意見對身在其中的青少年來說，經常是沒有幫助的，事實上，他們會覺得被貶低及輕視，並且會讓結果變得更糟（例如：「不只是我愛的人忽略我，連我的朋友和家人也不了解我現在感受有多糟！我真的好孤獨，而且沒有任何人在乎！」）。

在文獻上曾經針對自殺提出許多不同的誘發情境（如 Capuzzi & Gross, 2004; McEvoy & McEvoy, 1994），舉例如下：

- 艱困的過渡時期（例：父母離異、感情分手、轉學、畢業）。
- 重大的社會資源困窘或不足。
- 霸凌或是其他受害行為。
- 社交孤立。
- 與朋友、家人、校方人員或校規之間的激烈衝突。
- 自身或家人重大疾病發作。
- 嚴重的酒精或藥物濫用。
- 同儕或是知名人士自殺。
- 人生中重大創傷或悲痛事件的紀念日。
- 證實意外懷孕。
- 出現性別認同的矛盾。
- 被迫承擔重大責任，卻缺乏情緒資源與技巧來完成。

≫ 警訊

警訊是自殺者具體表現出的行為，能幫助其他人察覺出他們的自殺風險是否正在增加，例如，對一個有具體自殺危險因子的人來說（例如：憂鬱症、絕望感、藥物濫用），一個典型的途徑可能包括合併一項或多項誘發情境（例如：感情關係破裂、捲入法律糾紛），於是他（她）會顯示出警訊，表現出自殺風險提高的傾向。當然不是所有自殺個案都會依循著這樣的途徑，但如果可以對風險提高的過程具備大略的概念，將有助於校方人員辨識出處於危險的年輕人。

有許多兒童與青少年自殺的警訊（Lazear, Roggenbaum, & Blase, 2003），其中一些較常出現的是：

- 威脅要傷害自己或自殺，或是談到想要傷害自己或自殺。（80% 死於自殺的青少年在死亡之前曾告訴其他人他們想死或是計畫自殺。）這可能會透過一些間接的陳述，例如：「我不會給你製造麻煩太久」、「沒什麼事」、「一點也沒有用」及「我不想再見到你」。
- 尋找取得槍械、藥物或其他自殺方法的途徑。
- 論及或寫到有關死亡、臨死或自殺，特別是這個人的行為舉止超乎平常的時候。
- 從朋友和家人的身邊離開。
- 性格明顯地轉變或是嚴重的情緒波動。
- 表現出攻擊性，例如暴力行為、悖逆行為或是離家出走。
- 注意力不集中。
- 在學校遇到困難（拒交作業、失去學習興趣）。
- 拒絕接受幫助，感到「沒有任何人有辦法幫忙」。
- 感到勃然大怒、無法控制地生氣，或是尋求報復。
- 覺得被困住、好像沒有其他出路。
- 感到焦慮、激動，無法入睡或是整天沉睡。
- 將自己珍貴的物品送人。
- 訂立遺囑或是寫遺書。
- 找不到活下去的理由，或是沒有生活目標。

≫ 保護因子

保護因子降低了自殺風險，它們強化復原力，並且對危險因子發揮制衡作用。保護因子不只是相反於危險因子，甚至處於極大風險的情況下，它仍然可以預防性地有助於自殺的降低。保護因子在降低自殺風險的角色上尚不明確，是因為它還沒有像危險因子般地被廣泛研究，然而，事實顯

示,保護因子至少可以幫助個案緩衝一些與自殺有關的意念和行為。國家自殺防治中心(National Strategy for Suicide Prevention, 2001)已確認了幾項兒童與青少年的保護因子,包含:

- 提供有效的心理、生理與藥物濫用之臨床照護。
- 容易取得各種可求助的臨床介入和支持。
- 限制取得高致命性的工具。
- 家庭和社區的支持。
- 支持正在進行的醫療與心理衛生之照護關係。
- 解決問題的能力、化解衝突和非暴力的處理糾紛方式。
- 可勸阻自殺,並且支持自我保護本能的文化和宗教信仰。

就某種程度而言,校方人員能幫助年輕人發展這些保護因子,並有效協助降低自殺風險。不過,針對保護因子在預防上扮演的角色所進行的研究極為少數,雖然還需要有更多的研究來證實,不過迄今為止的發現是,自尊心和家庭支持與自殺的減少有關,建議應該提出教導提高自尊心與爭取支持策略的介入方法(Sharaf, Thompson, & Walsh, 2009)。

霸凌、網路霸凌與網際網路

霸凌在全美的校園中是個相當嚴重的議題,可能導致受害者開始變得憂鬱和出現自殺。最近,隨著兒童與青少年網路使用的增加,網路霸凌的議題也愈來愈普遍。霸凌和網路霸凌可能對一個年輕人的健康產生深遠的影響,並且是自殺的主要危險因子之一。

≫ 霸凌

持續增加的研究結果顯示,受到霸凌行為的兒童與青少年,在自殺行為上有較高的風險(Kim & Leventhal, 2008; Kim, Leventhal, Koh, & Boyce, 2009)。「霸凌」這個名詞包含兒童與青少年在校內外所遭受到任

何身體及情緒上的凌虐。通常，太過與眾不同或是朋友很少的學生會是霸凌的對象。舉例來說，男同性戀和女同性戀的年輕人特別危險，在這個群體中發現有較高比例的自殺意念和自殺行為，而研究顯示出這可能是霸凌所造成的。

霸凌情況非常的普遍，一個大型的研究發現，在美國六到十年級的學生中，有 16% 的學生表示在目前進行的學期中曾受到霸凌，而有 13% 的學生表示他們曾經霸凌過其他孩子（National Institutes of Health, 2001）。不幸的是，長期霸凌的影響深遠，霸凌的受害者較容易罹患憂鬱症，而且一直到成年期都是低自尊，而霸凌者本身則更容易在接下來的人生從事犯罪行為。成人通常會忽視這些行為，認為霸凌只是人生的一個階段，或是帶著「孩子只是孩子」的態度，但是，近期的研究認為霸凌與自殺有關，並強調學校霸凌的嚴重性。一份全球性的研究發現霸凌與自殺有關，帶有自殺意念和企圖自殺的霸凌受害者，是未受害兒童的 2 至 5 倍，重要的是，霸凌者本身也有較高的自殺風險，特別是在男性之中（Nock, 2009）。

>> 網路霸凌

網路霸凌是指在網路線上的環境中，許多對他人的攻擊行為，包含騷擾、毀謗、冒充他人、詐騙和排擠。此外，網路威脅包括了直接威脅，或是藉由令人痛苦的素材來傷害受害者的心理（Willard, 2007）。一個廣為人知的網路霸凌事件曾經成為頭條新聞，最後造成一名 13 歲的女孩自殺的悲劇。這名女孩受騙相信一個班上同學的媽媽所假冒的 16 歲男孩，在知名的社群交友網站 Myspace 上對她表示好感，而這個「男孩」後來轉而刺激她，告訴她如果沒有她「這個世界會更好」，之後，這個女孩很快就在自己家裡以皮帶上吊自殺（Cable News Network, 2009），這個例子說明了網路霸凌潛在的嚴重性，以及令人心碎的結果。

網路霸凌的受害者比他們未受害的同儕表現出低自尊，以及出現較多

的全面性心理問題（Campfield, 2009）。可惜的是，網路霸凌的受害者在當他們有需要時，可能不會尋求協助。一份研究中指出，25% 的孩子被網路霸凌時不會告訴任何人，而 47% 的回答者表示，他們會告訴同儕或其他人，但不信任校方人員，不是對結果感到恐懼（霸凌者施加報復，或是被家長限制使用網路等），就是認為校方人員根本無力阻止問題發生（Cassidy, Jackson, & Brown, 2009）。

兒童與青少年視網路霸凌為相當嚴重的問題，不論這些行為實際上是否是匿名進行，其中，可匿名的網路更具威脅性（Mishna, Saini, & Solomon, 2009）。這項事實提出了一個重要的問題，即使青少年完全透露出自己的身分，為什麼他們還會認為他們在網路上的互動是匿名的？這可能與他們是在自己家中的私密空間進行互動，沒有透過身體或語言接觸有關。

網路霸凌的統計研究極多，一份由國家犯罪防治協會（National Crime Prevention Council）所進行的研究指出，兒童與青少年調查對象中，有 43% 至少一次曾經是網路霸凌的受害者（2007）。另一份研究指出，至少有 69% 的學生調查對象正在或曾經以某種形式被網路霸凌（Campfield, 2009）。無論實際的百分比是多少，網路霸凌已無疑是個日益增加並且對於兒童和青少年健康造成嚴重影響的問題。初步的研究也顯示，在學校受到霸凌的學生更容易在網路上遭受霸凌（Katzer, Fetchenhauer, & Belschak, 2009）。

➤➤ 網路自殺行為

2008 年 11 月，一名年輕男子在網路直播的視訊上自殺死亡，當時有無數成員正在這個線上的公共討論區，但沒有任何人通報有關當局，這個戲劇性的事件直接在線上上演，一些人甚至鼓勵他完成這個舉動。有一些網站允許支持自殺、談論自殺方法，並提供一些寫自殺遺書的提示。雖然有證據顯示一些自殺者會尋找這些自殺傾向的網站，並在線上聊天室與討

論室中尋求自殺行為的支持，同樣明確的是，許多高度自殺風險的個案在線上找到有利的支持、連結、歸屬感，以及幫助他們降低自殺風險的各種訊息（Harris, McLean, & Sheffield, 2009）。

因此，對網路在自殺防治和自殺風險上所扮演的角色，我們所知甚少。但是，很清楚的是，許多自殺的年輕人正在網路上討論他們的自殺想法。在我們的工作中，經常和我們聯繫的一些學生告訴我們，他們從線上的討論和貼文中得知同儕的自殺意念或行為。很顯然，監控網路是自殺介入和自殺防治的一項重要層面，學校可與家長一同重視。此外，兒童與青少年應該在網路霸凌方面被教育，包含當他們遭遇網路霸凌時要做些什麼（Willard, 2007）。

🌿 本章摘要

兒童及青少年自殺行為在過去五十年來逐漸增加，校方人員對於自殺的危險因子、誘發情境、相關警訊及保護因子等有助於他們辨識自殺風險的各個面向，必須有更深入的了解。兒童及青少年對於自殺特別脆弱的原因，常是因為他們缺乏經驗和觀點、完整發展的因應技巧，以及他們經歷了許多高度的壓力和情緒。降低自殺的最佳方法永遠都是預防，而學校是一個進行自殺防治與教育計畫最自然的場所，這是下一章討論的焦點。

第二章

校園模式的自殺防治方案

　　美國的學校在青少年自殺防治上扮演著相當重要的角色。以校園為基礎的自殺防治方案，不只為了挽救處在有立即自殺風險中的學生，同時灌輸所有年輕人可以持續終生的求助與助人行為。正向積極的校園環境不僅透過辨識自殺警訊以及介入有風險的年輕人，來協助維持青少年免於自傷行為，也提供符合學生個人與社會情感需求的資源及方案。在校園裡，學生能學習到有關精神疾病汙名化的作用、健康的求助方法、當他們擔心朋友有風險時該如何應對，以及可以協助降低風險的保護性技巧。處於自殺危機中的兒童青少年將能從多重協助者的立即接觸中獲得助益，例如教師、諮商師、教練、學校工作人員，甚至同學，都可能介入，當校園自殺防治方案成為促進學生心理衛生的重要一環時，結果可能很戲劇性（如Aseltine & DeMartino, 2004）。不幸的是，一旦沒有自殺防治方案與教育訓練，校園會成為學生藏匿祕密、教師們即使看到學生的問題行為也不確定該怎麼說，以及將自殺常見的迷思與誤解視為正常的地方。

　　D. H. Granello 和 P. F. Granello（2007）指出在校園系統中特別危險性的幾種迷思：

迷思：自殺防治在校園中無用武之地。

事實：與社區及家庭合作的學校，是最能辨識出具自殺風險的兒童青少年，並提供相關資訊給所有兒童青少年及其家庭的地方。1999 年美國衛生部長行動呼籲（Surgeon General's Call to Action）、2001 年國家自殺防治策略（National Strategy for Suicide Prevention）以及 2003 年新自由心理健康委員會（New Freedom Commission on Mental Health）[1] 等報告中，都呼籲學校積極參與兒童青少年心理衛生的支持與維護工作。而以校園作為自殺防治初級預防工作的主要場域，則是基於下列幾點主要理由（Lazear, Roggenbaum, & Blase, 2003）：

- 在學校中（而不是家庭或社區），學生在課業、同儕等各方面的問題更明顯。
- 兒童及青少年的自殺警訊在學校出現的頻率會比在家中來得高。
- 校園擁有許多潛在資源，如教師、諮商師、校護，甚至同儕等。
- 對學校有歸屬感（例如相信自己被老師關心喜愛、與同學關係親近，或認為自己是學校的一份子）的學生，較少抱持自殺意念。
- 研究證實校園是進行初級與次級預防活動的理想場域。

迷思：談論自殺會導致自殺行為。

事實：這是一個相當危險的迷思，散布這樣的觀念不僅相當不負責任，也讓學生的生命安全及校園自殺防治工作都受到很大的傷害。事實上，自殺行為及感受的探討，對抱持自殺意念的人而言，能顯

---

[1] 譯註：「新自由行動」（New Freedom Initiative）是美國布希總統在 2001 年為殘障人士人排除生活障礙而提出。新自由心理健康委員會（New Freedom Commission on Mental Health）是其中一個為改善心理健康服務而設的委員會。新自由行動的簡介請參考：http://www.ait.org.tw/infousa/zhtw/E-JOURNAL/EJ_Disability/progress.htm

著減少他們的痛苦，與他人探討自殺意念亦能讓這些人發現自己並不孤單。一項針對 2,000 名以上青少年進行的研究發現，當教師將自殺議題納入課程討論之後，不僅讓憂鬱青少年自殺的可能性降低，對於曾企圖自殺的青少年，也較少有自殺傾向或沮喪（Gould et al., 2005）。此外，由校園自殺防治方案及危機協助專線處理相關個案分別長達二十及三十多年的經驗來看，**從未有個案因為討論相關議題而導致其自殺行為的發生**（Kalafat, 2003）。當我們在實務上與人們談論自殺議題時，並不會帶入那些令人感到恐懼的部分。而每個人在生命中，或多或少都經歷過與自殺相關的事件，能暢談自己對自殺的感受，並探討除了結束生命之外的解決方式，對某些人也許是相當有幫助的。當然，如果「談論自殺」只是簡單的談及自殺方法，或分享教導自殺技巧的網站，這樣的探討對處於自殺風險中的人來說，不僅非常危險，也不是我們在初級自殺防治方案中所推廣的工作方式。

迷思：學校辦理自殺防治方案的話，很可能會被控告。

事實：其實，事實完全相反。如果學校沒有自殺防治方案，更有可能會被控告，且校方會因忽略學生身心健康中如此重要的一環而導致敗訴。事實上，已有兩個重要的法律判例認為校方應在自殺防治中扮演重要角色。在 *Kelson* 對 *The City of Springfield, Oregon*（1985）的判決中，法官裁定學校工作人員因為應變不足而導致一名 14 歲學生死亡。此判決開啓了先例，若校方未盡到落實以校園為基礎的自殺防治責任，就有可能因學生自殺死亡被控告。此外，該判例中的工作人員不僅指教師或行政人員，還包括**所有在校園內工作的員工**（如工友、廚工、祕書等）。第二個判例是 *Wyke* 對 *Polk County School Board*（1997）的官司，法庭發現校方並未落實其自殺防治政策，因此無法在該校一名 13 歲學生出現自殺意念時，及時提醒家長注意。此案的判決結果相當清楚地顯示出該

校員工未能辨識並通報具有自殺風險的學生，而這正是學校工作人員在自殺風險教育訓練中的著重點。

迷思：自殺防治方案會讓自殺行為傳染或被模仿。

事實：模仿他人自殺的確有可能發生，尤其是當個人已經處於相當脆弱的狀態（如憂鬱情緒、表現出自殺警訊、曾有自殺史）時；在校園裡，一位學生自殺也可能導致其他學生的自殺。但無論如何，促成自殺行為的原因並不是防治方案本身，而是在兒童與青少年生命歷程中曾發生過的自殺事件（無論發生在學校或者社區中的任何一個地方）。因此，實施初級自殺防治方案的目的，主要是為了減輕既存自殺事件所帶來「模仿自殺」的風險。

上述這幾項迷思都可能對校園風氣產生相當嚴重的負面影響，更反映出校園模式自殺防治方案對創造健康校園環境的重要性。自殺防治方案對學生、家長、教師及工作人員提供相關篩選、教育和基本技巧訓練，且這些方法都扎根於最新的心理衛生防治概念，分為三個階段：普遍性、選擇性，以及針對性。

≫ 校園預防模式的層級

校園模式的自殺防治工作分下面三個層級：

1. **普遍性介入是針對學校全體人員。**這類介入方式可能包括：
   (1) 整個學校（學生、家長、職員、老師）對自殺風險的訓練與教育，包括警訊、危險因子、如何求助，以及如何回應有自殺風險的學生或同儕。
   (2) 努力減低對自殺的烙印，並增加整個校園內尋求協助及支持性的回應。
   (3) 教導一般性的因應技巧和保護因子。

(4) 增加校園社群的連結感與參與的方法。

(5) 對全校人員進行篩檢，以發現有自殺風險或有心理衛生相關問題者。

2. **選擇性介入是針對有確定危險因子的次人口群。** 處在過渡時期、因應技巧較差或有自殺史的學生，都是選擇性介入的服務對象，這類介入方式可能包括：

(1) 心理教育團體以增強因應技巧。

(2) 增加復原力與求助的方案。

(3) 特定目標的評估或篩檢。

(4) 連結社區資源或轉介。

3. **針對性介入的目標是篩檢後被認為有自殺風險的特定個人。** 這類介入方式可能包括：

(1) 綜合且持續的自殺風險評估。

(2) 連結社區資源或轉介。

(3) 學校教職員、家長與心理衛生服務提供者間有持續且開放的溝通。

(4) 擬定在校期間監控風險的方式，建立進階處理的程序。

本章探討的策略著重於普遍性介入，也就是針對校園中的所有學生，無論其風險多寡。普遍性介入對全體師生提供教育訓練及篩選，並促進校園整體的心理健康。自殺防治方案通常被包含在更廣的心理衛生教育方案內，著重發展與增加健康的因應方式，以及其他正向的社會與情緒的生活技巧。普遍性取向可能對校園特別重要，因為：

- 絕大多數有自殺意念的兒童青少年向同儕吐露心事，而非成人。

- 有些沒受過訓練的青少年，尤其是男性，在遭遇同儕傾訴煩惱時，無法以同理或有幫助的方式回應。

- 只有 25% 的兒童與青少年，在得知同伴的自殺意念時，會尋求成人的協助。

- 學校教職員一直是青少年討論個人問題的**最後**選項。

- 青少年在無法接觸或不情願去找能夠提供幫助的成人時，被視為是可能導致毀滅性結果的**危險因子**。

- 相反的，研究顯示，對許多有麻煩的青少年而言，能提供協助的成人是**保護因子**。

- 證據顯示，**提供協助**對青少年有益。參與協助的互動能形塑青少年的利他行為，並減少行為問題（Granello & Granello, 2007）。

　　校園是一個能自然地提供普遍性自殺防治方案的場域。作為社區中教育與社會化兒童及青少年的機構，學校有責任為來自破碎、物質濫用、人際暴力或危險性行為家庭的兒童青少年提供社會化與保護，上述全都被認為與自殺風險的增加有關（Kalafat, 2003）。由於有需求的學生人數眾多，學校諮商師及學校心理師越來越常被要求從個人服務模式改為校園裡群體為主的公共衛生模式（Doll & Cummings, 2008）。任何公共衛生模式的核心都是強調預防，這點與普遍性自殺防治相同。使用公共衛生模式進行校園自殺防治列在國家政策議程，而 2001 年國家自殺防治策略（National Strategy for Suicide Prevention, NSSP）架構中包含校園普遍性介入的指引。這份架構呼籲學校：(1) 執行自殺防治的覺察與教育方案；(2) 訓練學生、教職員工與家長辨識有風險的年輕人，並轉介到相關服務機構；(3) 實施有效的校園自殺風險篩檢方案。這三項基本成分構成綜合式校園普遍性防治方案的基礎。

　　雖然校園是進行自殺防治方案的自然場域，許多學校仍未對學生與教職員提供這項服務。根據美國疾病管制局（Centers for Disease Control）2000 年的校園健康政策與方案（School Health Policies and Programs）報告指出，只有不到半數的州在校園中對至少一個年級進行自殺防治。此外，雖然全美都在發展教育與訓練方案，但對於如何實施、甚至該不該實施仍有爭議。批評者認為將心理衛生議題列入校園是不恰當的，自殺防治所費不貲，且可能危害到學生及其家人的權利與隱私，學校應該聚焦在教

育；但校園自殺防治的擁護者極力主張這些方案有可能得以挽救生命，減輕痛苦。由於所有活動皆屬自由參加，和監護權並不相違背，學校也被要求取得家長同意才進行篩檢，而這些活動提供的求助技巧能終生受用。然而由於爭議持續，參與自殺防治活動的學校教職員必須準備用事實與數據來反駁批評。

　　普遍性防治活動的三種主要型態：自殺防治覺察與教育、辨識與轉介處於自殺風險青少年的技巧訓練、自殺防治與心理衛生問題的篩檢方案——每種都代表了校園自殺防治的重要內容。以下段落，我們深入討論各個策略，以我們自己工作經歷的例子來協助解釋普遍性防治活動。

自殺防治覺察與教育

　　2001 年的研究（Washington County Department of Public Health & Environment, 2001）詢問青少年期待在自殺防治方案看到什麼，研究中的青少年提到他們想要的教育方案：

教導青少年憂鬱是一種疾病且能夠被治療	65%
告知青少年憂鬱症是如何普遍	56%
教導青少年如何分辨他人是真的感到很憂鬱，或只是心情不太好	68%
教導青少年如何辨識自己或他人是否有憂鬱症	74%
教導青少年在自己或朋友有憂鬱或自殺傾向時，能到哪裡求助	73%
教導青少年如何與正處在憂鬱中或考慮自殺的朋友談話	81%

　　受訪的青少年表示他們希望能透過外賓演講（在最多複選 3 個選項的資訊來源，93% 的青少年選擇此項）、電視節目（60%）、有愛心的成人（54%），或同儕（53%），來學到這些資訊。當被問及成人能做些什麼來幫忙，青少年壓倒性的回應是並非太複雜或昂貴的東西，最普遍的答案是「和年輕人談話並傾聽」。

學生需要自殺、憂鬱症與心理衛生的相關資訊。針對學生族群進行的大型調查一致顯示，學生族群的自殺意念、自殺行為與憂鬱比例相當高。約有 18% 的六年級學生曾在過去 12 個月內考慮過自殺（Whalen et al., 2005）。中學生的比例甚至更高，2007 年一項超過 15,000 名中學生的全國調查發現，過去一年內，28% 的中學生達到憂鬱症診斷標準，17% 認真考慮自殺，13% 有過自殺計畫，7% 曾企圖自殺（Centers for Disease Control and Prevention, 2008）。其他研究發現青少年企圖自殺的年度發生率超過 10%（Aseltine & DeMartino, 2004），換句話說，在一間擁有 33 名學生的一般中學教室裡，每年會有 1 名男學生和 2 名女學生企圖自殺。

儘管有著高比例的憂鬱、自殺想法、意念與自殺行為，很明顯地，大多數兒童及青少年並未尋求適當的心理衛生協助。事實上，只有不到 20% 的憂鬱青少年接受過介入（American Academy of Child & Adolescent Psychiatry, 2005）。陷入困境中的青少年最普遍的反應方式是尋求同儕協助，因為自主與獨立的發展需求，青少年特別不願尋求成人幫助。研究顯示自殺傾向的兒童與青少年信任同儕遠勝成人，在過去企圖自殺的學生中，只有 18% 的青少年表示他們在需要幫忙時會跟成人談話，但從未有過自殺企圖的學生中，有 38% 的人在感到苦惱時會尋求成人協助（Wyman et al., 2008）。或許最令人擔心的部分是，研究結果一致顯示，只有 25% 的青少年表示如果知道朋友有自殺傾向時會告知成人（Kalafat, 2003）。

由於校園中現存的憂鬱、自殺意念、自殺意圖及自殺行為的程度，以及青少年不願意向成人求助，青少年顯然需要有適當的求助行為教育與訓練。校園自殺防治教育最危險的迷思之一是，談論自殺會將概念植入學生腦中。相信此迷思的學校教職員很可能沒有意願參與教育方案。這項迷思**並非事實**，有這迷思對學生是**有害的**。研究很清楚地呈現出，學生們會思考並討論心理衛生、憂鬱症及自殺，同樣清楚的是青少年想要更多資訊。在一項有超過 1,500 位中學生參與的研究中，87% 的學生認為憂鬱、自殺意念及企圖是青少年間的問題，而 73% 的學生表示他們需要更多關於當

他們感到憂鬱或想自殺時，該去何處尋求協助的訊息（Washington County Department of Public Health & Environment, 2001）。

在缺乏準確資訊的情況下，青少年會從所有可能的地方找答案，他們可能會與同儕商量，試著為他們自己編造答案，或者像越來越多人一樣，使用網路找資料。當可以在某些特殊聊天室跟志趣相投的人們討論時，自殺相關訊息在網路上很容易取得。會造訪這些聊天室的一般都是青少年及年輕成人，是模仿自殺行為風險最高的一群，而這些聊天室提供的資訊品質差異很大，從鼓勵人們尋求協助到傳授清楚的自殺死亡方式，或建議寫自殺遺書等。有傳聞報導青少年在造訪這些聊天室與其他網路論壇後自殺（Becker & Schmidt, 2005）。

學生教室活動，或者對較年輕學生以輔導活動的方式來進行自殺防治教育，是合適的模式。這些單元通常被放在更大的主題如心理衛生、問題解決、做決定、解決衝突，以及尋求協助中進行，這些類型的方案能夠配合學校資源及文化，因為它們屬於教育而非臨床取向，它們可以由學校教職員，如老師或諮商師來上課；也能配合現行的課程架構。

對比較小的學生，如小學階段而言，可能從輔導活動得到的主要好處是建立健康行為的基礎勝過對自殺風險與警訊的特定討論。針對保護因子如因應技巧、情緒管理或向關心的成人求助等適當發展課程也會有幫助，協助孩子覺得與學校、家長和社區有連結，提供參與及貢獻機會的方案對發展強力保護因子有所幫助。然而，只有這類訓練無法減緩自殺行為，支持性的環境與保護因子教育或許可協助減輕部分心理問題的發展，但實際上校園中有許多嚴重心理衛生問題的孩子未被發現（Kalafat, 2003）。校園中有自殺傾向的孩子必須由受過訓練的成人發現，並尋求進一步的行為介入。

對八到十二年級的學生而言，教室活動應包括更直接針對自殺、憂鬱症及心理衛生的教育。這些單元通常由幾堂課組成，常見於健康教育中，這類課堂活動是種不需要很多教職員時間就可以跟大量學生溝通的有用方式。自殺防治教室活動可能包含自殺危險因子、自殺警訊、消除自殺迷

思、如何辨識他人的自殺警訊、何處能夠尋求協助，以及如何回應陷於困境中的朋友。通常課程中會使用包括吸引注意的教學媒體、同儕討論，或角色扮演等。這些青少年輔導活動的一個重點是減輕求助的烙印，並強調與學校諮商師、校護、行政人員討論他們擔心的同儕之重要性（Kalafat & Elias, 1995）。此外，學生應該要被協助了解自殺意念和感覺有可能是精神疾病，如憂鬱症或躁鬱症的一部分。我們發現幫助青少年了解精神疾病是種需要治療的疾病，而非顯示個人性格的軟弱，這一點是非常重要的。最後，青少年需要了解，感到傷心、甚至短暫有過自殺想法是正常的（而且想到自殺並不表示這個人有精神疾病），**但將自殺意念付諸行動就不妥了**。換句話說，重點是強調很多人都會覺得挫敗或不堪負荷，但這並不表示他們要結束自己生命。

一般來說，教室活動的目的是將為了自己或同儕向成人求助去汙名化。青少年很可能誤解對朋友忠誠、相信為同儕自殺傾向保密是做「對」的事，在我們對一群中學男生進行的一場訓練中，我們強調如果他們相信有朋友有自殺傾向，必須告訴成人的重要性，在訓練進行到一半時，有位同學舉手表示：「我想我知道你們在說什麼了，失去一段友誼，總比失去一個朋友好！」

自殺教育課程應該小心強調自殺的複雜性。了解自殺沒有簡單的答案，簡化的答案可能會傳遞錯誤訊息給學生：自殺是人生問題的某種「解決」方式。教育課程裡還必須讓學生了解，雖然他們將朋友有自殺意念的狀況告訴成人是重要的，**他們不需要為讓其他人存活負責，也永遠不需要覺得他人的安全是自己的責任**。許多學生可能都認識自殺死亡或企圖自殺的學生，他們不需要覺得必須為他人的決定負起責任。每次訓練都要提供學生危機介入資源及求助專線，如果他們需要跟成人一起討論教材，必須確定訓練後有人能夠跟學生個別會談。最後，當研究已證明他們可能會增加學生模仿自殺的風險時，避免選擇特定課程是重要的。永遠不要將自殺描述為對壓力的一種反應，永遠不要將自殺解釋為停止痛苦的方式，避免在課程呈現（講解或播放）其他企圖自殺的青少年，或媒體描述的自殺行

為，以免學生過度認同這個人或模仿這行為。

當然，如果學生環境裡的成人不知道如何處理有青少年想自殺的資訊，要求學生在認為朋友想自殺時告訴成人，是沒有道理的。基於此，**在訓練學生之前**，讓所有學校系統裡的成人接受自殺防治訓練是**絕對必要**的。當學生得到自殺防治資訊後，他們可能會發現某個朋友處於危機中而向成人請求協助。如果學校教職員未受過訓練來回答這些問題，他們的介入可能不適當，甚至會實際升高風險。此外，基本上要訓練的是學校中**所有的**成人，工友、校車司機、廚工以及其他工作人員常常會在這訓練被遺漏，然而對有些學生來說，這些工作人員代表實際的救生索。另外，家長需要資訊及教育，無論這訓練是否有面對面的家長會議，或完整的資訊放在校園通訊或聯絡簿，重要的是讓家長知道在他們的孩子告知自己或其他學生的自殺意念或行為時該做什麼。

在我們與自殺防治教育及學校合作時，會採用下面討論的工作模式。

≫ 教職員教育

在學年開始前，我們用一整個下午的教育單元來訓練所有教職員，內容包括自殺風險、警訊、自殺迷思、憂鬱症與心理衛生、保護因子，以及接觸有自殺風險的學生。這些內容都包含在自殺守門人訓練，本章稍後會討論。

雖然每位教職員都有最基本的自殺防治能力，我們知道並非所有工作人員都樂於擔任這樣的角色，學生必須能夠帶著他們的擔心去接近校園裡任何成人。然而，還是有些人是真正對這些訓練有回應，也想告訴學生，他們是能夠也願意協助的。為了確認這狀況，我們在教職員訓練的最後發給每個參與者上課證明，讓他們可以放在辦公室或教室，我們發現那些希望可以保護學生、讓學生知道他們是可以接近的人會很快就把他們的證明掛出來。因此，上課證明的寫法必須要讓學生知道這個成人是願意參與有難度的交談的，一張寫著「茲證明 XX 先生／女士已完成『辨識有困擾學

生』三小時訓練」的證明其實沒有重點，在我們的經驗裡，比較適當的做法是讓一群老師與行政人員（或許還有學生）設計一張對該學校文化裡的學生有所意義的上課證明。我們看過的上課證明有「你可以跟我談談」，或「我可以幫忙」，或「我專門處理有難度的對話」，重要的是找到能讓學生產生共鳴的訊息（在學生完成他們的自殺防治教育方案後能夠知道如何辨識）。

≫ 家長教育

在一些學校，我們透過面對面會議接觸家長，即使這相當少見，也很難含括所有家長；在其他學校，我們則透過校園通訊或學校網站，我們發現定期提供家長訊息是必要的，而且盡可能透過不同的形式。面對面訓練的方式可以和教職員教育相似，再加上強調家中物品管制的重要性（例如：把槍枝上鎖、限制藥物或其他可能致命方法的取得）。在校園通訊與網站上的資訊必須提供吸引人的、簡短的以及易讀的新聞摘要，有些學校在每期校園通訊提供學生心理衛生專欄，也有些學校僅定期提供資訊。我們鼓勵學校在對學生而言特別有壓力的時間，例如考試期間、大學放榜期間或畢業前夕，將心理衛生及自殺防治相關資訊放在校園通訊或其他溝通管道上，學校網站也必須要有持續性的心理衛生資源網頁。不管何種形式，家長都需要被提供與他們孩子有關的自殺風險、心理衛生和保護因子的可靠且正確的資訊。

家長特別需要的訊息，包括自殺迷思、如果他們認為孩子有問題時可以做什麼、尋求協助的轉介資源，以及有哪些協助可用。和訓練教職員與學生一樣，家長需要被提醒他們能做的最重要的事是：**問問題**，以及**傾聽答案**。

有時跟學校一起合作，我們會聽到學校教職員表示他們沒空寫這些新聞摘要，幸而網路上可以取得許多非常好的資訊，且出處信譽良好。本章結尾處，我們會列出提供自殺防治訊息的網站清單，這些便於使用在給家

長的校園通訊或學校網站。

一旦家長得到相關資訊，他們需要在孩子接受自殺防治教育前被通知。我們會提醒家長，在訓練過後，孩子可能帶著問題或擔憂回家，或可能會想跟父母談談他們認為處在危機中的同儕。當然這份訓練通知也提供家長知情同意書，讓他們知道孩子將會暴露在這議題。一般而言，最主要的目的是維持所有溝通管道通暢。

≫ 學生教育

我們一般訓練中學生的方法是簡單快速地配合學校或同年齡層的特殊需求。首先，普遍性的方法強調對全體學生訓練的重要性，因此，必須找到一堂課或時段可以讓所有學生出席。然而，自殺防治教育**永遠不該**以大型學生集會的方式進行，學生需要時間與空間來消化困難議題，小一點的教室場地會比較適合。我們建議在一週內對整個年級的學生進行訓練，一般的做法，會先對八或九年級的學生進行初階訓練，而較高年級的學生則施以較短的補充訓練。舉例來說，有學校決定利用健康教育課讓九年級學生接受一系列教育單元，在同一週（或相近的學校行事曆時間），所有十、十一、十二年級學生可能也有較短的訓練。

其次，我們不參與所謂的「一次性」的訓練。單次的課程無法讓學生有時間反思和提問，如果他們帶著擔憂與未獲解答的問題離開，他們也沒有時間接受後續追蹤。我們發現自殺防治教育方案在健康教育課進行，或其他包含心理衛生議題討論的效果最好，我們典型的訓練是週一與週三，或週二與週四。這種兩次課程的訓練法讓學生能夠在第一天帶著一些資訊回家，花些時間思考他們所學到的，任何問題則在第二天獲得解答。我們避免把這議題教育放在週五，這樣學生會帶著需要等整個週末才能解答的問題回家。

第三，我們相信在教育課程中以混合方式，在心理衛生的架構下呈現自殺風險是重要的，例如，我們在所有課程中運用討論、媒體與角色扮演

33

來進行。我們也幫助學生認識憂鬱症與精神疾病在自殺風險中所扮演的角色，我們發現幫助學生區辨憂鬱和悲傷特別重要。在美國，當我們真正的意思是悲傷時，我們常用「憂鬱」這個字，例如，你可能聽到學生說：「我沒考好——我好憂鬱。」但臨床上的憂鬱指的是明顯的精神疾病，跟覺得悲傷不同。在我們的經驗裡，學生常無法理解兩者間的差異，這也混淆了他們了解憂鬱在自殺中的角色。因此，幫助他們區辨兩者是訓練的關鍵。

最後，我們很清楚自殺防治教育課程並非為了直接處理自殺意念或行為。更確切的，這些課程強調求助技巧與資源，主要設計是為了接觸到憂鬱同儕的學生。我們知道教室裡就有本身處在痛苦情緒中的學生，我們小心地提供學生資源與轉介，但訓練過程並不提供諮商。

第一天（一小時）

主題介紹

自殺迷思、危險因子、自殺警訊

簡單介紹該年齡層的統計數據

討論保護因子

角色扮演：覺得憂鬱和悲傷有什麼不同？

講義：可以帶回家給父母看的相關資訊

第二天（一小時）

發放以下問題的問卷：

舉出一件上個單元你學到的事。

舉出一件你學到讓你覺得驚訝的事。

舉出一件你本來就知道的事。

還有什麼問題或仍擔心的事？

（當問卷收回後，我們發現特別有幫助的做法是由一位上課老師從頭到尾看過所有問卷，另一位老師繼續上課。在課程結束

前，學生們所有的問題都應該要得到回答。）

回顧前一天的課程資訊，澄清混淆或有問題的部分

討論（如果有的話，使用影片）

　　憂鬱

　　憤怒與壓力

角色扮演：如何對朋友伸出援手？

更多角色扮演：這次兩人一組，如何幫助朋友？

列舉清單：如果自己或朋友想自殺時，會向哪些大人求助？

　　列出學校或社區中特定人選的姓名。

　　　　如果學校已經讓願意處理困難討論的教職員工使用特定標語或標誌，這是告訴學生尋找牆上有「你可以跟我談談」（或任何學校特有的標語）的教師或職員的時機，他們鼓勵這些對話。

　　確認學生的所有問題在離開教室前得到解答。

　　　　發給學生當地自殺協助單位或熱線的電話。自殺防治資源中心（Suicide Prevention Resource Center, SPRC; SPRC.org）提供印有全國性電話的卡片，但你們也可以用印表機製作印有當地資源的卡片。特別有用的方法是告訴所有學生，拿出錢包皮夾，把卡片放進去，如此一來就不會因為學生們看見有些人保留卡片，有些人把卡片丟進垃圾桶，而有烙印影響。

　　我們在學校的經驗發現，學生對這種安排形式的反應良好，訓練結束後的方案評量都是一致的正向。參與者的意見舉例：

1. 你在這兩堂課中學到的主要概念或訊息是什麼？

　■ 自殺永遠不是答案。

　■ 如果有朋友對我們表示想要自殺，千萬不能隱瞞，一定要做些什麼。

　■ 自殺會對他人有很大影響。

- 如果跟你親近的人似乎正經歷一段難熬的時光，而且跟平常表現不太一樣時，你得跟他談談。
- 與別人談談你的感覺。
- 自殺是個大問題，但我有能力幫忙。
- 你總能向某個人求助，而且你一定能得到幫忙。
- 自殺是對暫時性的問題採取無可挽回的解決方式。
- 無論如何，你得跟大人說。
- 自殺是不值得的，你一定能得到幫助。
- 幫助自己，也在有需要的時候求助。
- 需要有力量的人來幫助想要自殺的朋友。
- 溝通也許是最重要的自殺防治活動。

2. 你認為因為這些課程，你對於自殺與憂鬱，或是涉及自殺與憂鬱的人，看法有不同嗎？有什麼樣的不同？
   - 有，如果有人說他（她）想要自殺，我會趕緊採取行動，並認真對待。
   - 是的，在看過那些統計數據之後，我希望把它們變得更好。
   - 不，我一直很樂意幫助有這些困擾的人，而且我自己也被診斷過躁鬱症。
   - 有改變，我知道要快點幫助考慮要自殺的人，而不是保守祕密。
   - 我不再覺得這些人很奇怪，他們只是普通小孩。這可能發生在每個人身上。
   - 是，我以前認為他們瘋了，而且真的想死，但我現在了解他們只是需要幫助。我該幫助他們，我知道怎麼幫忙。
   - 是的，我了解憂鬱是能夠預防的，如果你找到自殺警訊的話。
   - 有，我學到憂鬱症是一種病，而且你能夠痊癒。
   - 有，我學到對自殺議題保持開放的態度是非常重要的。
   - 有，探討過這個概念之後，發現自殺其實不是解答。

然而值得注意的是，這類自殺防治教育尚未經過嚴謹的評估。事實上，儘管有些方案與模式正在成為實務上最佳的方式，但是普遍性的自殺防治教育一般來說仍缺乏實證檢驗。尤其是「自殺警訊」（Signs of Suicide, SOS）與「生命線」（Lifelines）這兩個普遍性的教育方案獲得了美國自殺防治資源中心（SPRC）的最佳實務工作認證。SOS 是一項教育學生注意他人與自己自殺及憂鬱警訊的自殺防治課程，學生被教育要「ACT」：知道（**A**cknowledge）自殺警訊、關心（**C**are）想自殺的人並提供協助，以及告知（**T**ell）能協助的成人。SOS 在 2004 年對五所中學 2,100 名學生進行的評估發現，介入組的學生有明顯較低的自殺企圖，對憂鬱與自殺有比較多的認識與較適當的態度。這也使得 SOS 成為第一個、也是唯一一個證明顯著降低中學生自我陳述之自殺企圖的校園模式自殺防治方案（Aseltine & DeMartino, 2004）。

自殺防治守門人訓練：轉介有風險學生的技巧訓練

　　在兒童與青少年中，許多企圖自殺及自殺死亡都是源於未被辨識與治療的精神疾病和藥物濫用疾病。因此，**自殺防治工作的關鍵，是獲得偵測與治療那些表現出精神疾病與情緒痛苦訊號者的能力，盡早發現並採取行動來協助他們**，這就是自殺防治守門人訓練的目標。自殺防治守門人教導特定團體的人來辨認高自殺風險中的人，然後轉介他們接受協助，校園中的守門人訓練是假設很多有自殺風險的學生並不會自己尋求外援與適當的協助。在校園裡，這項訓練包含訓練學校教職員，包括老師、諮商師、教練與其他會直接跟孩子接觸的對象。守門人訓練包括所有典型自殺防治教育方案的資料外，更針對如何介入有自殺疑慮的個案進行訓練及聚焦。目前守門人訓練通常不提供給校園裡的所有學生，此方案主要是以成人為目標，或是學校裡的學生領袖。

　　絕大多數自殺的青少年在自殺前曾表現出明顯的警訊。事實上，超過

80% 的青少年在企圖**自殺前一週曾經告訴他人**，而 90% 以上有自殺傾向的青少年表現出清楚的自殺警訊（Granello & Granello, 2007）。其實，青少年自殺的最大悲劇就是，儘管有這麼明顯的苦惱訊號，結果還是發生。自殺守門人訓練就是特別教導教職員，能夠警戒於這些警訊以及其他學生傳達自殺訊息的各種形式。

在學校完成守門人訓練大約是 90 分鐘。雖然沒有研究證據顯示需要追蹤訓練，Kalafat（2003）建議大約每兩年進行一次「進階訓練」，這與我們的經驗相符。我們發現用角色扮演來模仿跟學生進行有難度的交談，特別有幫助，我們鼓勵守門人接觸有麻煩的學生時要「溫柔堅定」，也就是，當守門人接觸這些學生，詢問他們好不好或想不想談時，守門人不該接受最初的「不」、「我很好」，而是溫和地繼續對話並鼓勵學生求助。很多教職員發現鼓勵討論又不過分侵擾是很困難的平衡。因此，角色扮演或其他練習機會，是守門人訓練的必要部分。

近期對在校園的守門人訓練研究，已經開始顯示在增進技巧、知識、態度，以及適當轉介的有效性。兩篇已發表的文章驗證了這些方案在幼兒園到高中校園裡的效果，研究中都發現，被訓練為自殺防治守門人的學校老師與諮商師，對自殺危險因子有比較多的認識、更有信心面對自殺傾向的學生，且比起未受訓練者，他們對自殺學生較投入。可預期的，那些在開始時知識較差的教職員知識進步最多，所有教職員對介入自殺傾向的學生信心與投入感都有進步。這兩個研究也發現，在受過訓練的教職員接受訓練後的數個月，實際轉介學生的人數差異極大，顯示守門人訓練需要更清楚聚焦於協助教職員他們所需要的有效轉介技巧（Reis & Cornell, 2008; Wyman et al., 2008）。

自殺與心理衛生篩檢方案

第三項也是最後一項普遍性校園自殺防治的策略是心理衛生篩檢，這包含對所有學生的自殺風險或其他心理衛生問題做自願性評估。這些篩檢

的目的在於早點辨識出學生，這樣適當的介入就可以在問題惡化前進行。除了辨識高風險學生，自殺篩檢方案也可能增加學生的求助行為，校園模式篩檢的最大好處可能是發現學校專業人員尚未察覺之處於危機中的學生。

對處在各種要求下的學校教職員來說，要他們辨識出所有有心理衛生需求學生是不可能的。如果同儕和守門人能認出其他人的自殺警訊，自殺防治教育與守門人訓練可有所成效，但他們不可能接觸所有處於危機中的學生。為了要盡可能拯救生命，美國總統的新自由心理健康委員會（President's New Freedom Commission on Mental Health, 2003）與兒童心理健康篩檢與防治行動（Children's Mental Health Screening and Prevention Act, 2003）發起校園自殺篩檢。這類型的篩檢對青少年族群可能特別有用，研究顯示比起面對面會談，青少年在使用自填式工具時，比較可能會陳述被汙名化的行為（Scott et al., 2009），被問到自殺意念和行為時，青少年傾向誠實回答（Miller & DuPaul, 1996）。

此方案通常包括全班或全校用自填式篩檢來辨識潛在自殺傾向的青少年，得分落在高風險範圍的學生再以個別會談方式做更精確的風險評估。高風險的判斷通常按照最近的自殺意念、自殺史、各種顯著的情緒失調（如悲傷、社會退縮、焦慮、易怒、物質濫用），或自我認為上述任何一項需要協助（Scott et al., 2009）。對於任何需要進一步評估或介入之學生的家長，會提供其轉介與適切的當地資源。當然，在高風險學生應變計畫擬定與找到適切轉介資源前，並不該實施篩檢。

自殺風險篩檢也有爭議。反對者認為心理衛生篩檢所費不貲，特別是在學校面臨預算刪減的狀況時。此外，篩檢還有可能危害學生及其家人隱私的顧慮，因此學校被認為不該涉入學生心理衛生。最後，反對者認為篩檢方案可能高估需要協助的兒童及青少年人數，太多的偽陽性會占用掉教職員的資源與時間。

進行自殺篩檢方案的學校必須對這些顧慮有所覺察，並準備研究和數據來反駁。或許對抗這些批評者顧慮的最重要方式是使用已被實證有效的

篩檢方案,「哥倫比亞青少年篩檢」(Columbia TeenScreen)是個實證有效的篩檢方案,也已被自殺防治資源中心(SPRC.org)的實證實務註冊系統(Evidence-Based Practice Registry)收錄。這個「青少年篩檢」方案是 11 題與自殺風險及心理衛生問題相關的自填式問卷,確定具有風險的項目會有後續問題來評估問題嚴重度、求助意願和目前的求助行為(Shaffer et al., 2004)。「青少年篩檢」目前已在全美 450 個地方被採用,且被布希總統的新自由心理健康委員會(New Freedom Commission on Mental Health)認證為早期自殺防治介入的一種模式(Hinawi, 2005)。「青少年篩檢」對辨識有自殺風險的青少年有很成功的追蹤紀錄,在 Shaffer 和同事(2004)對九到十二年級的青少年研究中,他們發現符合自殺風險標準的青少年,100% 都被「青少年篩檢」這套工具辨識出來。

就像先前提到的,所有自殺篩檢方案的主要目標都是辨識出先前未被學校專業人員注意到的那些處於風險中的青少年。初步的研究是大有可為的。Scott 和同事(2009)用「青少年篩檢」對 1,729 名中學生進行篩檢,發現大多數被篩檢為陽性的學生,過去從未被認為有風險。在高自殺風險的學生中(例如,目前有意念與目前是情緒、焦慮或藥物濫用疾患),「青少年篩檢」歸類出過去未被學校教職員注意到的額外 37% 的學生。換句話說,如果沒有篩檢,超過三分之一的高風險學生永遠不會被學校注意到。

在進行自殺篩檢方案前,有一些基本的後勤考量是校方需要注意的。例如,是全校要接受篩檢嗎?或只針對某一群學生進行篩檢,例如特定年級的學生?要用哪種測量工具,這項工具在發展及文化上適用於受測的族群嗎?測驗工具是否有足夠的心理計量品質,包含篩檢自殺有足夠的敏感性與特異性?篩檢陽性的分數標準是什麼?完成篩檢與後續面談需要哪些教職員?被篩檢出來的學生有哪些轉介資源?篩檢方案要如何監控以確保有遵守計畫規定?要如何取得家長的知情同意書?(更完整的篩檢前要處理的後勤問題清單可參閱 Joe 和 Bryant [2007]。)

我們已對許多國中及高中進行過大規模自殺篩檢方案,詳情如下。

≫ 俄亥俄州的自殺風險篩檢方案

俄亥俄州的青少年心理衛生篩檢計畫,由藥物濫用及心理衛生局(Substance Abuse Mental Health Services Administration, SAMHSA)贊助,負責篩檢俄亥俄州的國中與高中學生。在計畫進行的三年之間,有將近 14,000 名學生用「哥倫比亞青少年篩檢」篩檢過。

步驟 1:主動取得家長同意

為了處理對家長同意與隱私的顧慮,我們選擇採用主動同意程序,也就是說,家長或監護人必須主動同意篩檢,透過一張簽名同意的回條,讓他們的孩子參與篩檢。但並非所有篩檢方案都採用這種方式,Scott 與同事(2009)採用被動同意的方式,將篩檢說明透過郵寄或交給學生帶回家,不想讓孩子接受篩檢的家長必須選擇不參加;如果沒有收到家長通知,便假設同意參加。無論使用主動或被動式的家長同意書,所有篩檢方案也需要學生同意,換句話說,為了讓方案有效篩檢學生,學生本身必須同意參加此方案。

在方案實施的第一個三年中,使用積極同意程序,我們總共對 13,964 名學生進行篩檢(在超過 100 個以上的點),這代表 33% 參與率。換句話說,有 33% 被提供篩檢機會的學生確實參與篩檢,這比 Scott 與其同事(2009)使用被動同意程序的參與率低,他們篩檢了 67% 最初被提供服務者,表示被動同意的參與率是主動同意的兩倍。然而,考量篩檢本身的爭議,我們選擇使用主動同意,儘管它代表較低的參與率。

步驟 2:完成「青少年篩檢」問卷

交回家長同意書,且自己也同意接受的篩檢的學生會收到「青少年篩檢」(Teen Screen)問卷,有電腦及紙筆測驗兩種形式。得分未達到陽性結果的學生如果想要,也提供他們與心理衛生專業人員談話的機會,並發給心理衛生服務與轉介資源的相關資料。

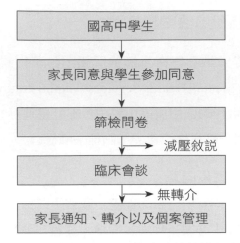

圖 2.1　俄亥俄州心理衛生健檢篩檢程序

流程圖內容：
國高中學生 → 家長同意與學生參加同意 → 篩檢問卷 → 減壓敘說 → 臨床會談 → 無轉介 → 家長通知、轉介以及個案管理

步驟 3：臨床會談

　　為了更完整的評估，由心理衛生專業人員對測驗工具得分陽性的學生提供 30 分鐘的面談。目的並非要進行臨床診斷，而只是決定是否進行更多的綜合性臨床評估會有幫助，在我們的計畫裡，約有 24% 的學生（約 2,900 人）得分為陽性。這與使用「青少年篩檢」問卷的其他研究，一般的陽性率介在 23% 到 28% 之間的結果一致。

步驟 4：通知家長及轉介

　　當然不是所有接受臨床會談的學生都需要進一步介入。事實上，所有篩檢方案都被批評的其中一點便是高比率的「偽陽性」（被工具篩檢出的高風險學生，並沒有自殺風險或其他心理衛生的顧慮）。在我們的研究中，大約有 59% 接受臨床會談的人需要後續追蹤介入，在此階段，家長會被通知這些顧慮、被鼓勵跟學校教職員見面討論篩檢結果，並預約心理衛生專業人員做更精確的評估與必要的介入。

步驟 5：治療

　　在此階段，學校教職員已經不再含括在過程中，家長必須依照轉介，讓孩子接受他（她）需要的協助。很遺憾的，在我們的研究中，只有

校園自殺、自傷與暴力｜評估、預防和介入策略｜

49%的學生完成轉介，這與其他研究結果相符，即使當家長同意學生接受篩檢，篩檢出孩子在自殺或其他心理衛生問題方面有陽性結果，學校工作人員進行轉介預約，仍只有半數學生得到他們需要的照護。

≫ 俄亥俄州心理衛生健檢篩檢程序

校園自殺防治篩檢的相關研究證據對這類型的普遍性防治有清楚的意涵。最重要的，自殺篩檢很可能找到完全未被發現或治療的有風險學生。若沒有綜合性自殺篩檢方案，三分之一有自殺風險的學生可能不會被學校教職員發現，然而，透過篩檢被發現有風險的學生，且透過後續面對面會談被心理衛生專業人員確認狀態的學生中，只有一半能得到他們需要的治療。顯然，家長教育以及減少對自殺與心理衛生汙名化兩方面，還有很多工作要做。

本章摘要

學校在自殺防治扮演重要的角色。普遍性自殺防治模式是以公共衛生取向為基礎，協助消除汙名、增加求助、促進接觸高風險學生的策略。三種最常見的普遍性方法是自殺防治教育、守門人訓練，以及校園模式的心理衛生篩檢。雖然這些型態的方案研究都還在剛起步階段，這三種介入方式都開始有實證支持是可以降低校園自殺風險的方法。

校園模式普遍性防治的實證方案

■ 普遍性自殺防治：教育方案

◆ 自殺警訊（Signs of Suicide, SOS）

SOS 是一個為期兩天，包括篩檢與教育的次級學校教育方案。篩檢學生憂鬱及自殺風險，依指示轉介專業協助。學生觀看教導他們辨識他人憂鬱及自殺徵兆的影片，他們被教育對這些徵兆適當的回應就是跟他們打招呼，讓對方知道你的關心，並告訴能負責的成人（不管是跟那個人一起，或代表那個人出面）。學生們也參與和自殺與憂鬱有關的課堂討論，這項介入想要預防自殺企圖、增加對自殺與憂鬱的知識、發展對自殺及憂鬱症合宜的態度，並增加求助行為。

網站：www.mentalhealthscreening.org/highschool/index.aspx

SPRC[2] 分類：有發展性的

目標年齡：14～18

性別：男性、女性

種族／人種：多元

介入程度：普遍性

◆ 生命線（Lifelines）

Lifelines 是針對國高中學生的綜合性全校自殺防治方案。Lifelines 的目標是促進關懷有能力的校園社區，在這裡求助是被鼓勵的與被仿效的，自殺行為被認為是不能保密的議題。Lifelines 尋求增加學校教職員與學生知道如何在遇到處於自殺風險的青少年時辨識他們、提供適當的初步回應、獲得幫助，以及傾向於採取如此行動的可能性。Lifelines 由四個 45 分鐘長，以及兩個 90 分鐘的

---

[2] 根據自殺防治資源中心的實證實務註冊系統（www.sprc.org）。

課程組成，合併社會發展模式的要素與使用互動教學技巧，包括角色扮演。健康教育老師或輔導老師在固定的學校健康教育課程教授。Lifelines 課程是特別為八到十年級的學生所發展，但可以用到十二年級。

> 網站：www.hazelden.org/web/go/lifelines
>
> SPRC 分類：有發展性的
>
> 目標年齡：12～17
>
> 性別：男性、女性
>
> 種族／人種：多元
>
> 介入程度：普遍性

■ 普遍性自殺防治：自殺防治守門人訓練

目前沒有自殺防治守門人訓練方案被收錄在實證基礎的自殺防治實務註冊系統。

■ 普遍性自殺防治：自殺篩檢

◆ 哥倫比亞大學青少年篩檢（Columbia University TeenScreen）

哥倫比亞大學的青少年篩檢方案辨識國中及高中年齡的青少年，因為自殺風險及未被發現的精神疾病，需要心理衛生服務。該方案的主要目標是協助早期辨識可能無法被專業人員注意到的問題。TeenScreen可以在學校、門診、醫生辦公室、少年觀護場所、庇護所，或者任何其他青少年服務機構中實施。一般來說，場域中所有目標年齡族群都被邀請參與。

> SPRC 分類：最佳實務
>
> 目標年齡：13～17
>
> 性別：男性、女性
>
> 種族／人種：多元
>
> 介入程度：普遍性

（下頁續）

校園模式普遍性防治方案的其他資源

■ 普遍性自殺防治：教育方案

◆ 青少年自殺防治校園模式指南（Youth Suicide Prevention School-based Guide）

這個網站提供免費、準確，並對使用者友善的資訊給學校。該指南不是方案，而是提供架構讓學校評估他們現有或擬定的自殺防治方案成效的工具（藉由系列的檢核表），並提供免費資源及資訊給學校行政人員，用來提升或增加他們現行的方案。該指南提供資訊給學校，協助他們發展以夥伴關係與社區資源及家庭合作的架構。

網站：http://theguide.fmhi.usf.edu

◆ 黃絲帶自殺防治與覺察運動（Yellow Ribbon Suicide Prevention and Awareness Campaign）

這項普遍性教育運動是設計來促進自殺防治覺察，減少尋求心理衛生服務的烙印。教材被納入學校課程，此運動的中心訊息是「請求協助是沒關係的」（It's OK to ask 4 help！®）。該課程已在全美 50 州內教過 20 萬人，黃絲帶亦有提供給父母的課程。目前該課程尚無 SPRC 評分。

網站：www.yellowribbon.org

■ 普遍性自殺防治：守門人訓練方案

◆ 問題－說服－轉介（Question-Persuade-Refer）

問題－說服－轉介（QPR）是一項 60 到 90 分鐘的自殺守門人訓練方案，提供以技巧為主的課程，來協助守門人學習辨識自殺警訊、提供希望給想自殺的人，並轉介想自殺的人到適當資源。本

方案目前尚無 SPRC 評分，但最近研究結果支持守門人對自殺的知識及其介入能力的信心都有進步。

網站：www.qprinstitute.com

◆ ASIST

ASIST 工作坊是為想要更自在、自信，並有能力協助預防立即自殺風險者設計的。超過 75 萬名照顧者參加過這個為期兩天、高互動性、實用且實務取向的工作坊。此方案尚無 SPRC 評分。

網站：www.livingworks.net

更多關於兒童及青少年自殺資訊的網站

◆ 校園預防模式指南（School-Based Prevention Guide）

網站：http://theguide.fmhi.usf.edu

很棒的資源，有免費的檢核表、方案，以及提供給學校的資源。

◆ 美國自殺學會（American Association of Suicidology）

網站：www.suicidology.org

提供最新資訊、專業研討會以及自殺研究。

◆ 自殺防治資源中心（Suicide Prevention Resource Center）

網站：www.sprc.org

提供資源、磁鐵、海報、單張說明及其他資訊。

◆ 美國自殺防治基金會（American Foundation for Suicide Prevention）

網站：www.afsp.org

有關自殺及情感性疾患研究、教育和政策宣導。

（下頁續）

◆ **www.Notmykid.org**（由美國自殺學會贊助）

提供給家長的資訊，以及給家庭的資源。

◆ **國家心理衛生研究院**（**National Institute of Mental Health, NIMH**）

網站：www.nimh.nih.gov/index.shtml

研究、專業資訊。

◆ **自殺防治倡導網絡**（**Suicide Prevention Advocacy Network**）

網站：www.spanusa.org

全國性的專線、公共政策。

◆ **物質濫用／心理衛生**（**Substance Abuse/Mental Health**）

網站：www.samhsa.gov

經費補助、最佳實務指南、研究傳播。

全國性自殺防治機構

◆ **國家自殺防治熱線**（**National Suicide Hotline**）

1-800-273-TALK（8255）

◆ **美國自殺學會**（**American Association of Suicidology, AAS**）

致力於了解自殺與防治的非營利組織。

網站：www.suicidology.org

◆ **美國自殺防治基金會**
（**The American Foundation for Suicide Prevention, AFSP**）

致力於認識自殺與預防自殺的能力。

網站：www.afsp.org

◆ **傑森基金會（The Jason Foundation）**

致力於青少年自殺覺察及預防的組織。

網站：www.jasonfoundation.com

◆ **傑德基金會（The Jed Foundation）**

一個承諾降低青少年自殺率，並促進大學生心理衛生支持的全國性非營利慈善團體。

網站：www.jedfoundation.org

◆ **生命救星訓練（Life Savers Training）**

一個同儕支持危機預防方案，目的是要訓練年輕成人在跟同儕互動時是有愛心的聆聽者。包含團體取向協助青少年用健康的方式面對藥物及酒精、同儕及家庭關係、性議題、暴力、學業問題、死亡與哀傷、攻擊、焦慮，以及自殺的挑戰。

網站：http://thelifesavers.net

◆ **The Link 自殺防治國家資源中心（The Link's National Resource Center for Suicide Prevention）**

The Link 的方案包括諮商與心理治療、危機中與哀傷的兒童、自殺預防與後續照顧、社區教育、訓練以及督導。

網站：www.thelink.org

◆ **生活工作教育（Living Works Education）**

致力於透過訓練產品如 ASIST、SuicideTALK、safeTALK 及 suicideCARE 來增進社區層級的自殺防治技巧。

網站：www.livingworks.net

（下頁續）

◆ **國家傷害預防與控制中心**（**National Center for Injury Prevention and Control, NCIPC**）

是美國疾病控制與預防中心（Centers for Disease Control and Prevention）的一個分支，主要工作在降低罹病率、身心障礙、死亡率及與傷害相關的成本。

網站：www.cdc.gov/injury/index.html

◆ **國家自殺防治訓練中心**（**National Center for Suicide Prevention Training, NCSPT**）

提供教育資源協助公職人員、服務提供者以及社區為主的聯盟發展有效的自殺防治方案與策略。

網站：http://training.sprc.org

◆ **全國有色人種自殺對抗組織**（**National Organization for People of Color Against Suicide, NOPCAS**）

該組織贊助以將自殺與憂鬱覺察帶入少數族群社區為目標的人。

網站：http://nopcas.com

◆ **全國自殺防治生命線**（**National Suicide Prevention Lifeline**）

1-800-273-TALK（8255）

24 小時免費電話，對任何處於自殺危機中的人提供自殺防治服務。

網站：www.suicidepreventionlifeline.org

◆ **QPR 研究所**（**QPR Institute**）

跨領域的訓練機構，主要目標為提供自殺防治教育服務及教材給專業人員及一般大眾。

網站：www.qprinstitute.com

◆ **撒瑪利亞會**（Samaritans）

主要目標是幫助憂鬱、危機中，以及想自殺者的聯盟。

網站：www.samaritansnyc.org

◆ **今天停止自殺**（Stop a Suicide Today!）

由哈佛精神科醫師 Douglas Jacobs 醫師創立。「今天停止自殺」教導人們如何察覺家人、朋友以及同事的自殺警訊，充權他們，讓他們為所愛的人的生命創造一點不同。

網站：www.stopasuicide.org

◆ **自殺覺察／教育之聲**（Suicide Awareness/ Voices of Education, SA/VE）

致力於教育有關自殺話題以及為自殺遺族發聲。

網站：www.save.org

◆ **自殺支持論壇**（The Suicide Support Forum）

一個討論自殺相關議題的安全場所，也是讓生命曾被自殺事件影響的人分享故事的地方。

網站：www.suicidegrief.com

◆ **自殺防治資源中心**（Suicide Prevention Resource Center, SPRC）

國家級資源中心，提供技術協助、訓練以及資訊來強化自殺防治網絡，並推動國家自殺防治政策。

網站：www.sprc.org

◆ **自殺參考資料圖書館**（The Suicide Reference Library）

一個集中所有可用教材，提供任何參與自殺教育、覺察、支持，以及防治工作者使用。

51

（下頁續）

網站：www.suicidereferencelibrary.com

◆ **黃絲帶自殺防治方案（Yellow Ribbon Suicide Prevention Program）**

以社區為基礎的青少年自殺防治方案。

網站：www.yellowribbon.org

第三章

校園自殺傾向學生
——評估與介入

在校園裡，有自殺風險的學生特別需要被注意。在校園裡處遇這些學生可能相當具有挑戰性，這代表著需要消耗大量的學校資源和教職員的時間。有些學校員工對於跟這個族群共事感到不舒服，其他人則認為學校並不該介入。但實情卻是，在美國任一棟學校建築內，任何時間都約有 20% 的學生認真想著自殺或已經嘗試過自殺。不論我們任何一個人是否願意在工作負擔已經過高，而且缺少經費的校園裡負責對這麻煩族群進行處遇，我們都別無選擇。學生就在教室裡，而他們需要我們的協助。

在校園裡對有自殺傾向學生進行介入，其需求的強度以及責任嚴重性，即使對了解這件事重要性的人來說，都還是有些無所適從。有自殺傾向的學生需要密集又廣泛的照顧，綜合性的自殺風險評估需要進階的臨床技巧與經驗，而對高度自殺傾向的學生進行處遇，則是相當有挑戰性。很顯然，校園中能夠提供給自殺傾向學生的心理衛生服務在數量與形式上都有其先天的限制。例如，大部分學校並沒有足夠數量受過訓練的心理衛生專業人員。即使美國學校諮商師協會（American School Counselor Association, ASCA）建議的學生跟諮商師比是 250:1，但實際的比例是 460:1，且有相當大的地區差異存在（National Center for Education Statistics, 2009）。而可以幫助這群學生的學校心理師更少，美國學校心

理師協會（National Association of School Psychologists, NASP）建議的校園學生人數跟心理師比是 1000:1，但是美國國內平均實際上是每 1,600個中小學生才有一個學校心理師（NASP, 2006）。其他的心理與行為健康照護專業，例如學校護理師或學校社工，往往都不存在。少於 50% 的公立學校有全職的護理師執業，更少學校擁有「拉起每一個孩子」法案（No Child Left Behind legislation, NCLB）[1] 中建議的每 800 個學生該有一位社工（NCLB, 2001）。雖然有很多學校老師有空，也願意投入自殺傾向學生的介入，但大部分都沒有足夠的心理衛生與危機介入訓練及經驗，可以用來介入高自殺風險學生。這樣的結果就造成多數學校僅留下有限的人力資源來協助這群需要額外支持跟照顧的人。

即使有這些挑戰，校園依然是提供年輕人接觸協助預防自殺資源的絕佳入口。超過 5,200 萬年輕人在 11 萬所學校裡就學，超過 600 萬的成人被學校聘用，也就是約五分之一的美國人可以在中小學校園內被接觸（President's New Freedom Commission on Mental Health, 2003）。學校可以降低或移除很多傳統心理衛生服務的障礙，例如交通問題、兒童照顧、支付能力或沒有保險（Weist, 1999）。此外，學校場域可降低在社區健康照護機構常見的未出席次數，如果出現學生無法赴約的時間空檔，通常很容易找到另一個需要被照護的學生。更重要的，證據顯示校園可以降低對精神疾病與求助行為的烙印，並可以促進健康取向的健康與支持（Stephan, Weist, Kataoka, Adelsheim, & Mills, 2007）。

上一章我們討論到校園模式的自殺預防與介入有三個層次：普遍性、選擇性與針對性。普遍性的預防取向是直接對所有學生、員工、老師與家長，進行包括對自殺與心理衛生篩檢的教育與訓練，普遍性介入是上一章的重點。在這一章中，我們將焦點轉到選擇性和針對性的自殺預防與介入。**選擇性介入**的目標是針對有一般風險的次族群。轉學階段的學生、因

---

[1]　譯註：「拉起每一個孩子」法案，在改變「第一補助金」的補助方式下，希望能夠將資源投入一些貧窮學生較集中的學區。這項法案也包括提供各州與各學區在聯邦補助金支出上有更大的彈性。

應技巧不佳的學生或是已經暴露在自殺事件的學生都是目標族群。這些個案有較高的自殺風險，必須有額外的支持與照護。**針對性介入**的目標是透過篩檢程序所發現的高風險個案，這些特定對象（不僅像選擇性介入的例子）需要特定的臨床照護。需要選擇性與針對性介入的學生顯然代表的是校園中的挑戰與責任。

選擇性介入

也稱為目標介入，選擇性介入為目標學生群提供服務。一般而言，這些服務的目的是對那些可能有行為或心理衛生問題，但沒有立即自殺風險的學生們，強調現存的危險因子或是建構保護因子。儘管理論上這些次級團體應該已經涵蓋在校園整體性預防方案，但整體性方案提供的訊息對這些易受傷害族群，例如無法表達悲傷或憂鬱的學生來說，可能不足或內容不夠聚焦。因此，選擇性介入對這些特定族群提供額外的資訊、訓練以及支持。

很多校園的選擇性介入策略與提高學生的社會與情緒能力有關，這同時也和提高學業成就表現相關（Franklin, Harris, & Allen-Meares, 2006）。儘管選擇性介入方案的目的是協助預防自殺，但它們的確可視為**早期介入**的策略，即對一群學生提供比一般校園自殺預防服務更多、更有力的額外協助。目標是讓他們從較高的風險回到跟校園內其他一般或典型族群的行為表現。

選擇性介入需要了解哪些族群可能被評估為高風險，也要了解可透過哪些方法來判定學生為高風險族群。因為我們知道自殺行為跟這些高風險族群有關，選擇性介入策略特別針對找出這些年輕人，並積極提供他們額外服務與照護。一般而言，這些策略被期待可以影響 25% 至 30% 正在醞釀自殺或有自殺行為的年輕人。

透過這個方案找到的學生，可能本來就是學校教職員熟知的，特別是如果教職員跟家長被教育過，在問題學生有明顯的自殺企圖或宣告前就指

認出他們。學校自殺防治守門人訓練（如前一章所討論）能協助辨識那些可以從參與選擇性預防方案獲益的年輕人。此外可以要求老師們指認那些在教室中有問題行為的學生，有些特定行為跟自殺風險有連結（例如衝動、無助和退縮），可以作為轉介的基礎。

在我們工作的校園裡，可以發現有很多由學校諮商師、學校心理師、學校社工師和學校護理師提供各種型態的選擇性介入，都是為了促進心理衛生的正向介入。有學習障礙的學生、身體或性虐待的受害者、物質濫用者、男女同性戀、雙性戀與跨性別學生、有憤怒控制問題的學生，以及社交技巧不佳的學生，都是可以從選擇性介入獲益的例子，而為這些學生設計的方案也有降低自殺風險的可能。例如在學校沒有朋友的國小學童，被單獨選出參加社交技巧訓練的心理教育團體，這類的保護因子最終可以作為自殺風險的緩衝；有攻擊和憤怒控制問題的中學特殊教育學生，被安排參與行為管理計畫來減低他們的外顯怒氣，並學會用比較適當的方法滿足自己需要，這也可以視為是選擇性介入的一種型態；退縮孤立的高中男生拿到一張上面有當地張老師求助專線電話的卡片，這也是另一種型態的選擇性介入。換句話說，不論何時，只要當學生被指認為心理衛生問題的高風險群時，就設法進行介入，這就是選擇性介入。

對自殺風險的選擇性介入採用如此廣泛的定義，是為了讓學校中很多方案和活動都可以納入這個範圍。但是，納入這麼多方案和介入，也使得成效評估（尤其是評估它們與自殺風險的關聯）特別困難。然而對學校教職員來說，如何去評估這些降低行為問題、提高功能，以及降低求助烙印等與降低自殺風險相關的方案有效性依然是重要的。

針對性介入

針對性介入是以特定學生為目標，這些學生可能是透過整體性篩檢方案辨識出來，或是被教職員、同儕或家長發現的，此方案的目的是降低已經顯現與自殺有關的危險因子或警訊的學生的自殺行為發生率。

針對性介入需要訓練學校裡的教職員有能力從基本的自殺評估篩檢出有風險的學生，一旦篩檢出有風險的學生，能夠提供針對性的方案或介入。一般而言，這些介入包括一些社區心理衛生或學校有關的服務，通常也包含家長或監護人的參與。有健康行為訓練背景的學校教職員（如學校諮商師、學校心理師、學校護理師與學校社工）可以提供需要的介入，但他們必須經過對自殺風險評估和介入校園自殺學生的特別訓練，才有辦法提供適切的服務。協助有潛在自殺風險的學生時，有些基本技能是必備的，例如諮詢、諮商（危機諮商以及後續）、風險評估與轉介。

合作、確認與諮詢

介入自殺傾向的學生時，學校成員（諮商師、心理師、社工師或護理師）必須要準備**合作、確認與諮詢**（Granello, in press a）。「合作」代表的是跟其他學校成員、家長、社區資源、同儕、家庭成員，以及任何可以對自殺學生提供協助的人一起工作。重點是諮商師可以理解維護一個人的安全是種責任，而且最佳的方式是提供協助者可以彼此分享，讓訊息自由流動，特別需要注意學生安全比保密來得重要。事實上，「自我傷害」是助人專業中保密條款主要的例外之一。我們**當然不是**指面對一個可能自殺的學生時，諮商師可以對所有老師和教職員宣布這件事。而是強調可諮詢校園中對學生安全有直接影響的成員，或是那些學生認為他們可以視為校園資源的對象。在我們的校園工作中，我們發現諮商師和其他教職員對於如何取得平衡感到很掙扎，剛入門的校園專業工作者會發現這個部分需要由經驗豐富的學校教職員進行督導和指導。

「合作」包含了通知家長。弱勢學生的家長在他們孩子被認為是高自殺風險時一定要被知會，有時候年輕人會告訴我們他們的自殺傾向，但又要求不要告訴其他人，這個要求**沒辦法**被承諾。當我們學生的福祉是最重要的考量時，我們必須快速讓家長知道，這樣學校和家長才能一起行動以幫助這個學生。

通知家長對校園自殺防治是很關鍵的。家長需要被通知，也需要積極參與所有與其子女福祉有關的決定。即使一個孩子的自殺行為被認為處於低風險，學校通常還是會要求家長簽署文件，表示他們有收到所有相關訊息，這樣他們可以繼續監控學生的自殺風險。此外，家長通常會有可用來適當評估風險的關鍵資訊，包括心理衛生史、家庭動力、近期創傷事件，與之前的自殺行為（NASP, n.d.）。

當學校教職員告訴家長他們的孩子有自殺風險時，有時家長會不相信，他們可能會拒絕前來，而且很固執，以至於校方撤銷家長參與。我們看過這樣的例子，我們相信通常是因為防禦性反應造成，因為家長認為學校某種程度指出他們是壞家長或失職了。電話對話可能很快就會讓雙方都火氣上升，而這對情況毫無幫助，只要學校教職員越能幫助家長了解**我們都是站在要保護學生的同一邊**，情況就會變好。如果我們可以這樣表達：「無疑的我們都希望〔學生〕好，我們是個團隊，需要每個參與成員的專業和技巧。我們這個團隊需要您的專業，因為您比任何人都了解您的孩子。」這樣的說法可能就不會有強烈被侵犯的感覺。如果家長依然堅持拒絕一起協助自殺傾向學生，視風險程度，可能就不考慮家長的反對，繼續介入。儘管會有學校教職員擔心責任歸屬問題，但很明顯的，如果讓年輕人在毫未被注意的狀態下離開學校，也沒有後續協助，這樣的責任問題更重大。可鼓勵學校教職員與學校的法律顧問洽談，以便完整理解責任問題，並確定在他們的環境中怎麼做可以最好（Capuzzi, 1994）。

「確認」是另一個學校教職員介入自殺傾向年輕人的基本技巧。例如，一個學生可能被認定為高風險，因為他的同儕來找諮商師分享故事，或是有老師來跟諮商師討論她對某個學生的擔心。很重要的，盡可能和當事人、家長或校園裡其他有特定訊息可以分享的人確認這個故事。諮商師獲得的訊息越充足，風險評估就會做得越好。

「諮詢」包含尋求其他人的協助與投入。被要求介入自殺傾向學生的學校教職員，基本上會認為這項任務需要進階臨床技能，因而感到壓力重大。諮詢其他專業、討論採取的步驟、尋求督導等，對介入校園自殺風險

個案都是重要的。學校教職員對於自殺評估與介入的經驗有限,所以永遠不能只仰賴他們自己的臨床判斷,而是該去諮詢其他人(Granello, in press b)。即使是有多年經驗的心理衛生專業人員,在自殺風險評估以及介入自殺個案時也常常尋求諮詢,介入這類非常困難的族群時,尋求協助並不可恥。

諮商

　　當一個學生被確認有自殺風險時,他(她)將需要學校教職員的一些特定介入。有立即性自殺風險的學生需要危機諮商,而其他風險較低的,則需要持續的支持性諮商協助。

　　對高風險學生立即性介入的目標,基本上是依據危機介入諮商的擴大模式(Granello, in press b;見圖 3.1)。一般來說,這個模式的目的是要幫助諮商師在高自殺風險的時刻與學生互動,**這不能取代由專業臨床工作者的評估和介入策略所決定的照護程度,**而是這些步驟是用來協助學校教職員除了諮詢家長與社區心理衛生專業工作者之外,處理他們在校園中和自殺傾向學生的互動。這些步驟只是指南,個別學生的需求可能有很大差異,舉例來說,個案的特定發展狀態、多元文化以及認知限制都可能形塑出不同的策略。

步驟 1:評估危險性
步驟 2:建立關係
步驟 3:傾聽故事
步驟 4:管理感覺
步驟 5:探索其他可能性
步驟 6:使用行為策略
步驟 7:追蹤

圖 3.1　自殺傾向學生的危機諮商

資料來源:"The Process of Suicide Risk Assessment: Twelve Core Principles," by D. H. Granello, 2010, *Journal of Counseling and Development*.

≫ 步驟 1：評估危險性

處遇自殺傾向學生的第一個步驟，也是最重要的步驟是確實評估。儘管這個評估可能進展緩慢，需要整個學期來討論，當一個學生訴說他（她）自己的故事時，帶來更多資訊，對危險性的整體評估將會是引導整個過程的重要資訊。學校教職員應該要採取行動確認他們學生的立即安全，如果他們認為一個學生處在緊急的自殺狀態（例如，一有機會這個學生就會自殺），很重要的是，不讓這個學生落單，哪怕他只是自己下樓到大廳，或是打個電話。很明顯的，在這個時間點，需要打電話給家長，這個學生應該要送到醫院接受完整的自殺評估。學校應該在一個高自殺風險學生企圖離開學校前採取必要的措施。

≫ 步驟 2：建立關係

研究一致顯示，影響自殺風險評估及成功的自殺介入方案最重要的因素之一，是與諮商師或其他助人專業者的治療關係品質（Bongar, 2002）。自殺傾向的青少年認為這段關係在治療中最有幫助，即便不是首要，也算是有幫助的部分。基本的諮商技巧跟羅吉斯學派的核心：溫暖、同理心、一致性以及無條件的正向關懷一樣，傳遞一種真誠、關心和不批判的治療態度。

在不正常化自殺行為的狀態下，正常化自殺議題是重要的。實際上，自殺意念在青少年間相當常見，但因為這些想法通常在同儕間流傳，而不會在成人面前說出，所以青少年沒有太多正確的訊息去協助他們了解這些想法。結果會造成他們以為只有自己這樣想，或是他們以為自己可能快要瘋了才會有這樣的想法。一個冷靜關心的成人幫助他們處理這些感覺，並且很重要的是，讓他們了解有這樣的想法並不表示需要固著在這樣的行為。

與有自殺傾向的學生互動時，應該採用的取向是平靜地傳達，並向學生保證討論自殺意念與行為是沒有關係的。我們可以透過像以下的句子，

讓學生覺得跟我們談話是舒服的：「沒有關係，我知道要講這件事不容易，慢慢來，用你覺得最舒服的說法來描述你的感覺和行為。」即使我們對於自己的技巧感到焦慮，或被學生過去的行為史嚇到，也要用平靜的態度和就事論事的聲調對學生保證我們可以幫忙。在危機時刻，有個堅強有信心的成人可以依靠，會使人放心。

不論何時，盡可能回應學生想要討論他們問題的意願。不論他們採取求助的哪個步驟，**都真誠地面對**。對學生來說，甚至對任何人來說，對另一個人承認自己想要自殺都很難，事實上這對任何人來說都是最困難的對話之一。了解有求助的勇氣（或是願意講出來讓他人伸出援手）是很有力量的。以下的說法也許是適切的：「我覺得非常高興你願意跟我談這些感覺，我知道要多勇敢才能把這些事情講出來」，或是「這件事你並不孤單，既然你已經說出來，我會提供你需要的幫忙」。這樣的支持必須是真誠的，學生是可以分辨空泛的讚美或情緒支持的。

在我們教諮商課程的研究生時，我們很謹慎的教導一些特定技巧來協助傳遞這樣的平靜。我們教研究生用短的陳述句並且降低音調，當人們在危機中是很難跟上複雜的長句子，在他們心煩意亂、注意力不集中的時候，需要容易理解的簡單句子。降低音量，在句子的尾段及陳述結論時降低音量；而提高音調這樣的說話型態，特別是在句子結束前提高尾音，暗示著不確定與緊張。我們很多研究生，特別是女性，發現他們自己天生會在句子結束前提高音量，這樣會讓焦慮的個案更不舒服。聽聽看你自己的語言型態或是你同儕的，看你是否可以發現差異。降低語調、簡短的句子以及緩慢的步調可以傳遞安全感、掌控和平靜。

最後，當你要和自殺傾向學生建立關係時，請確定要處理好自己的反移情。要記得自殺傾向的學生可能對別人展現出憤怒與不喜歡，他們是受傷的，所以會猛烈攻擊。自殺傾向學生可能讓我們覺得害怕、焦慮、生氣以及自我防衛。這些感受對介入學生都沒有幫助，找到處理這些感覺的方式，這樣你才能全心幫助學生。

>> 步驟 3：傾聽故事

　　學生們常常告訴我們，每當他們試著跟成人談論他們的自殺意念時，每次都會吃閉門羹。好心的成人通常會打斷他們的故事，他們會聽到「這樣太荒謬了」，或「不要這樣講」，或「〔那個男或女朋友〕不值得這樣」。其他對自殺傾向陳述的常見反應包括沉默或是轉移話題，結果就是，即使有八成青少年在死前一週告訴別人他們有自殺傾向，但絕大多數都幾乎沒有完全講完他們的故事，或是完整處理他們的情緒。

　　講故事本身就有治療效果。這是諮商歷程的基礎，跟一個**真的在傾聽的人**說話，是前進的第一步。這當然還不足夠，而且沒有人建議對自殺傾向的學生只用個人中心取向的傾聽就足夠，但這是發展關係的基礎，也讓學生覺得被聽見。我們可能會這樣說：「我會這樣問的原因是因為我想幫忙，我想要聽，告訴我你在想什麼。」

　　我們能做的最重要的事之一，就是給學生時間和空間來講他們的故事。在校園裡有時會有點挑戰性，以及會有時間迫切、不要花太多時間在單一學生身上的壓力。儘管如此，當處遇對象是自殺傾向學生時，我們必須全心全意地聽他們的故事，我們的經驗發現，自殺傾向學生通常會急著帶過他們的故事，因為他們不相信我們會好好聽他們講。我們可以這樣說：「沒關係，你不用急著把故事帶過。你慢慢來，我會聽。深呼吸，然後告訴我你想說的。」甚至我們自己也可以示範做幾個深呼吸，然後我們平靜下來、進行眼神交會，以及傾聽。

　　學校教職員必須嚴肅看待任何自殺威脅或行為。他們必須小心不要低估學生的故事，或對情況嚴重度的評估。所有威脅要自殺的學生都該有自殺風險評估，我們要提醒學校教職員，在自殺危機中，當一個學生威脅要自殺而且情緒高昂，這並不是告訴這個學生你覺得他只是在尋求大家注意的好時機。如果自殺威脅降低或解除，所有學生學到的就是，**下一次**他們必須提高威脅或行為，這樣才會得到他們想要的。當學校教職員告訴我們：「但是他們只是威脅自殺，想要獲得我們的注意！」我們的回應是

「多可悲，他們學到這是唯一讓大人認真對待他們的方式」。進行自殺風險評估，然後**當學生不在危機狀態，或是不再威脅要自殺時**，教他們其他適當的方式來獲得你的注意。還有（這是困難的部分），當他們適當地獲得我們的注意時，我們必須好好地給他們該有的注意，我們知道這很難。不久前我們介入一個每次沮喪就威脅要自殺的小學女生，的確，不久前她生活中的所有成人開始忽略她的威脅，她的行為開始升級，她讓自己從樓梯上摔下來。我們協助家長與學校教職員了解，她需要用其他方式獲取他們的注意，不然她會繼續升高危險行為。他們需要**在她不處於危機狀態時**教她，她需要做的是告訴他們，這樣他們才能在她開始生氣或失控時知道發生什麼事。他們選了幾個她會說的關鍵字，然後他們同意當她適當要求時，他們會有合宜反應。這是降低她自殺威脅與行為的重要第一步。

≫ 步驟 4：管理感覺

很多自殺傾向的人並不想死，他們只是想要結束痛苦。他們感受到非常巨大的心理痛苦，無法想像要如何帶著這樣的痛苦過下去。因為這是危機中常見的模稜兩可（例如，不想死但想結束這痛苦），所以有很多不同情緒同時發生並非少見，而自殺傾向者往往覺得無法負荷自己的情緒。協助學生表達他們的情緒是治療過程重要的部分，給他們空間去哭、去表達他們的憤怒或感到恐懼，這些都可以教他們，情緒是人類的一部分，我們並不需要隱藏。值得注意的是，目標並非是升高情緒，我們並不想要燃起鼓勵情緒表露的火焰。然而像是以下的陳述可能特別有幫助：「我知道你感覺快要被壓垮了，這是可讓你談論這些事的安全場所。」

≫ 步驟 5：探索其他可能性

自殺傾向者通常在問題解決的技巧有困難，推論其他可能性的能力也往往較低。對發展受限的年輕人來說，他們通常有解決問題的困難，加重了自殺風險的危險程度。有自殺傾向的人，通常在理解活下去的理由，或

是目前情境有其他可能選擇方面遭遇困難。可能的話，強化他們活下來的理由，因為自殺傾向的人可能是矛盾的，這表示至少有些原因會讓他們想要活著。

很重要的，探索可能性跟提供勸告或給答案是**不同的**兩件事，通常在危機中提出忠告和提供答案，往往會被視為貶抑對方。發展出由學生和學校教職員一起開發的問題解決策略的架構是具有成效的，有效的問題解決包括：(1) 確認問題；(2) 確認其他的解決方式或策略；(3) 評估其他解決策略的可能後果；(4) 選定特定的問題解決方法並形成計畫；以及(5) 實施這個策略，並評估其有效性（Chiles & Strosahl, 2005）。

探索其他可能性是關鍵，但過程中不要太早進行也是關鍵。換句話說，如果學生太快被要求進行到這個階段，例如在關係完全建立之前，或是學生還沒有機會說完他們的故事或表露他們情緒時，他們可能會覺得被貶低，以及太過匆促還沒有準備好解決問題。所以時機是重要的。

幫助學生從以問題為焦點、讓他們卡在自殺想法的階段，前進到他們能夠提出可能性，形成較為正向的心態，我們提供下列兩種特定的策略。

協助學生發現「B 計畫」

當學生談論要自殺時，質問他們自殺是個「好」主意嗎，可能會有極端的不良後果。事實上，跟自殺傾向學生探索其他可能性的任何嘗試，都有可能反而造成他們更加捍衛自殺。例如，如果我們告訴學生「我希望你不要自殺」，那個學生幾乎是**被迫**回答「但我有應該要做的原因」；如果我們說「讓我們看看是不是可以想出其他辦法」，則學生必然會回答：「我已經什麼都想過，除了自殺以外沒有別的答案。」換句話說，對話的動力強化下列可能性：當一個人選了這主題的某一邊（例如對抗自殺），則另外一個人幾乎是被迫選擇另一邊（例如贊成自殺）。這樣會讓一個處於不確定或矛盾的人轉而辯護自殺是唯一合理選擇的立場。在與有自殺傾向的人的互動經驗中，我們採取一種簡單的語言學策略，能夠產生其他可能性。這個策略是這樣，我們說：「我明白自殺對你來說是種可能的選擇。

我不同意這是這危機可能有的最好結果，然而我了解自殺是你所有選項中的一項。所以讓我們把自殺留在桌上，叫它『A 計畫』。它現在在桌上。讓我們試著想想 B 計畫或 C 計畫。」如果學生開始辯解自殺，我們就說：「我同意自殺是個選項，它已經是桌上的 A 計畫，我們現在要來想 B 計畫。」重點是當學生不再為自殺辯解，他們就可以**與諮商師**合作開始想 B 計畫。一個簡單的語言學改變了諮商師和學生的關係，從問題的對立兩邊回到同一邊一起合作，而且自殺變成了「另一邊」。很顯然，這個策略需要一點技巧，還有大多取決於學生的發展程度以及抽象理解力，然而只要用得恰當，我們會發現這很有幫助（Granello, in press b）。

讓希望更具體

自殺的核心通常是絕望。找到燃起希望的方法是所有自殺傾向學生介入方案的重點。關鍵是在燃起希望時，不要低估了風險。自殺傾向的年輕人可能認為表現得太有希望的成年人是不真實的、沒有同理心，以及油腔滑調的。事實上，像「你有很多值得活下去的理由」，或是「〔那個男朋友或女朋友〕不值得你這樣做」的說法，反而容易讓學生不得不轉到一個必須**防禦**他們自殺決定的位置。可以幫助建立希望的句子比較像是：「我了解你現在覺得無望，我必須告訴你從我的位置看過去，這樣的情境並不是絕望的」，或是「我覺得除了自殺之外，還有其他的處理方式，如果我們一起努力，我們可以知道怎麼做」，或「當我們一起努力處理這問題時，我很願意跟你一起」。這些文句傳遞平靜與樂觀，而且沒有貶抑學生的問題。

在我們的經驗裡，我們採用的策略是成為「希望保管人」。舉例來說，我們可能說：「我了解你現在並不覺得有希望，這沒有關係。我要你知道，對我們兩人來說，我這邊有足夠的希望。事實上，我會變成你的希望保管人。當你準備好的時候，讓我知道，我會把你的希望還給你。」這個策略不強迫學生假裝覺得有希望，相反地，在不需要假裝的時候，反而可以提升希望。在極度危機當下，學生是很難理解抽象概念的。製造出像

希望這類的抽象概念，而且讓它們具體化，可能特別有用。利用「抓取」希望跟「放進抽屜好好保存」的手勢，可以讓學生放心。實際上，我們的經驗發現，有不少學生之後會跑來，用以下的說法來完成這段比擬：「我現在已經準備好來拿回我的希望。」當這情境發生的時候，我們會「打開抽屜」，把希望還給學生，一個符號性的動作對他們可以有顯著的意義（Granello, in press b）。

>> 步驟 6：使用行為策略

考慮使用短期的正向行動計畫。這個策略是學生和學校教職員（或其他適當的人）一起發展出具體明確的計畫，來幫助學生往比較正向的方向移動。行動計畫的目標是創造對學生生活品質有巨大影響的小步驟，而不是企圖要改變或解決學生的問題。關鍵在於這個計畫的步驟是要讓學生有能力可以完成，免得無法完成行動計畫又變成他（她）生活中另一件失敗的事。介入校園學生時，這些計畫可以讓不在場的心理衛生專家幫忙，在此情況下，學校教職員扮演的角色轉而成為讓學生完成正向行動計畫的資源和支持機制。

考慮以安全計畫來取代不自殺契約（Chiles & Strosahl, 2005）。許多學校教職員已經被教育使用不自殺契約，讓學生承諾在一段特定時間裡他們不會自殺。儘管不自殺契約被廣為使用，而且沒有證據顯示這會造成傷害，但也**沒有證據**顯示不自殺契約可以降低自殺企圖，而且這契約**無法保證學生安全**。近來已經顯示不自殺契約會增加學校對自殺傾向學生的責任，安全計畫是幫助學生了解在他們有自殺意念或是自殺風險提升時該做什麼，提供學生在他們想到自殺時可以使用的具體策略。多數安全計畫包括由心理衛生專業人士和學生一起逐步發展出的個人化程序。

安全計畫對所有處在非住院狀態的自殺傾向者是**必要的**。就和短期正向行為計畫一樣，學校在學生安全計畫的角色可讓學生和他們校外的諮商師來決定。

≫ 步驟 7：追蹤

在學校場域裡，追蹤照顧跟社區治療環境會很不同。當兒童或青少年需要更密集的心理衛生照顧時，學校教職員要和學生及家長維持聯繫。轉介到適當的機構或協助是重要的，學校應該持續追蹤這些轉介約診是否持續。如果一個年輕人因為自殺危機被迫要離開學校環境，重新適應學校則是照護的關鍵成分，本章稍後會討論。最後，跟其他危機情境一樣，這對學校教職員來說，是一個可以評估介入策略日後是否需要調整或改變的好機會。

自殺風險評估

自殺風險評估是需要知識、訓練和經驗的一組複雜技能。一般來說，決定自殺風險是透過對個人危險因子與警訊的綜合評估，以及對可用於降低風險的保護因子的詳細評量。學校裡從事自殺風險評估的專業人員需要完成的第一件事，就是接受綜合性自殺風險評估的臨床特殊訓練，通常比在校園中進行的篩檢更完整。學校在指認有自殺風險的學生，以及初步評估自殺風險中扮演重要的角色，因為學校教職員通常熟悉學生，對於有風險的個案通常有長期的認識，他們的風險評估可讓進行更完整綜合評估的心理衛生服務提供者有脈絡可循，學校教職員可能會注意到需要個別會談評估的行為或情緒改變。然而學校並不是進行綜合臨床風險評估的地點，學校環境有些先天的限制（例如：環境、缺乏課後緊急照顧、需要協助的學生人數、教職員的時間有限，以及缺乏綜合性自殺風險評估訓練）會讓綜合性風險評估無法在校園進行。與其作為自殺風險的最後評估者，學校比較理想的狀態是作為風險評估的一環（而且是重要的一環）。

適當的校園自殺風險評估是奠基於**辨識一個學生可能有風險**，並能夠**進行個別化的評估**。在學校場域中，評估個別自殺風險有些重要步驟，而且需要決定是否更進一步的風險評估是必要的。這些策略包含兩種主要型

態：(1) 非正式（非結構化）面談及檢核表；以及 (2) 正式（結構化）評估。

>> 風險評估會談

　　所有的學校教職員都被鼓勵至少使用一次非正式或非結構性會談的自殺風險評估。風險評估的第一步、也是最重要的一步，是**直接問自殺問題**。在我們和學校教職員合作的經驗中，我們很訝異地發現，即使有很多人員認為學生有風險，但他們從未問過有關自殺的問題。不久之前，我們曾經對於會接觸到以及可能會和有自殺風險的學生討論自殺的學校教職員舉辦一次相關訓練。90 分鐘的訓練課程之後，我們找了幾位學校教職員進行角色扮演，過了 5 分鐘，當扮演學校教職員的人還沒問到扮演有風險學生自殺問題時，我們暫停了角色扮演，並問：「你打算何時才要問自殺這件事？」這位學校教職員回答：「我在**真實人生**中從來沒問過關於自殺！」即使在訓練之後，這個人依然不知道問自殺問題的重要性。很遺憾的是，這樣的人並不少見。評估自殺風險最重要的事情就是**問自殺問題**，但是研究卻一再顯示，極少數的人會提出以及問另一個人是否正想著自殺。這有可能是因為他們害怕如果談論自殺將會讓這件事「不斷在另一個人的腦中出現」，這是種迷思。嚴謹的研究顯示，談論自殺是種實際上會**降低**風險的適當方式。也許他們是擔心如果一個學生說要自殺，他們該如何反應，我們可以理解這種恐懼，但這並不是不行動的藉口。我們知道大多數想要自殺的年輕人在**自殺身亡前一週曾經告訴別人他們想要自殺**，而在他們揭露時，最常見的回應卻是沉默。這是不能被接受的。

問問題

　　使用「自殺」這一詞，可以用幾種不同的方法來問。這不是要你記住「正確的方法」來問一個特定的問題，而是如何讓學生可以覺得安全地與你討論那些他們正在掙扎的事情。舉例來說，這樣說可能是適當的：「有時當人們覺得很痛苦時，他們會想到自殺，你想過自殺嗎？」這可能也有

助於去架構一個答案不只有是或否的問題，更讓學生可以談論他們複雜的感覺。「你可以跟我談談那些關於活著跟死亡的想法嗎？」有些人會問：「你想過傷害自己嗎？」我們已經遇到好幾個人，即使自己想過要自殺也回答沒有。他們的邏輯是他們想要找到一個殺死自己但不會感到痛苦、也沒有傷害的方法。重點是，用不同的方法問問題、和他們對話、使用自殺這個字，並開啟討論主題。我們唯一**不建議**的問題是像這樣的問題：「你沒有想要殺死自己吧，是不是？」或「關於自殺，你是開玩笑的，對不對？」很顯然，這一類的問題沒辦法產生後續溝通。

≫ 評估的範圍

一般而言，自殺風險是經由整體性評估個人危險因子、警訊，以及保護因子等謹慎的評估後決定。以下是自殺風險評估應該要包含的大致範圍。

自殺計畫

如果學生有自殺計畫的話，了解他（她）的自殺計畫有助於做出更好的評估。例如，以前有個學生在討論到自殺計畫時告訴過我們：「我不知道，大概是服藥自殺這類的，或是去撞車。」我們也聽過學生講出以下句子：「我三點半回到家，我爸媽六點前不會回來，我會打電話跟我媽說我從學校平安到家，不然她會查勤。然後我會去拿我爸爸的槍，他有上鎖，但是我知道鑰匙在哪邊，我也知道該怎麼裝子彈。我會走到我的房間，在我身後鎖上門，然後在我嘴裡開槍。」很明顯的，第二組對話代表一個有高度立即風險的學生。總之，評估自殺計畫時，我們考慮以下五點：

1. 計畫細節（越多細節，風險越高）。
2. 堅決（一般而言，越堅決想要死的，比起還不確定的風險較高）。
3. 工具（越致命的風險越高）。
4. 取得工具的途徑（越容易等於越高的風險）。
5. 可得的協助（越沒有人可以介入的風險越高）。

要記得，很多自殺傾向的人會保留一些資訊，最好是假設他們已經開始進行的（有更多準備、有更強的想法）比他們承認的更多。在這方面寧可犯過於謹慎的錯總是比較好的。

自殺想法或行為的個人史

過去的自殺未遂是未來自殺企圖的最佳預測因子。然而僅有 40% 死於自殺的人有之前自殺未遂的紀錄，換句話說，即使是最佳預測因子，也僅僅和不到半數自殺死亡有關。評估過去自殺未遂很重要，但很重要的是也要記住，過去沒有自殺企圖也不代表一個學生沒有風險。評估學生家庭中的自殺行為也很重要，因為有些證據顯示年輕人的行為塑造與家中其他成員有關，他們可能會認為：「這是我們家族面對壓力情境的處理方式。」

我們要學生告訴我們有關他們的自殺想法。是不是頻繁出現？有比之前更頻繁嗎？他們何時第一次注意到這些想法？什麼導致這些想法（例如人際關係或個人過去經歷）？他們過去想法跟行為之間最近的距離？他們未來採取行動的可能性？

精神狀態／情緒穩定度

死於自殺的人當中，超過 90% 有精神疾病，最常見是憂鬱症或躁鬱症。但是，多數憂鬱症或躁鬱症的人並沒有自殺傾向，顯然評估精神狀態是重要的，但並不足夠。要評估的其他情緒狀態包括絕望感、衝動、激動不安、壓力、無用感以及自我厭惡。另外也必須要注意這個學生是否目前正因為心理衛生問題接受任何行為健康照護。

心理性疼痛

「自殺學之父」Edwin S. Shneidman創造了「心理痛楚」（psychache）這個專有名詞，來描述自殺傾向者的極端心理痛苦（2005）。自殺危機的基本公式是「當事人相信情緒或生理上的痛苦是無法忍受、無法逃避，也無法結束的」（Chiles & Strosahl, 2005, p. 63）。請記住，我們對學生狀態

的評估並不重要，重要的是學生對痛苦的知覺，所以風險評估試圖去了解這個學生為了避免痛苦會做到什麼程度（包括一死）。評估這種心理痛楚的時候，我們必須了解與認同學生感受到情緒性的絕望，以及無法忍受的痛苦。任何讓學生認為可能是不被接受，或不被認同這種痛的部分，都有可能導致風險升高。如果這種痛苦是不被認同的，學生可能會想：「你不了解我真的感覺有多糟，讓我示範給你看。」

警訊、觸發條件與危險因子

我們在前一章討論過警訊（例如：退縮、言語威脅、談到死亡、衝動、送出珍藏的東西、尋找工具、拒絕協助），以及一個好的自殺風險評估會蒐集到這些資訊。觸發條件（包括社交上的尷尬、霸凌或受害、衝突、物質濫用、情緒或行為改變、困難與無法避免的轉學或環境）可能也會進入自殺者的心中。最後，危險因子（例如：性別、種族、認知或情緒的危險因子）也是需要評估的重點，即使所有的危險因子是依據整體人口風險為基礎，但用在個別個案身上，仍有可能出現誤導的情況。

保護因子

自殺風險評估也包含保護因子。在環境中可以協助學生保持安全的是什麼？有關心他們的家庭或朋友支持嗎？他們最近有接受治療嗎？如果過去被治療過，他們個別的治療師在未來的介入過程是否可以聯絡上（當然包括家長）？他們是否知道在危機時可以幫助他們的資源？什麼優勢是學生自己知道的？最後，所有自殺風險評估應該包含評估活著的理由。只要簡單的問：「什麼幫助你繼續活著？」就能夠讓自殺傾向者在心中開啟不同的觀點，也可提供風險程度的線索。

使用縮寫表來引導評估面談

有時縮寫表可以用來引導風險評估，提醒會談中該包含的主要範圍，而這只是作為提示評估範圍而非評估的檢核表，需謹慎使用。美國自殺學會（American Association of Suicidology）為想要這樣做的人提供了 IS

PATH WARM? 的縮寫來幫助記憶。每個字母對應一個重要的自殺危險因子（見圖 3.2）。即使有其他縮寫表可以幫助自殺評估，IS PATH WARM? 仍是一致同意的標準。

這些警訊的連結如下：

- **Ideation**：自殺有關的念頭想法，包括談論或寫下自殺或死亡。
- **Substance Abuse**：物質濫用（酒或藥物），特別是使用量增加。
- **Purposelessness**：無意義，沒有活下去的理由或沒有感覺到生命的意義。
- **Anxiety**：焦慮、不安、無法入睡（或一直在睡）、無法放鬆、特別不安。
- **Trapped**：困迫感，對於目前處境沒有其他出路，對活在極端心理痛苦或死亡並沒有其他選擇。
- **Hopelessness**：絕望與無助，包括對自己、他人及未來的負向看法。

I	**I**deation
S	**S**ubstance Abuse
P	**P**urposelessness
A	**A**nxiety
T	**T**rapped
H	**H**opelessness
W	**W**ithdrawal
A	**A**nger
R	**R**ecklessness
M	**M**ood Change

圖 3.2　IS PATH WARM?

資料來源：American Association of Suicidology, "Warning Signs for Suicide," 2006, www. suicidology.org/web/guest/stats-and-tools/warning-signs.

- **Withdrawal**：從向來能帶來歡樂的家人、朋友和社交活動中退縮。
- **Anger**：生氣、狂怒、暴怒，尋求復仇。
- **Recklessness**：不顧後果的衝動行為，似乎未經思考地從事危險活動。
- **Mood change**：情緒戲劇性與不穩定的改變。

>> 自殺評估檢核表（Suicide Assessment Checklist）

目前有很多檢核表可以用來引導自殺風險的詢問。然而就像「IS PATH WARM?」縮寫表一樣，這些檢核表僅僅是用來指引評估面談，而非最終的自殺風險評估。檢核表在幫助我們記得涵蓋哪些重要範圍時是有幫助的，我們有時候和學校教職員談，他們會擔心與自殺傾向學生談的時候，可能會忘記主要的涵蓋範圍，他們擔心自己會出現此情況而焦慮。在這種狀態下，一份檢核表或許會有幫助，但只能幫助引導過程。有兩個必要的警告：

1. 如果學生察覺你只是把標準檢核表上的問題念出來，這對彼此關係可能有負向影響。在自殺風險評估會談時，對於這樣刻板制式的態度要格外小心。

2. 有些自殺風險檢核表包含「客觀」的評分系統，最後會得到一個分數連結到先前決定好的風險程度。這樣的評分系統**非常危險**，而且可能導致不恰當的應用，我們建議移走任何檢核表內的所有分數，**只留下**那些包含**一般性指引**的問題或主題即可。

   典型的自殺風險檢核表包含以下主題（但並不限於此）：
   - 這個學生常常有自殺想法嗎？
   - 這些想法侵擾學生，或是已經超出學生可以控制的嗎？
   - 過去這個學生曾經自殺未遂嗎？
   - 這個學生有詳細計畫嗎？

- 這個學生有辦法接觸到工具來完成計畫嗎？
- 這個學生已經安排好要執行計畫嗎？
- 這個學生是否想像死亡或來世？
- 是否這個學生相信他可能將會執行這些自殺想法？
- 這個學生是否已經和其他人談過自殺想法？
- 這個學生目前是否有嚴重的心理壓力？
- 這個學生是否覺得絕望？
- 這個學生是否有情緒改變？
- 這個學生是否有行為改變？
- 這個學生是否正在使用藥物？
- 這個學生目前是否有重大壓力來源？
- 是否存在家庭暴力史？
- 這個學生是否被孤立或退縮？
- 這個學生是否有強大的支持系統？
- 這個學生是否有可以信任的成人和他談論自殺意念？
- 這個學生是否可以想出任何活下去的理由？
- 這個學生是否認知僵化或問題解決能力不佳？
- 這個學生是否衝動控制不佳？

　　利用檢核表可以幫助學校教職員發現需要包含的主要範圍，並能夠作為後續討論以及重要議題的出發點。

≫ 正式（標準化）評估

　　目前有很多自殺風險評估檢核表出版，當然有更多未公開發表的問卷和評估可以使用，但是它們的品質有很大的差異，而且有些已經出版的量表，信效度非常低。標準化測量可以有效地提供額外的訊息來協助澄清情況，而非普遍性取向的自殺防治篩檢工具（例如第二章所提及的），它們比較少用在學校。

學生心理衛生的責任常常會落在學校系統上，然而，在介入自殺學生時，沒有社區資源及轉介單位，學校仍無法發揮功能。研究已經發現，整合型校園模式的自殺防治計畫，最基本的成分就是學校和社區資源的建立關係與連結（Lazear, Roggenbaum, & Blase, 2003），因為校園並沒有配備來處理自殺傾向學生需持續進行的諮商，轉介是必要的。關鍵就是要有這些資源，以及已經建立好的關係，這樣學生才能在校內和社區接受無縫接軌的照護。

一旦學生被辨識出可能潛在自殺風險，並經過學校教職員初步的評估，需要較多照顧的學生透過家長或監護人被轉介到社區心理衛生資源。Kalafat 和 Underwood（1989）提供了希望進行社區心理衛生機構轉介的學校教職員一些建議。包括：

- 確定你完全了解這個學生及他（她）的問題。不適切的轉介是浪費時間和金錢，而且會讓學生相信大人並不真正了解他們，這樣會導致日後他們較不願意接受心理衛生的協助。

- 給學生們機會談論有關他們對於與心理衛生專家會面的勉強與擔心。這提供學校教職員一個降低擔心並發現其他能夠設法完成更符合學生需求的轉介管道。

- 轉介過程將家長包含在內。使用符合學生家庭和背景（例如：文化、語言、宗教組織、付款方式、交通工具等）的轉介。

- 將轉介單位數限制在一或兩個。太多訊息會讓學生和他的家庭成員感到不知所措。

- 盡可能提供學生家庭詳盡的轉介資訊。聯絡人姓名、電話號碼、位置、收費方式以及保險給付等，都可以協助去除神祕感，並讓學生更容易得到協助。

- 同時追蹤轉介單位與學生家庭。在同意書簽署前，也許轉介單位無法提供學生是否接受服務的資訊。鼓勵家長簽署同意書，可以

協助家庭、校園和社區單位之間的溝通管道保持順暢。

在學校提供家長有關孩子的自殺風險並提供轉介訊息後，為孩子尋求心理衛生協助的責任便落到家長身上，家長務必要：

- **繼續認真地對待所有威脅**。追蹤是重要的，即使孩子已經平靜下來，或是已經告知家長他（她）「不是那個意思」。

- **接觸學校的支援**。如果家長對於持續接觸轉介感到不舒服，他們可以同意讓學校教職員接觸轉介單位、提供轉介訊息、追蹤拜訪。可能的話，學校也可以協助提供家長和學生去轉介單位的交通接送。

- **維持與校方的溝通**。在這樣的介入之後，校方也提供追蹤階段的支援。校方與家長開誠布公的溝通，讓學校對有風險的孩子來說，是最安全以及最舒適的地方（NASP, n.d.）。

自殺學生與校園再適應

更具挑戰性的任務之一，是當自殺學生在經歷自殺未遂、精神科病房住院，或是其他需要長期休養的心理衛生危機後重回校園時，學校被要求繼續介入這些學生。除了所有人都要努力保密外，校園裡的其他學生通常都知道這場危機的細節（而且會有很多謠言跟八卦），結果就是，學生重返校園總是需要面對嘲笑、挪揄、社會孤立或同儕的畏懼與不歡迎。這一切會同時發生在這個學生情緒極度容易受傷時所處的另一個危機時期。

很遺憾地，並沒有太多研究可以用來作為發展成功重返校園計畫的參考。儘管如此，其他型態的長期離開校園（如因為醫學疾病或腦部創傷）的相關研究和資訊，可以用來協助作為校園再適應的基礎。

校園再適應是複雜並牽涉多階段的歷程，需要為個別學生量身打造。一般而言，研究發現當學校、家庭及適當的社區機構或醫院可以一起運作，來促進學生重返校園，這樣對學生最有利而且最可行（Kaffenberger, 2006）。進行前置作業來降低最常見的障礙，對重返校園歷程是恰當的。

>> 順利返回校園的常見障礙

缺乏溝通

學校、家庭和社區為主（community-based）的臨床工作者與醫院之間缺乏溝通是順利重返校園的主要障礙。在危機時期，家庭通常完全將焦點放在孩子身上，而缺乏和其他人的溝通。他們可能太晚和學校聯繫，誤以為課業表現不再是學生的生活重點，也可能因為自殺未遂感到困窘，而不願意和學校祕書或其他學校教職員交談，而且不確定如何接觸適當的學校教職員來進行這困難的對話。在沒有資訊的狀態下，學校教職員也不確定該如何處理，或怎麼樣做才會對孩子和家庭最好。

家長必須簽署訊息釋出同意書，讓家庭、學校和治療的臨床工作者有辦法開啟溝通。沒有這些資訊，學校教職員可以用來協助這個過渡時期的重要訊息將會很有限。可以接觸這些訊息的特定學校教職員需要協助降低家長擔心他們孩子的隱私會完全在校方人員間「公開」的恐懼。

缺乏資訊與訓練

第二個可能的障礙是學校教職員對於學校政策、法律與倫理期待，以及過渡時間適當的指引等項目缺乏資訊與訓練。在我們和學校的合作經驗中，通常會發現學校教職員想要做「對的事」，來幫助重返校園的學生。然而我們也發現如下的例子：當學校教職員涉及謠言和八卦、做了不適當的評論或對其他學生透露，或是為返回學校的學生找出那些不歡迎的討論和問題，都會讓他（她）覺得不舒服。

老師們總是想知道當學生重返校園時該怎麼跟他們溝通，或是該怎麼和班上會欺負人或容易有不禮貌評論的學生強調什麼是不適當的行為。總之，老師與其他學校教職員需要保密，並保護他（她）免於被作弄或霸凌。我們已發現不涉及特定學生，並在過渡時期之外進行教育訓練會最有用。

沒有助益或非支持性的學校政策

有時候學校政策是因為特定事件制定，而且從來沒有再檢核過。我們也遇過學校有過時的自殺風險相關政策，我們強烈鼓勵學校教職員逐條審視現存政策，以檢視是否有修改或修正的必要性。

≫ 重返校園指引

自殺未遂後，學生於重返校園時特別脆弱。研究顯示，自殺未遂後的三個月到一年間，是下一次嘗試自殺特別需要注意的時間。適當的重返校園計畫可以降低未來自殺的風險。以下的指引只為了一般的重返校園，是以幾個州（如緬因州、威斯康辛州）的校園重返模式為基礎。很重要需要記住的一點是，所有的重返校園計畫都要有足夠的彈性，以符合特定學生個別化的需求。

1. **在知道危機發生後，盡快通知家長**。甚至在學生準備好重返校園前，就提議親自和家長討論。提供可能會對家庭有用的資源和建議，提供課堂作業給家長讓孩子不會跟不上進度，開始規劃學生重返校園。在學生離校的時候，維持良好的溝通管道，協助緩和度過過渡階段。

2. **了解你的學校是否需要心理衛生專業在學生可以重返校園時提供證明**。不是所有學校都需要這個，而且這一點也是有爭議的。有些人相信這樣是保護其他學生，而且確定學校不會被要求要監控有風險的學生，這部分超過學校能夠處理的範圍。其他人則認為這樣的要求會對這個學生造成烙印，並且變成另一個重返校園的障礙。不過通常在學生發生危機之前，就要決定這是否為重返學校的政策。

3. **指定一個特定的人作為學校、家長和治療者之間的聯絡人**。這個人應該擁有所有釋出的訊息，以確定溝通歷程可以平順。學校諮商師可以作為聯絡人，但很重要的是要讓學生可以決定人選。如

果學生無法自然舒適地和聯絡人談話，即使最好的程序和方案也會無效。聯絡人可以是老師、行政人員或被信任的其他學校教職員，一個適任的聯絡人應該：

(1) 檢閱文件並歸檔，作為保密的學生健康紀錄。

(2) 作為學生的個案管理師。了解造成自殺未遂的原因，並注意可能造成另一次自殺嘗試的所有事物，熟悉這個個案的實際生活，例如使用的藥物，以及是被建議全時返校或只有部分時間回到學校。

(3) 幫助學生經歷重返校園歷程，監測重返情況，並與其他需要注意再度自殺危險警訊的校方人士聯繫。

(4) 連結家長或監護人。在家長簽署同意書的狀況下，作為學校與其他支持學生的外部醫療或心理衛生服務的聯絡人。

(5) 在學生返校前，安排相關學校教職員的會議來討論服務的安排，以及規劃個別化的返校計畫。聯絡人在學生出院前與家屬會面是恰當的。

4. **不論學生是完全回歸校園或僅部分回歸，都要通知課堂老師有關學生的整體進展。** 他們不需要臨床資訊或詳細的病史，但他們可能需要確定的資訊來做建議及必要的修改。學校教職員間要討論如何支援學生，這僅是基於考慮他們的治療和支持需要為出發點。在其他學校教職員間，與學生有關的討論是建立在需要知道的基礎上，或這些人需要知道才能幫助孩子的狀況下。

5. **與學生討論，以了解他（她）的返校需要。** 學生想要不同程度的支持，而個別差異（在安全考量下）需要被尊重，當他們重返校園時，學生可能要求和學校諮商師有幾次的會談。

6. **每天檢查學生狀態。** 在我們的校園經驗裡，我們堅持聯絡人每天至少與學生有個簡短的報到程序（一分鐘或兩分鐘都可以），這維持溝通管道開放，並提醒學生，他在校園裡有個支持者。

7. **與家庭合作，了解其他手足的需要。** 在這場家庭危機當中，對於重返校園的學生手足，可能需要額外的支援跟照顧。通常有自殺未遂孩子的家庭，很難照顧到其他孩子的情緒需要，所以他們可能需要學校教職員特別額外的注意。

8. **必要的話，盡量長期監測學生狀態。** 如果學生的功能、情緒或行為有變化，馬上通知家長。學校教職員可能希望採取逐漸減弱的方式（例如第一個月每天向聯絡人報到，下個月每週三次，然後是一個月每週一次），逐步協助學生重返校園，回到一般的功能狀態。

協助重返校園的學生時，我們發現最大的問題是**學生恐懼其他人會欺負他們**。換句話說，不僅僅是同學的反應，自殺學生會因為對這些反應的感覺，而覺得無法承受。我們一再聽到及看到學生他們擔心重返學校，因為害怕覺得被困住。他們會擔心，**如果我感到焦慮，然後又不能離開教室，該怎麼辦？如果其他學生欺負我，然後我又無處可逃，該怎麼辦？**「覺得被困住」這件事當然是自殺的一個重要危險因子。在校外的臨床治療當中，學生和他們的治療師與醫師一起努力獲得對情緒的控制感，了解當想法和感覺都在失控狀態時，他們很容易可以讓自己離開危險的處境，然而當他們重返校園，他們卻被迫要進入一個不支持這些自我照顧的正向方式的環境。

為了協助學生面對他們的恐懼與增強正向自我照顧方法，我們提供照顧自殺危機後重返校園學生的學校教職員兩個建議：

可進行內觀訓練

作為一個可以讓人們在壓力情境沉靜而不會被壓倒的重要心理技能，內觀訓練逐漸獲得注意。放鬆技巧和靜坐是內觀訓練的重要部分，教導自殺傾向學生專注在他們的經驗，而不批判他們，或是用這些經驗來降低認知扭曲及焦慮感（Williams, Duggan, Crane, & Fennell, 2006）。內觀訓練可以協助學生在他們的世界取得控制感。

可讓學生有控制感

　　某一天，在與一位返校的自殺學生會談的時候，筆者（D. Granello 博士）帶來了大富翁遊戲裡的「免費出獄」卡。我思考過她的返校狀態，知道她特別緊張，所以我覺得她處於再度自殺的高風險。當我第二天早上看到她的時候，我交給她這張卡片，我告訴她：「如果妳覺得很有壓力快喘不過氣來，然後妳無法在妳所在位置多待一分鐘，妳可以用這張卡然後到這裡來。我不會問任何問題。」她不敢相信，她問：「你是指**任何時間**？」我回答：「是的，任何時間。」我對她解釋，我相信她了解自己的心理狀態，經歷過這麼多事，所以她比我們任何人都知道自己需要什麼。

　　什麼樣的策略可以簡單又有效地讓我們諮商師用來協助學生重返校園？上面的例子你可以看到，我並不要她向老師解釋她需要喘口氣休息一下，我也不要她舉手及要求她承諾可以照顧自己。當我給了她那張卡片，我讓她知道我信任她，而且我相信她可以負起責任。

　　當然，在我給她那張卡之前，我必須與所有行政人員溝通，並通知所有老師。有幾位老師表達了他們的顧慮，例如：如果她拿這張卡片來逃避考試，或是蹺掉重要的課怎麼辦？我知道這些潛在的風險，但事實上這是個有高度死亡風險的學生，考慮這部分之後，蹺一堂課或是考試似乎也不算太嚴重。

　　這個學生教了我重要的一課，讓我到現在都還記得。她沒有亂用這張卡片，她每天都帶著卡片直到它變成碎片，我必須再從大富翁裡面抽出一張給她，這次我把它護貝起來。在她帶著卡片的幾個月裡，她只用過一次，她火速地拿給老師，然後到樓下辦公室來，我讓她坐下，然後告訴她要跟我談談也可以，或是她只要安靜地坐著。她坐了一下，然後說：「我可以回去教室上課了。」她不需要任何東西，她只是要測試這套系統，證明系統會運作，她滿意了，然後再也沒用過。但她每天帶著，把它當成是她自己專屬的安心毯一樣。她知道如果她需要，她可以逃脫，知道這一點就是她全部的需要。

重點是如果我們要學生為他們的心理健康負責，我們必須協助他們。很清楚的，這個介入方式不見得適合任何人，也一定會有人濫用這樣的特權。這張通行卡並不允許他們回家、小睡或做任何好玩的事，只是讓他們可以從壓力情境到一個安靜的地方，在那兒他們可以準備好重新回到團體和教室。至少對一些學生來說，這是個重新融入校園的重要策略。

本章摘要

在校園裡，有自殺風險的學生需要特別被注意。選擇性介入的目標學生有明確的危險因子，需要治療和支持，多數此類介入的焦點是發展正向的社交及情緒技巧。針對性的介入是為了已經被確認有自殺風險的學生而設計，及時而準確的評估是必要的，用來決定是否需要社區為主的臨床介入。在校園裡介入有自殺風險的學生，需要一組特別的臨床技能、進階訓練、督導和經驗，自殺危機後重返校園的學生需要特別的協助來融入學校生活。總之，學校教職員、家長、學生及社區為主的臨床支持，可以提供一個無縫整合的方式來協助校園中的自殺傾向學生。

校園自殺、自傷與暴力—評估、預防和介入策略—

第四章

非自殺性自傷學生的介入

　　Sarah 是個才剛上國中的 13 歲女孩,她很安靜,成績也在水平之上,並且沒有不良紀律的問題。她的母親因藥物成癮而住院治療中,所以目前 Sarah 和她的祖母同住,因為父母離異,Sarah 已經很多年沒看過她的父親了。最近,一位老師在餐廳觀察到 Sarah 拉起運動服的衣袖,並露出她的前臂給另一個同班的女孩看,老師注意到 Sarah 的手臂上有大量的傷口,有些傷口看起來似乎是最近才形成的。慎重起見,老師把 Sarah 帶去學校的保健室包紮傷口,並請人與她做更深入的訪談。當你和 Sarah 交談時,你會討論她的行為,並試著評估她自傷行為的動機。她是否想自殺?她這樣對待自己已經多久了?發生了什麼事情?是因為憂鬱或焦慮嗎?或者她有人格疾患?她說自己雖然以前曾經想過,但她並不是要自殺,可是她需要透過傷害自己才能感覺好一點,Sarah 說:「這樣可以把所有聚集在我內心的注意力轉移出去。」

　　在我們和全美的老師、諮商師、行政人員及其他學校專業人員一同工作的過程中,我們面對越來越多像 Sarah 這樣的故事。全國皆然,學校專業人員指出他們更加關注兒童與青少年自傷行為的頻率,老師和中學的諮商師表示,他們對於自傷的年輕人有很強烈的負面情緒反應,以至於介入

這些學生時格外困難。大多數老師希望有更多的資訊和作業指引來幫助他們處理學生的非自殺性自傷（Nonsuicidal Self-inflicted Injury, NSSI）（Heath, Toste, & Beettam, 2006）。在我們從事國際性及全國性的自殺培訓演講中，我們越來越常被問到 NSSI 與自殺之間的關係，研究證實 NSSI 是一種由生理、心理及社會等多重因素造成的複雜行為，並與它的形成原因及嚴重性有關。沒有簡單的解決方法來介入這些學生，每個個案都必須從他獨特的脈絡來評估。然而幸運的是，針對 NSSI 的研究正穩定進步中，而且至少還有一套基本的資訊能幫助校方人員處理校內學生的 NSSI。因此，本章的重點是在校園裡 NSSI 的成因、評估、轉介與介入。

全美約有 4% 左右的人口具自傷傾向，但若以年齡來區分，自傷行為很明顯的不同，在年輕族群中的比例是特別高的。一份研究發現約有 14% 的大學在校生有過自傷行為（Klonsky, 2007）；同時另一份針對 18 至 20 歲年齡層的研究發現，14% 的研究對象曾在他們人生中的某個時間點自傷過，並且有 7% 的人最近才剛自我傷害過（Young, Van Beinum, Sweeting, & West, 2007）；而中學生的研究報告則顯示自傷行為高達 25%（Brausch & Gutierrez, 2010），並有一些證據顯示，這些自傷行為在高中比國中及國小更為盛行。這顯示大多數具自傷行為的人大約從 14 歲左右開始，直到 20 歲中期狀況逐漸加重（Austin & Kortum, 2004）。重點是自傷行為在年輕人中相當普遍，任何在學校工作的相關人員必須了解，曾經或者近期有自傷行為的學生具有如此顯著的比例。

≫ 青少年的自傷行為是否逐漸增加？

很難從研究的角度回答這個問題，但在校園內的青少年中，被認定為自我傷害的個案數量正在增加是相當明確的。然而，無法準確地說，這種行為的盛行是來自實際增加，或者只是一個察覺度提高的假象。自 1980 年，甚至在近年來，整個社會對於 NSSI 的意識程度更急遽地增加，在電視、電影以及網路上，越來越多對於 NSSI 行為的描述。舉例來說，一份

2009 年的研究發現，電影對 NSSI 的描寫有顯著的增加，從 1966 年至 1980 年間（共 15 年）只有 3 部作品，到 2001 年至 2005 年間（僅僅五年）增加至 25 部作品（Nock, Prinstein, & Sterba, 2009）。尤有甚者，現在有數以百計的網站主題及 YouTube 上的影片向青少年描繪 NSSI 行為（Whitlock, Lader, & Conterio, 2007）。受青少年歡迎的偶像，例如：強尼·戴普、安潔莉娜·裘莉、瑪麗蓮·曼森及黛安娜王妃等，都曾公開談論他們和自傷行為之間的掙扎。很顯然，這同時提高了青少年族群和校方人員對自傷行為的察覺，即使這些個案在所有人口中的實際比例並未增加，但已導致更多的案例被鑑別出來。儘管如此，NSSI 在青少年人口的實際比例是否增加並不重要，實際情況是在校園中有越來越多的年輕人被鑑別出有 NSSI，因此，學校必須做出適當的回應。最近校園中 NSSI 被呈現出來的增加程度，可作為加強校方人員足夠訓練的依據，以幫助他們可以辨別、評估、轉介以及處理自傷的青少年（Toste & Heath, 2009）。

≫ 定義

有關青少年自傷行為的研究，在定義與方法論上是充滿矛盾的。過去文獻上用來定義 NSSI 的不同用語十分多樣化，其中最常被使用的名詞有：姿態性自殺（parasuicide）、蓄意自我傷害（deliberate self-harm）、故意自我傷害（intentional self-harm）及割腕（self-cutting）等，由於每個名詞對自我傷害的定義略有些微差異，此分歧造成研究之間探討上的困難。舉例來說，有些名詞考量到青少年對於渴望死亡的意圖，有些則不是。在針對自傷行為盛行率的統計中，研究人員可能會根據他們的定義，有些包含某些特定的行為（例如自殺意念），而不包含其他行為（例如非自殺意圖的藥物過量），因此，在評估盛行率上可能有顯著的不同。為了本章節的目的，我們將使用以下定義：

- 非自殺性自傷（NSSI）是一種故意的、自己造成的低致死率之身體傷害，本質上不被社會所接受，是用來降低心理痛苦（Walsh,

2006）。

- 企圖自殺是一種嘗試用高致死率的方法來傷害自己，有意識地想
  透過死亡達到結束心理痛苦的目的。

≫ NSSI 與自殺的差異

在全美，自殺是青少年死亡的第三大主因，而且自殺意念和企圖自殺
在校園中有很高的盛行率，因此，為了所有青少年的自殺評估，透過全面
性的篩檢（請參閱第二章）有其顯著的必要性。然而，務必了解的是，至
少有些出現 NSSI 的年輕人並不是想自殺（Walsh, 2006）。研究顯示雖然
NSSI 和青少年自殺有明顯的關聯，但並沒有證據證明 NSSI **導致**青少年
自殺（Muehlenkamp & Gutierrez, 2004）。

NSSI 與意圖死亡之間的關係

典型的 NSSI 學生是為了處理強烈的負面感受、產生正面的情緒狀
態，或是引起或避免社會接觸（Nixon & Heath, 2009）。因此，值得注意
的是，當必須對所有自傷的青少年做自殺評估時，許多自傷的青少年並沒
有企圖自殺的立即風險。為了幫助辨別 NSSI 與自殺企圖，意圖是最關鍵
的變項，換言之，NSSI 學生和那些企圖自殺者的差異在於**他們試圖透過
行為所要達到的目的不同**。一些其他的變項（表列如下）能幫助辨別
NSSI 與自殺行為的不同（Muehlenkamp & Kerr, 2009）。

NSSI 與自殺行為在特定變項上的差異

變項	NSSI	自殺
意圖	情緒的因應	結束痛苦
致死率	通常較低	經常偏高
頻率	長期的	稀少
方法	很多	一至兩種
認知	有意願活下去	絕望感、無助感
情緒	緩解負面影響	持續的痛苦和挫折

以上每個變項需要一些更進一步的說明。首先，「意圖」必須被充分理解，NSSI 的學生試著釋放負面情緒或者產生積極的情緒來讓自己感覺好一點，自殺的學生則是透過自殺作為結束他們痛苦的方式。第二個變項「致死率」，在區分 NSSI 與自殺的特性上仍存有一些難度。一般而言，NSSI 的方法例如表淺的刀傷、割傷及燒燙傷等，與自殺青少年採用極度危險方式，例如槍械或者窒息相比，並沒有威脅到生命，當然我們也心知肚明，儘管不是有意地，許多 NSSI 行為仍可能會跨過界線而造成性命威脅。我們處理過一位年輕女性，意圖在手臂上割傷自己來減輕情緒上的痛苦，但最後因為撕裂傷口太深，造成失血過多，以至於她必須長期住院，並接受皮膚移植，由於她手臂上的神經組織是移植的，所以她的手部及手臂永遠無法回復完整的功能與感覺。重點是，即使 NSSI 的致死率往往相當低，但永久性的傷害或死亡仍可能會發生。「頻率」是第三種常被用來分辨 NSSI 與自殺的方法，一般而言，NSSI 行為的發生相當慢性，有些自傷者持續這樣的行為多達 100 次，甚至更多，相較之下，自殺企圖者的頻率稀少許多。「方法」是第四個辨別的變項，兩者之間同樣也是有所差異。對 NSSI 的年輕人而言，使用多種不同的方法來造成自傷是相當普遍的，而自殺的年輕人則是傾向重複選擇一種特定的方法（例如服毒）。最後，「認知」及「情緒」與 NSSI 的關聯可能異於其他自殺的青少年，在情緒方面，NSSI 提供了一個從負面影響的緩解，並反映出青少年相信他們能成功地因應痛苦，讓生活還過得去的認知狀態。這與自殺青少年的情緒狀態有很大的不同，他們的特點是強烈的心理痛苦與絕望感，渴望結束這痛苦而不只是因應它。在認知方面，自殺青少年可能不相信他們可以繼續活下去，而是相信他們是沒有能力面對未來的。

　　許多發生自我傷害行為的年輕人很容易符合同時出現精神疾病與情緒障礙的標準，雖然在年輕人身上不常被下此診斷，但人格障礙，例如邊緣型人格障礙（Boderline Personality Disorder, BPD），與 NSSI 行為有高度的相關（Muehlenkamp & Gutierrez, 2004）。有趣的是，在《精神疾病診斷與統計手冊》（*Diagnostic and Statistical Manual of Mental Disorders*）

第四版修訂版（DSM-IV-TR）中，NSSI 行為是唯一被列於 BPD 診斷中的準則。事實上，當筆者（P. Granello 博士）在 1980 年代開始實習期間，BPD 病患的特徵就是自傷行為，而且每個人都認為，任何有 NSSI 行為的病患一定有 BPD 診斷。但情況不再如此，現在 NSSI 常見於各種診斷的個案身上，一些其他與 NSSI 有關的診斷包含：

- 酒精濫用（Alcohol Abuse）。
- 神經性厭食症（Anorexia Nervosa）。
- 反社會型人格障礙（Antisocial Personality Disorder）。
- 焦慮症（Anxiety Disorders）。
- 自閉症（Autism）。
- 神經性暴食症（Bulimia Nervosa）。
- 憂鬱症（Depression）。
- 發展障礙（Developmental Disabilities）。
- 解離型人格疾患（Dissociative Identity Disorder）。
- 尼氏乃罕症候群（Lesch-Nyhan Syndrome；另稱自毀容貌症候群）。
- 創傷後壓力症候群（Posttraumatic Stress Disorder）。

更進一步的了解，學生 NSSI 行為與企圖自殺及其他精神疾病有高度的共病率，大約有 55% 至 85% 的自傷者之前至少有過一次的企圖自殺（Jacobson & Gould, 2007）。合併有 NSSI 行為及曾經企圖自殺的青少年比單獨只有 NSSI 行為的青少年，有更高比例的憂鬱症、衝動性人格和絕望感（Dougherty et al., 2009）。這裡的重點在於，如果一名青少年有 NSSI 行為，特別重要的是，也要確認過去到現在的自殺企圖和對自殺的想法，以及與精神疾病的共存情況等可能導致自殺風險的訊息。這是一群具有挑戰及困難度的個案，而且是複雜的精神疾病問題，許多學生看起來需要加以篩檢、評估和介入。

雖然通常 NSSI 行為和自殺意念或自殺企圖很明顯地一併出現在相同的學生身上，但本章的重點在於那些把 NSSI 行為當作因應機轉，而並非

校園自殺、自傷與暴力 ｜評估、預防和介入策略｜

處於高自殺風險的青少年。而有自殺傾向的學生（不論有無 NSSI 行為），在第三章中已有討論，因此，本章著重在協助學校專業人員處理那些相信 NSSI 行為可以有效因應問題的學生。

關於 NSSI 行為的基本現況

　　儘管近來的研究對 NSSI 行為在定義和方法論上難以一致，一些重要的相關統計調查已經出現，雖然研究結果並未完全相同，不過下列這些發現大致是已得到證實的：

- 目前 15% 至 20% 的高中生曾有過至少一次的 NSSI 行為。
- 大多數青少年從 13 至 15 歲間開始出現 NSSI 行為。
- 整體來說，NSSI 行為（割傷、燒傷、撞擊身體）在性別上沒有太大差異，雖然研究對象是男女混合的，一些研究結果發現女性的比例比男性高出許多。
- 女性比男性更常使用割傷；男性比女性有更多企圖撞傷自己身體的情形。
- 白種人比非裔美國人更容易有 NSSI 行為。
- 男同性戀、女同性戀或者對自己的性向有矛盾的年輕人可能增加 NSSI 的風險，但這些結果還沒有證實。
- NSSI 行為的發生與學校所在位置（市區、鄉下、郊區）並沒有差異。

常見的 NSSI 方法

　　以下是全美年輕人最常使用的 NSSI 方式，大致上根據頻率來排序（Walsh, 2006）：

- 割傷、刮傷、切傷。
- 擦傷、抓傷。

- 撞擊身體。

- 燒燙傷身體。

- 撞頭。

- 自己施加的紋身。

- 其他（例如：咬傷、皮膚擦傷、吞食廢棄物、插入物品、自我穿
  孔、扯髮等等）。

　　值得注意的是，這些方法與那些企圖自殺的青少年所使用的方法完全不一樣，企圖自殺的青少年通常使用的方法具有高度的致死率，例如：槍械、窒息和服毒（Granello & Granello, 2007）。這個差異似乎證實 NSSI 年輕人沒有死亡意圖的看法，因此，方法的選擇可說是區分他們與企圖自殺者的一個指標。

≫ NSSI 的危險因子與保護因子

　　危險因子是在 NSSI 個案上已被證明為相關特定行為之變項，這些變項的存在可能與 NSSI 無直接相關，但是它們確實告訴我們，曾經歷或出現自傷行為的青少年比那些未經歷過的青少年，更容易處於自傷的危險中。近期 NSSI 的研究已指出幾項值得注意的危險因子（參見表 4.1），其中有疏忽、虐待、家庭暴力、情緒反常、自尊心低、受其他 NSSI 同伴影響，以及合併有心理疾病等。相反地，保護因子同樣是指在 NSSI 個案上各種能降低風險的特定行為，不出意料之外，NSSI 的保護因子與許多危險因子相互對立，父母親積極的鼓勵與支持能幫助自傷的年輕人產生正面的效果；尋求其他正向的成人典範角色及鼓勵參與其他適當且健康的社交出口（社團、運動）也會有所幫助。更重要的是，教導年輕人表達負面情緒是很必要的能力，不僅只是因為自傷行為，也為了許多與壓力有關的精神和心理健康議題，當然，適當的轉介和及時取得適合的精神醫療是相當重要的。

表 4.1　NSSI 的危險因子與保護因子

危險因子	保護因子
忽視（情緒上或生理上）	適當表達負面情緒
身體虐待	家長的支持
性虐待	社群網絡的支持
情緒虐待	接受及時且適當的精神疾病和情緒
家庭暴力	疾病之照顧
強烈的負面情緒（憤怒、孤獨感、恐懼）	
精神疾病共症	
自尊心低落、自我貶低	
受其他 NSSI 同伴影響	

　　在失功能家庭中成長且具有被忽略及虐待（精神上、言語上、身體上及性方面）特徵的青少年，更是 NSSI 的高危險群（Jacobson & Gould, 2007）。虐待與忽略在發展上的影響尚未被完全了解，但是通常被認為在許多方面都對於孩童有所損害，在這種環境中成長的個體可能發展出適應不良的情緒、認知及社會行為。在社交上，這些行為在下列部分可能出現問題：發展適當的依附關係、形成伴侶關係，或在關係中保持適當的界線。在情緒上，虐待造成的症狀可能出現諸如：感到強烈的憤怒或孤獨的負面感受（Brown, 2009），通常這些強烈的負面情緒會伴隨著缺乏溝通或社交技巧來適當地向他人表達他們自己。在認知上，忽略與虐待可能出現自我挫敗的模式：自我感覺失敗、歸因於自己或內在的負面訊息（例如：「我毫無價值而且非常糟糕」；「我做的事情沒有一件是對的」），這些內在訊息對持續沮喪和憂鬱有很長期的影響。自傷的年輕人經常是高度自我批評與自我懲罰的（Klonsky & Muehlenkamp, 2007）。

　　然而，在了解 NSSI 行為中的部分複雜度在於，無論如何，要知道並非所有的自傷青少年都符合這個研究結果，以及它顯然有持續性的危險。Brausch 和 Gutierrez（2010）發現，一般而言，自傷的青少年比起企圖自殺的青少年明顯有較低的危險因子，在他們的研究中，有 NSSI 行為的青

少年和企圖自殺者相比，有較少的憂鬱症症狀、較高的自尊以及較多的雙親支持。他們推斷出有 NSSI 行為而沒有自殺企圖的青少年，代表的是一個持續自我傷害之特定族群。

≫ 青少年 NSSI 行為表現的動機

學校專業人員可能會自問：「為什麼一個人會想要傷害自己？」這個關於自我傷害的「為什麼」是相當複雜的，可能是由生理、心理以及社會等因素綜合導致個體採取了這樣的行為（Askew & Byrne, 2009）。更進一步地說，對每個個體而言，NSSI 行為可能基於多重目的，使它很難得出單一特定的行為動機。當今的觀點認為造成個體 NSSI 行為的原因可能改變存活壽命，這點又添加了另一層複雜度。然而，對青少年來說，首要的 NSSI 行為原因就是為了因應強烈的負面感受（Jacobson & Gould, 2007）。

一個有助於我們了解 NSSI 行為背後動機的模式是由四種類型所構成（Nixon & Heath, 2009）：

1. 自動性負增強。
2. 自動性正增強。
3. 社會性正增強。
4. 社會性負增強。

第一類型是**自動性負增強**（automatic-negative reinforcement, A-NR）。在此使用「自動性」這個詞，代表青少年個人內心的或是個人內在的經驗，這個模式主張青少年使用 NSSI 行為來從負面認知或情緒狀態中解脫或撤離。青少年通常會說他們傷害自己是為了處理壓力或解除挫折感，A-NR 滿足了消除這些負面情緒的渴望。第二類型是**自動性正增強**（automatic-positive reinforcement, A-PR），A-PR 是指使用 NSSI 行為來產生一些渴望，或積極的內心狀態，出於 A-PR 動機的青少年可能會說「我只是想要感覺一下」，或者「我需要感受一下真實」。第三個類型是**社**

會性正增強（social- positive reinforcement, S-PR），當年輕人試圖與他人溝通，或者獲取一些資源時，S-PR 是 NSSI 行為的動機之一，說法可能包括：「我想讓你知道我的感受」，或「我想要我的諮商師去……」，換言之，年輕人用這樣的行為當作對他人的信號。最後一個類型是**社會性負增強**（social-negative reinforcement, S-NR），S-NR 在 NSSI 行為中的動機是被用來逃離或掌控一些人際需求，青少年使用 S-NR 作為 NSSI 動機的說詞可能像是：「我無法再次面對學校」，或是「我這樣做是為了讓人們離開，讓我一個人靜一靜」。

　　這個模式對於了解 NSSI 成因的用途在於，它有助於指引對特定學生選擇的治療介入，換言之，一旦我們明白年輕人試圖透過 NSSI 行為來達到什麼，我們才有更好的機會去介入。舉例來說，如果年輕人出現 NSSI 的主要動機是為了改變內在狀態和正向感受，我們能協助他（她）發現其他更合適的方法來了解和表達情緒；如果主要的目的是與其他人保持距離，那麼我們可以幫年輕人學習管理社交關係。因此，了解 NSSI 行為的成因，是展開適當介入的第一個步驟。

　　研究與文獻中曾指出的其他動機還包括：

- 渴望同儕的認同與包容。
- 解除緊張。
- 渴望獲得控制。
- 試圖使自己麻木。
- 想要感受「溫暖的血液」。
- 渴望把情緒上的痛苦轉換成身體的痛苦。
- 想要展示「奮戰的傷痕」。
- 自我懲罰。

　　在我們和自傷者一起工作中，我們發現他們對於表達他們行為後的特定動機通常有困難，有時候他們只是說：「我必須這樣做」，或「這樣做感覺上是正確的」。儘管我們一直尋找他們的特定動機，以幫助我們找到

合適的介入方法，但有時在這些個案開始明白是什麼原因強迫他們去傷害自己之前，就需要耗費非常多的功夫。

校園 NSSI 行為的預防

在我們轉向介入之前，必須先針對校園中 NSSI 行為的預防方法進行討論。毫無疑問，最好的介入是在第一個時間點就預防這些行為的發生，如俗諺說：「一分預防勝過十分治療」，預防計畫對於處理年輕人的 NSSI 是一個有力的武器。對校園環境來說，預防成效特別重要是因為擔心蔓延的風險，由於伴隨著自殺，對 NSSI 青少年來說，受到此行為的感染或模仿格外的危險。學校專業人員已經了解，青少年正依賴著同儕的引導來理解什麼是社會上可以被接受的行為，甚至更重要的是，什麼行為被認為是「不酷的」，或可能造成社會排斥的。在當今世界中的即時訊息、聊天室和社群網絡，青少年能夠發送給彼此及大群的即時觀眾正確或不正確的訊息。諷刺的是，教職員有時反對參與青少年的話題，諸如 NSSI 行為和自殺，誤以為這樣的討論反而是「把想法植入他們腦中」，然而實際上經常是到了成人得知年輕人透過 NSSI 行為作為因應策略時，許多該學生的同儕早就知道所有細節了。不幸的事實是，為了迎合年輕人所需，這些如何進行 NSSI 行為的話題早已在聊天網站和討論板上大肆被討論（Whitlock, Powers, & Eckenrode, 2006）。年輕人透過他們自己的管道了解 NSSI 行為，想要以同儕作為典範，其中一些典範不只想傷害自己，也可能企圖向同儕提倡這種行為是一個有效的因應方式，在青少年之中，被當作 NSSI 行為典範的同儕可能引起行為的散播與感染。在高中的青少年族群中，已可發現 NSSI 的風潮（Nixon & Heath, 2009），在我們的工作中，我們已看出 NSSI 行為川流於高中與大學的青少女社交團體中。圖 4.1 顯示在校園將 NSSI 蔓延降至最低的策略。

如同自殺一樣，NSSI 行為的蔓延是個真實存在的風險，針對這區塊並沒有實際的研究，一些可能有幫助的建議策略包括：

- 限制有 NSSI 行為的年輕人和同儕提及他們的行為。青少年具有社會意識，他（她）將知道這樣的行為會對他人有害，NSSI 行為的年輕人或許是透過自我傷害作為一種自身的因應機制，但並不希望他人受傷。

- 確認老師或其他校方人員不要在學生面前評論任何個案的 NSSI 行為。訓練工作人員謹慎地介入學生。

- 避免對 NSSI 行為的年輕人採用團體治療或支持性團體介入。NSSI 青少年最好採用個別治療或介入，同儕團體中的 NSSI 個案可能誘發出更高人一等的加重效應。

- 發展出一套校方對使用臉書或其他社群的政策。這是個引起爭論的區塊，特別是與社群媒介的網路霸凌有關。實施限制社群媒介政策的學校，通常禁止散布可能使其他學生受窘或受到傷害的圖片或訊息。

更多阻止校園蔓延的資訊請參照第五章。

圖 4.1　在校園將 NSSI 蔓延降至最低的策略

　　校園 NSSI 防治的公共衛生策略必須能夠提供降低學生自我傷害行為的正確教育，目前，對 NSSI 防治計畫成效的研究非常有限，所以呈現的資訊來自在校園環境中針對其他不良因應方式已經在運用的防治策略（例如：物質濫用、菸害）。

　　正如我們在第二章討論校園自殺防治的公共衛生策略一樣，積極的 NSSI 防治計畫需要對全體學生發展出一套「普遍性」的計畫，以及針對高危險群發展出一套「選擇性」或「針對性」的計畫。此外，學校諮商師和其他健康專業人員也能提供訓練與資訊，來幫助老師及其他人員充分了

解，他們可以有更好的準備來幫助一位自我傷害的年輕人。

》 普遍性防治策略

普遍性預防計畫直接針對全體校內人員，並可聚焦於發展健康的因應方式，以及增加身心健康的技巧，目前沒有針對 NSSI 特定的普遍性預防計畫，倒不如說，普遍性的介入應該將目標設定於保持一個讓人感到安全的、不批判的、學生願意與成人分享的學習環境。一個開放與關懷的環境可以有效預防 NSSI 及其他危險的行為（Nixon & Heath, 2009），校方人員應透過積極傾聽技巧及保持客觀情緒等訓練，來回應如 NSSI 等困難的議題（稍後參見本章中的「教師訓練」）。

在健康教育計畫中，NSSI 的情境如同青少年用以因應強烈情緒或壓力的多數不當方法之一，因此，對於有害的因應行為加以教育是非常重要的，例如：酒精濫用、藥物濫用、NSSI、社交退縮、危險性行為，以及它們所潛在、長期且有害的影響等（Toste & Heath, 2009）。這些計畫的目標應該在於增進學生們的察覺：不當的因應方法或許能得到短暫的解脫，但基本上並未解決潛在的問題，而且可能讓現有的問題更加惡化。更進一步，班級輔導活動或團體方案應該試圖訓練所有學生可以具備健康的因應能力，如：情緒管理技巧（內觀禪修）、放鬆技巧（呼吸及冥想）、情緒溝通技巧（有效的語言），以及問題解決技巧（協商或問題解決模式）。強調知識的、情緒的和生理健康的預防教育計畫，都幾乎可被納入任何課程中。

自傷行為的警訊（Signs of Self-Injury, SOSI）是一種減少校園內自傷行為的普遍性教育方法，它和普遍性自殺預防計畫類似，以自殺警訊（SOS）作為前提。設計 SOSI 是為了增進有關 NSSI 行為的知識（包含警訊和危險因子）、改善對於求助行為的態度、降低標籤化、增加 NSSI 年輕人的求助行動，以及降低學生中的 NSSI 行為。以下是一個提供給工作人員、全體教職員及學生的模式，使用影片片段來教導學生向他人伸出援

手，這個 SOSI 計畫使用字母縮寫 ACT（**A**cknowledge the signs, **D**emonstrate **C**are and a desire to help, and **T**ell a trusted adult）：認識相關的徵兆、表達關心而且想要提供協助，以及告知可信任的成人。此計畫的基礎來自於兩個重要的發現：

1. 雖然有些成人或許知道年輕人中的 NSSI 行為，但學生中的同儕所得知的這些行為，更可能遠多於成人。
2. 有強力的證據顯示，年輕人面對同儕間的 NSSI 行為時，感到十分不舒服，而且非常有可能迴避有關求助的話題。

SOSI 是想要給予青少年知識、技巧和信心來向自傷的同儕伸出援手，隨著工作人員和學生都呈現出相關知識的增加，並試圖向陷入苦惱的他人伸出援手時，SOSI 計畫最初的結果是有希望的。更重要的是，這個計畫介入並未在學生中造成反效果，換言之，參與普遍性教育計畫不會增加學生中的自傷行為（Muehlenkamp, Walsh, & McDade, 2010）。這點特別重要，從以往看來，大家往往害怕教育活動反而教導自傷行為給學生，而造成反效果。很明顯地，我們需要更多的研究，SOSI 計畫或許還稱不上是最好的實務模式，但是，目前對學校而言，它是唯一有效並且有實證支持的普遍性教育方法。

≫ 選擇性防治策略

另一個提供校園預防服務的途徑是針對特定一群處於風險中的特定學生提供預防措施，這群被工作人員判定為危險群的學生，是因為被證實有一些與 NSSI 有關的行為（例如：飲食障礙、情緒異常、憂鬱症、焦慮症、酒精或藥物濫用等），可透過篩選，以及建議參加團體或個別的內容，來強化他們的健康能力。

它也可以配置在校園心理健康篩選系統中，例如「自殺警訊」（SOS）和「青少年篩檢計畫」（Teen Screen）。關於這兩個目前已應用在全國數以百計地區的系統之相關資訊，可以查閱自殺防治資源中心（www.sprc.

org/featured_resources/bpr/index.asp）。這些篩檢確實辨識出處於心理衛生問題風險中的學生，包含 NSSI，以便提供預防措施（或轉介精神醫療照護）。更多有關這些計畫的資訊已在第二章的內容中。

≫ 教師訓練

　　教師和其他校方工作人員學習如何有效地應對自傷青少年是很重要的，雖然教師在學校不被期待提供諮商服務是一項事實，但他們仍應該被視為「守門人」來訓練。「守門人」指的是知道如何分辨 NSSI、願意協助青少年，並知道如何轉介給學校諮商師或心理健康專業人員的一群人。

　　老師及校方人員應該知道適用於與 NSSI 年輕人工作的方法，而且被訓練出一種非批判式的態度，雖然 NSSI 行為令人不安，但身為專業人員，我們必須抱持著關心的態度，平心靜氣地處理學生的行為。學校老師需要傾聽學生，了解為何他（她）將這樣的行為視為一種解決內心痛苦情緒的方法，鼓勵及支持學生，很重要的是協助提供後續在學校或社區中適合的服務。老師必須清楚他們的角色並非終止 NSSI，而是協助辨識及轉介那些他們認為疑似 NSSI 的學生給學校指定的專業人員（學校諮商師、校護及行政人員等）。學校老師是此服務鏈中極為重要的連結，他們花最多時間和學生們相處，同時可以提供學校諮商師所關心的學生與同儕互動情況、在校課業表現的警訊或線索，例如美術、書寫和其他行為觀察等方面，扮演一個關鍵的角色。

　　協助學校老師和其他人員了解，在處理 NSSI 行為的學生時有哪些事情**不能做**，如同需知道要做什麼一樣重要。非常重要的是，不要羞辱學生或讓他感到內疚，或者是在班級或同儕面前公開討論 NSSI。接下來，校方工作人員及老師應該避免與這些學生的 NSSI 行為共謀，或只想辦法終止他（她）的行為，這些協商模式有時相當誘人，但它們**絕對**是不恰當的。學生可能央求老師為他們的 NSSI 行為保密，但這項請求**無法**被承諾。最後，處罰或其他負面結果也都不適合用來回應有自傷行為的學生。

如同所有預防及介入計畫一樣，包括 NSSI，發展出一套有關如何處理潛在不利情境的時機，應該是在這些情況發生**之前**，學校同仁及行政人員已就校內對於 NSSI 學生的相關政策進行討論。當你讀到這裡時，先停下來思考一下你自己的學校，如果可能的話，跟同仁及其他工作人員談談校內目前有關 NSSI 的政策、訓練和介入，是否需要發展更多的預防策略或相關訓練？這是非完成不可的任務，大多數學校為了協助這類學生所制定的相關政策及流程都很有限。事實上，在一項針對諮商師的國際性研究中發現，只有 23% 的受訪者表示他們的學校已針對自傷學生制定出明確的政策和計畫（Roberts-Dobie & Donatelle, 2007）。以積極的態度為這些學生發展出一套全校性的政策及流程，將有利於校內的每一個人。

對自我傷害年輕人的評估、轉介及介入

全國各地的學校專業人員，不論地區、學校類型或學生年齡，都可能面對自我傷害的年輕人，全國各學校學生盛行的情況，已凸顯出所有校內專業人員對適當的初步評估及轉介技巧的需求，但我們很多優秀的校內心理衛生專業人員，仍對於要提供這些自傷年輕人的介入感到準備不足。一項 2007 年對學校諮商師的研究顯示，有 81% 的受訪者曾與 NSSI 學生一同工作，但是只有 6% 的人認為他們自己對於面對這個族群有「豐富的知識」（Roberts-Dobie & Donatelle, 2007）。

≫ 自我傷害的警訊

儘管在學生之中，已有警訊可能顯現出許多自我傷害的方法和不同的途徑，但其他一些生理和情緒的線索，或許也正在指出進行個別評估的需要，例如，生理的線索包括不適合氣候的穿著（甚至在夏天穿著長袖襯衫以遮掩住手臂）、衣著上有血跡、無法解釋的疤痕或瘀傷，以及神祕的行為（例如花許多時間待在浴室或其他隱蔽的地方）。情緒的線索可能包括

像是沒有能力應付太強烈的情緒、生氣、憤怒、焦慮、害怕或憂鬱，以及疏離、退縮或自我厭惡等。

≫ 評估及轉介

　　以學校為基礎之專業，其主要任務是評估，以及對被辨識出有 NSSI 行為的年輕人進行妥善的轉介，教師、工作人員或其他同學要對可能處於自我傷害風險的學生有適當的警覺，一旦已辨認出這位學生，他（她）將需要被正確地評估。NSSI 評估應蒐集的基本資訊包括：

- 就醫史。
- 藥物使用。
- 鑑別可能共病的精神疾病診斷。
- 危險因子和保護因子評估。
- 家庭及其他支持系統評估。

接著，應進行行為分析，特別是有關於 NSSI 行為，包括：

- 導致自我傷害的原因（壓力、情境、想法及情緒）。
- 目前 NSSI 行為的程度（頻率、強度、時間長短、使用方法）。
- 行為的結果，例如情緒緩解或學校的關注情況（Peterson, Freedenthal, Sheldon, & Andersen, 2008）。

　　最後，必須對學生進行一項評估，如果自殺風險高，需告知學生的監護人或父母，同時，學生也需轉介到社區中合適的精神醫療資源（記得完成照會和轉介紀錄）。無論如何，即使自殺風險不高，仍需邀請父母加入，特別是假如這項行為是危險的。學校和家長必須共同為提升孩子最佳利益來合作，所有和家長在這個議題上的互動，都應留下紀錄。一般而言，父母及他們的孩子需要有關 NSSI 的心理教育，才能對尋求治療做出清楚的選擇。轉介社區中的精神醫療機構，或以學校為基礎的服務，在這個時間點都可能有幫助，必須提供家長有關孩子在社區及校內可得到協助的資訊及建議。

Barent Walsh（2006）在他所出版的一本優秀著作 *Treating Self-Injury: A Practical Guide* 中，針對在以學校為基礎的環境中處理 NSSI 的轉介，提出一套相當有用的計畫，這個計畫緊接著在下面介紹。

≫ 校園模式的 NSSI 評估及轉介

1. 當一位學生明顯出現下列情況時，任何一位同仁都應立刻通報特定的關鍵人物（例如學校諮商師）：

   - 自殺行為：在言語、威脅、「開玩笑」、紙條、詩文、其他寫作、藝術作品，或其他表達中含有自殺議題。
   - 自我傷害或自殘，例如手腕、手臂或身體割傷；刮傷自己；燒傷自己；撞擊自己；挑破傷口；磨掉自己的紋身；損毀頭髮、拉扯或剃光；或有過多意外事件的傾向。
   - 飲食障礙，例如自我催吐、持續禁食、持續減重或增重、使用減肥藥或瀉藥。
   - 相關的危險行為包括：
     (1) 身體上的危險（例如走在高速的交通路口、走在鐵路高架橋上、跨越高樓屋頂的邊緣等）。
     (2) 情境上的危險（例如和陌生人進入車內、獨自於深夜走在城市危險的區域等）。
     (3) 性的危險：擁有許多性伴侶、有不安全的性行為等。
     (4) 藥物使用行為超過一般青年的經驗，可能到達濫用或成癮（例如學生一週內有多次在上學之前以此提振精神、飲酒或吸食大麻）。
   - 未讓醫師知道而自行停藥，或囤積醫師規定要服用的藥物。
   - 行為已達到嚴重的情緒痛苦：無法控制的哭泣、狂怒、打架次數頻繁、對細小的事情反應激烈、嚴重的疏離或衛生極差等。

2. 校方關鍵人物將透過謹慎且祕密地與學生接觸，來評估後續的轉介。

從這些評估中可確定出三項可能的結果：

1. **輕微事件**。完成轉介紀錄，並鼓勵學生當他（她）需要幫助，或在未來感到痛苦時，聯繫學校的諮商師。將評估結果回應給轉介人員，並及時提供評估後的建議。

2. **嚴重事件**。完成轉介紀錄及未來介入的建議，確實要求任何所需的資訊或許對於可更順利轉介學生來說是需要的，必須告知學生家長目前的情況，並提供未來有關 NSSI 的教育機會。同時，應鼓勵家長尋求精神醫療的轉介，為了學生或整個家庭來接受門診評估和治療。應與學生及家長共同討論發展安全計畫、增加實用的理論知識，以及學生在校諮詢協助等內容。

   面對一位嚴重 NSSI 的學生，強烈建議學校諮商師或其他校方人員需在很短的時間內進行追蹤，以確定這些建議已被家庭所執行。如果家長不能代替學生決定，那應該詢問他們是否因任何困難（交通、經濟或烙印）而無法辦到，為了達到設定的目標，或許需要藉由解決這些問題來協助他們。如果父母無法採取任何行動來解決孩子的心理健康需求，有些個案需要完成疏忽照顧的評估報告，交給國家兒童保護機構。

3. **緊急事件**。當一個由學校諮商師或其他教職員所組成的團隊介入時，需立即安排學生在適當的醫療機構（急診、急症中心、精神醫療部門等）進行精神科或醫學上的評估。迫在眉睫的自殺風險或嚴重自殘者（例如割頸或處於需要立刻就醫狀態），必須立即有醫療的介入，完成所有轉介資料、評估，以及提供後續照顧的建議。

發展及執行一套上述的程序，有助於教職員在轉介及評估 NSSI 和其他高風險個案時，提供一致性和指引的準則。

>> 在校內的介入

NSSI 與許多精神疾病有高度關聯,因此,與學校和社區的合作相當重要,介入處理 NSSI 學生的校內工作人員必須知道如何適時轉介給社區精神醫療機構;為了協助鼓勵學生接受治療,處理自我傷害青少年的學校諮商師和其他人員,必須發展出一套對於常見合併疾病的臨床知識。

雖然對於處理 NSSI 行為的學生,目前並沒有一個公認的單一理論,然而從文獻和研究中,辯證式行為治療(dialectical behavior therapy, DBT)受到關注,可視為一項合適的方法(Peterson, Freedenthal, Sheldon, & Andersen, 2008)。辯證式行為治療強調直接可以應用於處理 NSSI 行為上的問題解決、情緒調整、功能評估及行為分析。此外,認知行為治療(cognitive behavioral therapy, CBT)的技巧也是有用的,認知調整並減少全有全無的思考,可減少 NSSI 行為。即使某些青少年需要給藥來協助處理相關的共病,但是不服用藥物的介入方法已被證實有助於減少 NSSI 行為。最後,穩固的治療關係已被證實是特別重要的(Kress & Hoffman, 2008; Muehlenkamp, 2006)。自我傷害的青少年經常感覺疏離及被誤解,當他們與其他人分享他們的自我傷害想法和行為時,他們或許會感受到許多拒絕或嘲諷。與一個充滿關心的成人所建立的穩固治療關係,是介入的基礎,最重要的是,無論青少年的行為如何,都要有接納他的能力。

有關 DBT 或 CBT 的詳細資料,已超出本章的範圍,接下來對校方人員提供的策略是如何開始與 NSSI 行為的青少年一同工作:

- **建立關係**。在協助一位處於風險中的青少年時,治療聯盟顯得非常重要,而且它本身就具有療效。一個穩固且接納的治療關係,或許不足以消除 NSSI 行為,但它的必要性是有助於創造一種信任的氛圍,讓青少年感覺可以自在地討論他們在意的事情。即使並未直接與自我傷害學生進行諮商的校內工作人員,都可以在他們與這些學生互動時,應用一些基礎的案主中心治療技巧,例如

溫暖、同理，以及無條件地正向看待等。很重要的是，不要企圖降低這些造成學生自我傷害行為背後的感受，或是加以批判及教訓，一個聚焦於建立聯盟並灌注希望的和緩態度，會是更加有效的。

- **建立溝通技巧**。至少在某些學生身上，NSSI 行為是一種和他人溝通的方法，教導這些青少年用一些更健康的管道來表達他們的需要，是相當重要的。當我們和這些國高中生一同工作時，我們經常發現，對許多人來說，要辨別他們自己的感受，以及尋求表達感受的管道，是如此的困難。基本上，辨別感受一直被認為是學齡兒童具備的能力，但是當我們面對一些較年長的青少年時，特別是那些傷害自己的青少年，我們才發現，許多青少年還沒有學會這些技巧，如果這些學生無法辨識當時自己所感受到的情緒，我們實在沒有辦法告訴他們：「當你感到生氣或悲傷時，要讓其他人知道。」

- **表達情感**。一旦學生可以辨識他們的情緒後，他們需要一些適當的管道來向他人表達這些感受。教導有關情感的字彙和語言技巧是有用的。個別的練習有助於青少年找到健康的管道來表達痛苦的情感，例如透過舞蹈、藝術及書寫等，都是不錯的處理方式。

- **行為介入**。當學生可以辨識情緒並向他人表達之後，他們需要一些方法來協助因應這些負面的情緒。適當的行為技巧包括放鬆、藥物或運動等，都是有效的，自我安撫技巧上的指令也非常有用。最後，青少年需要學習發展出對負面情緒的耐受力，目標並非要擺脫一切煩惱的想法或感覺，但需要教他們「為自己騰出一些空間來處理需要完成的事情，以更能好好生活」（Chiles & Strosahl, 2005, p. 117）。

- **認知介入**。教育和練習一般問題解決及協商技巧是合適的。協助有 NSSI 行為的青少年辨識及改變自我挫敗和負面的想法，有助於他們承受心理痛苦的能力。自我傷害青少年常見的思考扭曲包括：

傷害自己是恰當的。

我的身體令人厭惡，而且應該要自我懲罰。

如果我不傷害自己，我可能會殺了我自己。

我無法控制我自己的行為。

很明顯地，這些扭曲的想法（包括其他的）代表著治療性介入的重要途徑。

● **安全計畫**。有 NSSI 行為的青少年需要一份安全計畫來協助他們了解，一旦他們開始感覺到被自我傷害的渴望壓得喘不過氣來的時候，他們可以做些什麼。安全計畫可以由校方人員在他們與學生一同工作時建立起來，但更多此類的計畫是學生和社區中的心理衛生專業人員共同訂立的，在這些案例中，當學生感到不安全時，校內專業人員可以被視為學生的另一項資源。安全計畫必須特別是為了因應那些侵擾想法及緊張情緒所訂立的健康策略，此計畫包括學生可參與的活動、適當的溝通建議，以及當需要時如何求助等。

🌿 法律及倫理考量

處理 NSSI 青少年的校方人員需要記得五項倫理及法律的考量：

1. 轉介及處理校內 NSSI 青少年的學校政策，必須符合國家法律和其他學校已經針對高風險行為所實施的策略（Nixon & Heath, 2009）。

2. 處理 NSSI 的政策需與所有可能要辨識或轉介 NSSI 青少年的校方工作人員分享，正如使用自殺防治教育一樣，必須廣泛訓練**全校**工作人員，包括公車司機、守衛和廚房人員。比起求助於學校諮商師或護士，許多時候，自我傷害的青少年反而比較信任這些工作人員，而談及有關他們的危險行為。

3. 角色的保密性需要加以考慮。校方教職員必須在他們需要通知家長，以及需要轉介醫療等情況下，評估 NSSI 學生的風險等級。當無法提供信任感時，可能發生更嚴重的自我傷害，教職員必須採取任何步驟來維持孩童的安全。一旦面對曾經有任何安全上的疑慮或自殺風險的青少年，我們寧可小心起見，並請其他人一同加入協助。

4. 校方工作人員必須清楚學校環境所能提供服務的限制，嚴重自我傷害的青少年無法在校內接受治療，教職員應該知道轉介社區醫療機構的程序，並可提供各種適合學生或家庭所需的轉介資源。

5. 處理 NSSI 青少年的校方人員，需記得留下所有與 NSSI 行為有關的會談紀錄、電話聯繫、評估、會談、轉介及報告（對主管當局和家長），因為這些變動的情況，都有出現訴訟的可能，或許需要提供已採取適當步驟的證明。即使學生的健康和福祉相當被關注，工作人員仍需保護好自己。

本章摘要

　　許多自我傷害的學生並不在意這些行為，而且並不想停止，即使校方人員和其他成人經常發現這些讓人憂慮和挫敗的舉止，但面對缺乏戒除動機，可能比行為本身更具挑戰性。或許這個態度有助於說明醫療專業人士提出，NSSI 是他們所遇過最讓人挫敗的案主行為之一（Kress & Hoffman, 2008）。重要的是，切記 NSSI 青少年的行為（不管如何弄巧成拙）其實是一種因應策略，我們都知道要放棄很快「有效」（或增強）的行為有多麼困難，即使這已經是長期的結果或無法控制的因應策略。任何已經厭倦戒菸、減重、健康飲食或使用放鬆策略來減壓的人都知道，這對他們是一項挑戰。

　　最後，記得這些重點：

- NSSI 的成因是複雜的，包括生理、心理和環境等因素。
- NSSI 並未證實導致自殺，無論如何，它與企圖自殺有關，而且對所有青少年評估自殺風險是相當重要的。
- 學校必須早在面對一位自殺學生或 NSSI 開始流行之前，就已制定好一套關於 NSSI 與自殺防治及介入的政策。
- 訓練如何處理具有 NSSI 行為的學生，對全校老師及工作人員都有益處。
- 需要用冷靜和同理的態度回應那些表現出 NSSI 行為的學生。

沒有人喜歡討論自我傷害行為。介入過程令人感到不安，出現生氣、厭惡或憐憫也是正常的反應，但是，藉由教育和訓練，校方人員可以對學生提供更合適的回應。或許當我們越來越經由「睜大雙眼」來開始著手解決 NSSI 的問題時，我們可以開始教育及提供學生諮商管道，得以讓他們找到更健康的方式，來表達心理和情緒上的痛苦。

校園自殺、自傷與暴力 ——評估、預防和介入策略——

第五章

自殺發生後
——校園模式的後續介入工作

　　在發生學生或學校教職員工自殺事件後，學校在後續這段時間裡扮演著非常重要的角色。在死亡事件發生後，學校會成為各種臆測與流言的溫床，有可能增加自殺的風險，或成為學生賴以取得訊息與支持等各種可靠資源的安全地點。在我們（D. Granello 和 P. Granello 博士）為許多學校擔任顧問與諮商師的經驗中，兩種結果都曾經出現過。我們曾經見過學校在發生自殺事件後，發展為更強而有力且更具關懷性的環境；但很遺憾地，我們也見過發展出不適切應變與模仿自殺的悲慘結果。造成這種差異的關鍵就在於學校是否準備好，並確實執行了自殺後續介入策略。

　　青少年自殺事件後的危機應變服務，稱為自殺後續介入。美國自殺學會（American Association of Suicidology, 1998, p. 1）將「自殺後續介入」定義為「對受到自殺事件影響的人提供危機介入、支持與協助」。全面的自殺後續介入策略必須要**在學校發生自殺事件前**便擬定好，讓校方人員能在事件發生後就立即按照其指導方針行動，以提升校園環境的健康與安全。在經歷危機的這段時間裡，不能急著決定要先做什麼，而是所有教職員工都要確實按照事先安排好的危機介入流程行動，以防止傷害擴大。

　　很遺憾的是，多數最佳的危機介入策略都是有些違反常理的。這表示如果我們在缺乏現有資源或研究背景的情況下便擅自行動，我們所執行的

策略，大多數可能都只會增加學生的自殺風險。儘管沒有人會有意提高風險，但如果我們擅作主張，特別是在自殺事件剛發生後的混亂期間，便很有可能再次發生不幸，這就是事前準備及預防工作如此重要的原因。

不久之前，我們剛應邀到某所學校協助自殺後續應變工作。（請注意，在下文中與該校有關的資訊皆已經過匿名處理。）

我們接到一位幾近發狂的校長來電，時間是在他所屬的這所教會學校裡，兩個月內出現第二名學生自殺死亡之後。過去在這所學校將近一百年的歷史中，從未發生過學生自殺死亡事件，然而，在一名高中二年級白人男學生於秋天自殺的兩個月內，另一名二年級白人男學生也自殺死亡。這兩名男學生都用同一種方式自殺（以相同手法在校園裡的相同地點上吊），極有可能是相互模仿的自殺行為。校方不太確定該如何應變第二起自殺事件，教職員工與學生們都害怕相同事件會再度重演，行政人員感到相當內疚，想知道是否因為他們的不慎而「導致」了第二起自殺。許多學生則相當憤怒，猛烈抨擊學生自殺是肇因於教師「漠不關心的態度」；一年級生則擔心二年級課程裡是否有什麼會讓學生想自殺的東西。謠言滿天飛，各種版本的內容完全失控地傳播開來，在接到電話的隔天，我們到達學校，當時整個校園都籠罩在痛苦與不安的氛圍裡。

當我們聽行政人員解釋他們如何應變學生死亡事件的過程時，便了解到這所學校並沒有任何自殺後續介入方案。在第一位學生自殺死亡後，整個校園都陷入悲傷情緒裡，而作為一所教會學校，行政人員選擇回歸信仰來指引他們的行動。他們舉辦點燃蠟燭及守夜祈禱儀式，取消正課讓所有學生到學校禮拜堂參加紀念活動，並降半旗致哀。學生也參與規劃哀悼儀式，他們設計特別的紀念徽章給所有同學佩戴，還製作大型的紀念布條，讓每個人都能寫下他們對這位已逝同學的回憶。表面上來看，這些行為好像既合宜又正向，至少工作人員們試著藉由信仰幫人們走出哀痛，對學生傳遞清楚的「校園是充滿關懷的環境」印象。

但在時隔數週，出現第二位學生自殺之後，行政人員暫停了這些紀念活動，開始上網搜尋相關應變方式。他們很快就發現到，他們處理第一起

自殺死亡事件的方式，極可能在無意中導致了第二起死亡，但是當這些工作人員試著用不同方式應變第二起自殺事件時，學生們卻變得相當憤怒。學生譴責行政人員們「不公平」，因為第一位自殺的學生曾經是相當受歡迎的運動員，但第二位自殺的學生個性卻有些孤僻，他們認為校方偏心，要求比照辦理所有紀念活動和守夜祈禱。以上，就是我們剛介入這間學校時的大致情況。

上面這個案例展現了自殺後續介入方案的爭議性，在後文的敘述裡，你會讀到，第二位學生的自殺極有可能與該校的應變方式有關。當然，因此就「指責」學校也是很不公平的──這名學生做了不幸又令人傷心的選擇，但別人並不需要為他的決定負責。即便校方在第一位學生死亡後，並未採取這些措施，他依然可能做出自殺的選擇，但是，學校還是能採取某些措施來將自殺行為傳播的風險**降到最低**。只要採用不同的應變方式，便很有可能得到完全不同的結果。

四個後續介入的主要目標

在廣義的自殺後續介入方案中，也制定了一些專門用以應變自殺事件的行為準則，而這些準則提供了在自殺事件發生後這段混亂艱困時期裡行動的架構。校方在制定自殺後續介入策略時，需按照下列四項大原則來進行：(1) 減少自殺行為擴散的風險；(2) 提供協助自殺遺族在應對自殺事件與傳達哀傷情緒上所需的支持；(3) 處理社會對自殺的汙名；(4) 傳遞正確訊息（Weekley & Brock, 2004）。在進行後續介入的過程裡，工作人員必須協助師生將焦點放在學習及維持一個健康的校園環境。

≫ 目標 1：減少自殺行為擴散的風險

模仿他人的自殺行為可能會導致自殺死亡事件的擴散，有時也被稱為集體自殺事件。這種自殺事件雖然相對來說較為少見，但卻最常出現在校

園、老年群體和情感緊密的社群（如同一社區或同一連的軍隊）裡。導致自殺行為擴散的原因相當難以論斷，但愧疚感、對逝者的過度認同或者行為模仿，都可能是原因之一。在所有青少年的自殺死亡事件中，集體自殺占了 1% 到 5%，也就是說，每年有 100 至 200 名青少年死於集體自殺（Zenere, 2009）。相關證據還顯示出，美國青少年的集體自殺率依然不斷在增加。

很顯然，遭遇自殺事件**本身**並不足以成為一個人模仿他人自殺的理由，換句話說，一位不具備自殺風險或心理衛生問題的學生，即使經歷同學自殺死亡，也不太可能會因此自殺。反而是精神層面較為脆弱的人，在經歷自殺事件後，模仿其自殺行為的風險極可能會增加。

還有某些學生也可能在模仿自殺方面有更高的風險：比如受到霸凌的學生、死者朋友圈中的人、同班同學、死者的男／女朋友，或其他感受到自己與死者有相同經驗的學生。兒童與青少年若相信自己與死者有相似的經驗或成長背景，就很可能過度認同這個人。在校園裡，這種情況常會在學生幹部或者受歡迎的學生及運動員自殺死亡後發生。

為了減少自殺行為的擴散，有些策略是學校應該（和不應該）採用的。

絕不將學生的自殺死亡美化或浪漫化，或者讚揚他們的行為

在死亡學生的私人置物櫃設置紀念區、降半旗、種樹紀念，或為其製作紀念徽章臂章等行為，都可能無意間增加其他學生自殺的風險。部分精神層面較為脆弱，或者感到孤單及被孤立的學生，都有可能因此將自殺視為一種讓自己在校園裡變得「受歡迎」或「被接受」的方式，而且大眾媒體及暢銷小說可能讓某些學生早已對自殺抱有一種「浪漫」、「轟動社會」的印象，看到上述這些紀念活動，更會讓這些學生直接將這些印象與現實連結起來。儘管經歷過同學自殺的學生一開始可能會對校方禁止他們在死者的置物櫃設立紀念區感到生氣，但在經過解釋之後，通常所有人都能理解校方禁止這些紀念活動的初衷。最後，與不美化死亡學生同樣重要的

是，也不該誹謗死者，較為恰當的說法應該為「這是一個做了錯誤決定的好人」。

不要用廣播或其他大眾傳播工具宣布學生的死訊

最好用小團體的方式告知，比如按照事先設計好的方式，在指導教室裡告知學生，讓教職員工能觀察到所有學生得知死訊後的反應，升高的自殺風險可能就潛藏於此。

不要舉行校園內的紀念活動或因此停課

再強調一次，我們的目標是減少學校社群的成員過度認同死亡學生的可能性。附近曾有一所高中在學校禮堂為自殺死亡的學生舉行葬禮，結果隔年在舉行葬禮的同一天，再次發生一起模仿自殺事件，而在過去的兩年之內，該校已發生三起自殺事件。

永遠不將自殺形容為「結束痛苦的方法」

自殺不但不能結束痛苦，反而讓所有被留下來的人都產生痛苦，而且自殺遺族終其一生都只能活在自殺事件帶來的負荷與悲傷中。當成人試著對兒童與青少年解釋自殺死亡時，很容易說出類似「他實在痛苦到不知該如何繼續生活下去了，於是選擇自殺作為結束的方式」這種話，但這樣的敘述方式，極可能在無意中讓兒童及青少年認為自殺是一種讓他們停止痛苦的途徑。

盡量不要討論自殺死亡事件的細節

學生們可能會問很多問題，而且相當容易被自殺死亡事件的細節所吸引，然而，太詳盡的細節可能會鼓勵自殺行為的擴散，因為學生們有可能從這些細節裡學到死亡學生的自殺方式，並加以模仿。

所以，為了將自殺行為擴散的可能性減到最低，自殺後續介入方案相當重視能讓學生表達哀傷，卻又不增加其自殺風險的工具策略。由此觀點來看，我們可以發現上文所提到的高中，在兩名學生的死亡後續處理上，犯了多少（善意的）錯誤：首先，學校高層為自殺事件在校園裡舉行集會

和紀念儀式，還停課鼓勵學生出席這些場合，而這些行為可能讓第二位較不受歡迎或被孤立的學生開始相信，在學校得到注意與接納的方法，就是透過自己的死亡。第一位死亡的學生是受歡迎的運動員，這可能為第二位自殺學生提供了一個不恰當的模範，第二位學生有可能會從這些紀念活動中聯想，如果自己也同樣死去，整個校園會怎麼談論自己、班上同學又會如何為自己哀傷。此外，學校還允許學生討論該第一起自殺過程的所有細節，結果模仿自殺事件採用了完全一樣的方法。最後，讓學生們佩戴特製臂章與徽章來紀念第一位死亡的學生，這再一次對某些同學、也許包括第二位自殺的學生而言，是一種能讓自己在校園裡變得出名又受歡迎的動人方式。儘管這些活動都不是直接**導致**第二位學生死亡的原因，但它們可能讓自殺行為在這位學生心目中變得更具吸引力。

我們在第二次自殺事件發生後，與該校的學生幹部們開會時，因為當中有很多人都為不能佩戴臂章或紀念徽章來悼念逝去的第二位同學而感到生氣，此時，校方高層已經開始尋求更適切的後續介入應變方式，並發現這些紀念儀式可能會在無意之間美化學生自殺行為。學生們覺得校方「不公平」，他們指控校方「比較喜歡第一位過世的學生」，或試圖「讓學生閉嘴」，以免影響未來招生時家長對學校的評價。當與這群學生見面時，我們解釋了儘管大家都是出於好意，但為何這些紀念活動會影響精神上較脆弱而容易受影響的同學。雖然幾乎所有的學生幹部都能理解，並放棄他們原有的立場，但有一名女學生仍然非常憤怒。她質疑：「難道只因為有 5% 的學生精神上比較脆弱，可能做出錯誤的理解，其他 95% 的健康同學就不能舉辦紀念活動嗎？」我們回答：「沒錯，我們**就是**這個意思。」事實上，我們這些心理狀態相對較為健康的人，**的確有義務**去協助其他狀況較差的人，這雖然不是一項簡單的人生課題，卻相當重要，包括這名女同學在內，沒有人是想故意造成他人情緒痛苦的。後來這名女學生停止憤怒，並開始思考，冒著再失去另一位同學的風險來捍衛自己佩戴徽章和懸掛紀念布條的權利，究竟值不值得，當然，最後她讓步了。

如果在第一位學生自殺之前，學校就已經開始實施全面性的自殺防治

計畫，這一連串事件也許不會發生。學校行政人員對待這兩起自殺事件，會有一致的應變方式（甚至可能根本不會發生第二起自殺事件），而且學生能得到真實的資訊，並被教育有關校方採取這些後續介入措施的原因。

≫ 目標 2：提供支持

當然，學生們在第二起自殺事件後會如此憤怒或懊惱，至少有一部分的原因是認為校方或工作人員做得太少，但更大一部分是學生同時感覺到驚嚇、內疚、生氣、悲傷與不知所措。為了有助於處理自己心中的複雜感受，部分學生尋找一個能讓他們加以抨擊的對象（或團體），用別的東西取代憤怒（如將情緒發洩在別人身上，或抗拒自己的真正感受）其實是司空見慣的現象。我們只需要看看對父母生氣而怒踢小狗的學童，或由於對上司生氣而用手捶牆壁發洩的人，就能理解情緒是如何影響我們的生活。在這間學校的例子中，學生們感受到的各種情緒裡，也包括對自殺同學的憤怒，然而要在感到憤怒的同時，還為對方的逝去感到悲傷，是很困難的事，因為他（她）同時也已經逝去了，這可能更容易（或更安全地）透過對行政人員的生氣來取代。當然，校方的確做了一些讓學生不高興的選擇，但他們的憤怒有一部分與學校所做的選擇無關，而是肇因於他們感受到的紊亂又不舒服的情緒。因此，一套幫助學生用適當方式處理他們複雜情緒的自殺後續介入方案，能幫助學生順利度過困難的悲傷過程。

自殺的哀傷和其他類型的哀傷是不同的。大多自殺遺族（在經歷過親友自殺事件後繼續活下來的那些人）表示他們同時感受到內疚與憤怒（對自殺死亡的人、對自己、對其他並未提供幫助的人、對神佛，甚至對整個世界）。事實上，與其他因為謀殺、意外或疾病而痛失所愛的人相比，自殺遺族：

- 相較其他族群有更強烈的悲慟反應。
- 更容易覺得自己應該為死者的死亡負責，且相信自己當時若多做些什麼，自殺事件就不會發生。

- 更容易發生自傷行為。
- 有更多羞恥感，並覺得被拒絕（Bailley, Kral, & Dunham, 1999; Silverman, Range, & Overholser, 1994-95）。

在校園裡，那些知道有同學正處於高自殺風險、甚至知道對方的自殺計畫卻幫忙保密的學生，或自詡身為有自殺傾向同學之「治療師」的學生，其實本身也處在更大的自殺風險裡。這是更值得注意的問題，因為研究顯示絕大多數知道同儕有自殺傾向的兒童及青少年，都無法採取適當的介入方法。事實上，儘管有 85% 自殺死亡的青少年生前曾將自己的自殺計畫告訴他人，且 90% 都表現過明顯的自殺警訊，但只有 25% 的青少年表示，如果他們發現有同儕想要自殺，會將這件事告訴大人（Helms, 2003）。所以，在有學生自殺死亡後，可能會有許多曾經知道過他自殺意念的同儕感到強烈的悲痛，因此這些人也會有更多自殺風險，必須有額外的支持與協助來幫他們走過哀傷歷程。

自殺後續介入策略中，必須有幾種不同的情緒支持方式，讓需要立即協助的學生能被快速轉介到諮商與關懷機構，也要有能長期提供協助的服務方式（不管是由學校，或經過認證的校外輔導機構都可）。

≫ 目標 3：處理社會對自殺的汙名

人們對自殺議題總是充滿忌諱與汙名。平時我們談論精神疾病時就已遭遇一些困難，但談論自殺議題甚至是個更大的挑戰。自殺汙名甚至會助長各種自殺迷思的形成，其中最危險的一個迷思就是，談論自殺會導致自殺行為的發生。事實上，**用適當的方式**討論自殺議題，是自殺防治工作中很重要的一環。一項針對超過兩千名青少年的研究證明，有憂鬱傾向的青少年在課堂中參與過自殺議題討論後，自殺意念反而會降低；而且，對曾經嘗試過自殺的憂鬱症青少年，也能藉由討論相關議題而使他們的自殺意念**降低**（Gould et al., 2005）。給予兒童及青少年正確的技巧、資訊，以及**允許**他們討論心理衛生、精神疾病與自殺防治，這是很重要的。適切的

自殺後續介入方案能夠協助減少關於自殺的汙名，並教導遺族相關技巧，鼓勵他們談論自殺，以及自殺事件對他們生活所帶來的影響。

≫ 目標 4：傳遞正確訊息

在發生過自殺事件後，謠言、八卦和傳聞可能會很快席捲整個校園，並完全失去控制。由於現代社會手機通訊及傳播媒體的發達，新聞（和謠言）在學生間能飛快地傳播出去。所以，自殺後續介入必須要給予學生有關自殺及自殺防治正確的、經過深思熟慮的、適性發展的相關資訊。一般來說，發生自殺事件後，並不是在校園中進行自殺防治方案的好時機，但在自殺後續介入期間提供給學生的所有資訊，仍有助於提供正確的自殺防治教育。這些資訊能夠利用班級課程施教、製成單張讓學生帶回去給家長，以及在自殺後續介入期間過後，重新開始常規自殺防治教育時，也能將這些訊息放進去。但用大型集會的方式傳遞這些訊息並未被證明有效，而且如果在自殺事件發生過後進行這種集會，還可能無意間讓這起自殺死亡事件造成聳動。但必須釐清的是，注意不將自殺事件美化或變得聳動，**並不等同於不去討論這件事**。恰好相反的，在自殺事件發生後（坦白說，甚至是在發生自殺事件之前），年輕人就會彼此討論自殺了，他們可能用閒聊、簡訊或網路搜尋的方式討論自殺，甚至記錄下來。如果他們無法得到適切的正確資訊，就會用任何他們自己能找到的訊息來填補空白。理想狀態是學校裡應該要有持續並具有發展性的自殺防治課程，這並不是自殺後續介入方案所能取代的。無論如何，在發生自殺死亡事件之後，必須提供學生關於自殺風險的事實以及精神衛生相關資源，以杜絕流言。

校園模式的自殺防治教育課程著重在傳遞給學生兩項重要訊息：如果有需要，就必須求助；以及如果你認為某個朋友有自殺傾向，一定要告訴大人（D. H. Granello & Granello, 2007）。這兩項訊息同時也是自殺後續介入時應該向學生強調的，學生必須知道如果他們想找人談談他們的擔心時，可以使用哪些資源（如學校諮商師、校護）。

後續介入計畫

自殺後續介入計畫最關鍵的部分，就是在有自殺事件發生前，**即需發展出一套成文的流程及指導準則**，並廣泛加以宣導，讓每個人都清楚並了解自己的角色與責任，且在公告實施後徹底落實。自殺後續介入團隊必須受過完整的訓練，並隨時準備好將計畫付諸行動。美國自殺學會（American Association of Suicidology [AAS], 1998）已經發展了一套適用一般學校的後續介入計畫，在本章最後也列舉了一些資源，能夠幫助學校自己發展類似的計畫。下面列舉的幾項步驟只是一般行為準則，從許多不同的機構摘錄而來，包括 AAS 行為準則、以校園為基礎的兒少自殺防治守則（2003）、緬因州兒少自殺防治方案（2009），還有 Brock（2003）以及 Weekley 和 Brock（2004）有關後續介入的發表等。

1. 聯繫警方、法醫辦公室或當地醫院，以確認當事人的死亡原因。
   - 在開始實行自殺後續介入計畫前，必須先確認當事人死因為自殺。由於難以確認死亡原因的狀況相當常見，故必須由醫療專業或法醫做出自殺死亡的判定才可以。就算是最明顯的自殺案例，也不應未經官方鑑定便遽下結論。
2. 通知死者手足就讀學校的學校負責人及工作人員。
3. 聯絡死亡學生的家屬，並表達慰問之意。
4. 通知並啟動學校的危機處理團隊。
   - 使用電話聯繫網絡或其他方式，讓所有人都能**直接**與危機處理團隊**聯繫**。
   - 確認危機處理團隊中的每位成員都依預先指定的，在自己的工作崗位上確實執行任務（如危機協調人員、媒體公關、醫療事務聯繫人員、維安負責人、家屬聯繫人員等）。
   - 按照介入計畫向學生與家長傳達消息。
5. 安排時間及地點以通知教職員工。
   - 可能的話，在開始上課前先安排晨間會議。

- 事先告知教職員，學生聽到自殺死亡事件時可能會有的反應。
- 代課老師及其他學校工作人員（如廚工、警衛、公車司機和祕書）也必須一起參加會議。
- 留一些時間讓教職員工發問或表達感受。
- 再次釐清已預先安排可提供給校方人員、學生及家長的支持性服務中的各項步驟（如悲傷輔導、關懷協談等）。
- 提醒教職員工有關自殺行為擴散的可能性，並強調需落實自殺後續介入計畫，以避免自殺的擴散。
- 要求教職員工找出任何有狀況的學生，並確定如何監測有危機的學生。

6. 啟動應變媒體的相關機制。
- 宣布校方要用什麼方式應變媒體。
- 提醒學校工作人員不要回應報導內容、傳播謠言或反覆敘述自殺事件，所有問題都由媒體公關統一回覆。
- 強調校方的媒體應對準則是盡量減少自殺行為的擴散。

7. 聯繫社區支持服務、當地精神醫療機構、學校諮商師與神職人員，一起進行危機處理工作。
- 留意與死亡學生有相似生理或心理背景的學生，並在有需要時加以轉介，他們可能是自殺的高危險群，例如死者的手足、班上同學、朋友、男女朋友、認同死者的學生，以及任何在自殺事件期間其自殺風險可能升高的對象（如：有精神疾病、缺乏壓力應對技巧，或缺乏支持系統的學生）。

8. 用自殺後續介入方案所訂定好的方式，向學生宣告死訊。
- 以一對一、小團體或班級為單位的方式告知學生。如果可能的話，請導師或其他學生熟悉信任的成年人在同一時間告知學生一樣的訊息（比如在各班自己的教室裡）。
- 負責宣布訊息的老師或其他人應事先擬好宣布自殺事件的說明稿，並且辨識出可能需要額外協助的學生。

- 自殺事件的告知方式必須誠懇而直接，並只告知已經正式證實的消息。如果死亡原因還未被法醫宣判為自殺，就只要告訴學生死因尚未明瞭。
- 容許學生有足夠時間反應及討論，但禁止談論自殺細節。
- 將自殺描述為錯誤的選擇，而非停止痛苦的方式。
- 使用「自殺死亡」或「死於自殺」的敘述方式，比「完成自殺」或「成功自殺」來得妥當。

9. 為了安全考量，允許學生在無人陪伴的情況下離開校方工作人員視線時，要非常小心。
- 鼓勵學生留在學校裡，並維持日常校園活動。
- 執行加強注意學生出勤狀況的系統，並只有在取得家長同意的情況下才允許學生早退。
- 如果對某位學生的安全感到有疑慮，在無法通知到家長的情況下，可以與警察合作。

10. 盡可能立刻提供家長或監護人注意事項說明單張，讓他們也能準備好，並有能力去支持自己的孩子。
- 注意事項中應該包括說明學校如何應變這次的危機事件，並提供各種相關資源，包括兒少自殺防治、在地轉介機構，以及校方處理相關疑問或可提供更多訊息的專責人員。
- 召開家長會議以提供更多資訊，或解答家長關於如何幫助孩子處理哀傷的問題。

11. 應有危機處理團隊協助死亡學生所屬的班級。
- 觀察死亡學生所屬班級其他學生的互動狀況，有需要時並加以追蹤。

12. 設立支持據點和諮商室，並對學生宣導它們的功能。
- 一定要記錄前來求助的學生身分和他們的求助時間，有需要時追蹤這些學生。

13. 確認學校走廊和餐廳都有教職員工能隨時見到及看顧學生,讓學生有安定的感覺。

14. 請祕書或負責接聽電話的工作人員按照訂定好的講稿,回答致電到學校詢問自殺事件的人。

15. 按照自殺後續介入策略中所擬定的方式,來監測並協助自殺風險可能提高的學生。

   ■ 對遺族提供更多對於自殺喪親哀傷的支持性服務及教育。

   ■ 盡量長期追蹤這些學生(有需要的話,也包括學生親屬)。

   ■ 確保每位學生都知道自殺防治專線的電話號碼。

   ■ 在特殊時期(如節慶/紀念日、特殊活動期間,和過渡時期)提供額外的支持性服務,因為對於經歷過自殺死亡事件的學生來說,這些特殊時期是一個艱難的時刻。

   ■ 特別注意與死亡學生在同一個同儕團體、朋友圈、工作團隊、男女朋友,或風險特別高的學生,鼓勵這些人說出他們對自殺事件的反應。因為在後續介入期間對這些學生的關懷,也許能降低未來自殺行為發生的可能性。

16. 在危機發生及後續介入期間,每天進行教職員工的分享敘說。

17. 重新安排任何會讓學生感到壓力的考試或測驗時間,但仍要盡量試著維持正常的校園作息。

   ■ 照常開放學校,並盡可能持續進行常規校園活動。

   ■ 在校方關注那些正處於哀傷的學生時,也必須記得,所有學生受到死亡的影響並非是相同的。

   ■ 傳達「儘管我們都很傷心,但生活仍要繼續過下去」的觀念。

18. 將葬禮的訊息告知學生及家長。

   ■ 與死者家屬討論,如果可能的話,是否能將葬禮安排在學校放學後的時間。如果不行,允許學生在取得家長同意後請假出席葬禮,也必須宣布學校對學生請假前往葬禮的相關規定。

■ 避免讓葬禮在校園中舉行。這不僅可能將學生的死亡美化，也提高了讓某些學生將舉行葬禮的場地與「死亡」做連結的可能性。

19. 為學生及教職員工提供長期悲傷輔導服務。

■ 協助師生走過哀傷歷程，同時，校方需了解，對某些學生而言，這可能是他們第一次經歷死亡。

■ 允許學生表達他們的感覺，但要小心勿將過多的注意力擺在「死亡」上，對精神上較易受影響的學生而言，此舉反而可能會讓他們受到自殺念頭的吸引。這必須要採取一個周延且深思熟慮的方法，以取得精準的平衡。

20. 盡可能地長期追蹤被評估為處於風險中的學生。

■ 若學生的需求超過學校所能提供的服務，需使用校外的轉介資源。

21. 在舉行紀念活動時，需更加謹慎地監測。

■ 適當的紀念活動必須經過審慎選擇，盡量減少將自殺行為美化的可能性。

■ 與其舉行紀念活動，不如鼓勵學生投入社區（而非學校）的兒童及青少年自殺防治活動，如參加自殺防治健走活動等。雖然有些遺族或學生會堅持向他們已故的親友致敬，但或許可以告訴他們，將這份心力轉而投入對生者的公益活動中會更有意義。

■ 強力推薦校方發展出一套關於過世學生紀念活動的計畫，這項計畫要避免給予自殺學生多於（或少於）因其他原因死亡之學生的關注，比如在學年刊物或報紙上刊登規格一致的紀念詞，很多學年刊物的編輯部對於如何製作紀念獻詞，都可以提供一套考慮周詳的指導原則。大體而言，若所有過世的學生都以同樣方式公平地被紀念的話，就能消除某些學生因生前特別受歡迎，或因特殊原因死亡而獲得更多關注的情況。更進一步來

說，這樣的計畫也有助於學校師生維持校園常規作息，而不是在危機時刻完全被強烈情緒所駕馭。

22. 按預先規定的程序，清空過世學生的置物櫃，並將遺物交還給家屬。允許家屬決定是否他們希望能自行做這件事，或者讓校方代為整理後交還給他們，如果家屬希望能自行整理，提供一個不受打擾的時段，並支持他們如願完成這件事。

23. 決定如何追贈文憑、運動員資格或其他證明給過世學生。學校最好能事先發展一套關於畢業典禮和授證資格的規定，並按此執行，比如校方打算給予過世學生榮譽學位時，該標準應事先確定，以提供所有學生一致和公平的對待。

24. 提供危機處理團隊支持，讓團隊成員敘說在後續介入期間受到的次級創傷。

25. 依照後續介入方案的規定，記錄所有活動過程。

- 將本次介入過程中的經驗與學習，用以改善學校的自殺後續介入計畫。

面對媒體

很遺憾的，自殺事件可能是相當有價值的新聞素材，尤其當死者是兒童或青少年的時候。在有人自殺後，這起事件極有可能被當地媒體報導出來，特別是當這件事是發生在鄉下或小城鎮裡，無論如何，研究已經證實，媒體報導自殺事件的方式對自殺行為的擴散是有相當影響的。大眾開始對媒體在自殺行為中所扮演的角色有所覺察，是在 1980 年代，奧地利維也納一名男子跳下電車月台自殺的事故發生之後。當時在這起死亡事件發生後，電視媒體用一系列相當聳動而戲劇化的報導來描述這起自殺事件，並在晚間新聞重播時，將這種聳動的氣氛炒熱到頂點。結果在接下來的數週，甚至數月裡，同一條地鐵路線上出現了好幾起模仿自殺事故，那些新聞報導顯然增加了自殺事件發生的風險。於是該地區改變了媒體報導

的方式，結果在六個月之內，地鐵自殺或未遂的發生率降低了超過80%。更值得注意的是，不僅臥軌自殺，**所有自殺死亡率**也顯著降低了（Etzersdorfer & Sonneck, 1998）。

在這個事件之後的數十年裡，我們學習到更多可能經由媒體降低（或增加）自殺行為擴散的方式（American Foundation for Suicide Prevention [AFSP], American Association of Suicidology [AAS], & Annenberg Public Policy Center [APPC], n.d.）。事實上，建議針對媒體對自殺事件報導方式進行改善，已經被證實能降低自殺率，更有研究證實下列報導方式會增加讀者或觀眾的自殺風險：

- 自殺個案報導的增加。
- 用大篇幅或許多故事來報導特定自殺事件。
- 將自殺死者的故事放在報紙頭版或廣播頭條。
- 用戲劇化的標題報導自殺事件（如最近出現的某標題：「10 歲男孩，因成績太差而自殺」）。

媒體的力量顯然足以對自殺行為與自殺防治造成影響。負責任的媒體對自殺事件所下的標題，應該要能讓觀眾了解造成自殺的可能原因、事前有何警訊、自殺率的趨勢，及現有的介入方式。儘管就媒體角度而言，自殺事件是相當有新聞價值且應該要被報導的，但若未遵守適當的報導方式，這些報導就有可能產生傷害。

當兒少自殺事件發生時，學校經常是媒體第一個去蒐集資料的地方。所以學校的自殺事後介入計畫中，必須包括校方面對媒體的方式，以及報導學生自殺死亡新聞的正確指引。值得注意的是，就像我們在前文中協助女學生理智地決定不為第二位自殺的學生舉行紀念儀式一樣，顯然大多數記者都不希望他們的報導會助長自殺行為的擴散。事實上，大多數人都希望能做對的事，而且每個人都有參與自殺防治、對其他人教育自殺正確觀念及預防自殺策略的責任，包括媒體。

從我們自己的經驗裡，就有一個故事可說明這點：

我們的住家位在中西部一座大城市的郊區，後院正對著城市公園，公園的另一邊則是一所中學。某天下午接近放學時間，一個男子騎著腳踏車到公園裡，走進小樹林中舉槍自盡，當時剛從學校離開的學生都聽見槍聲，幾個步行穿過公園回家的學生發現了這名男子的屍體，並用手機打 911。幾分鐘之後，公園就擠滿了警車、消防車和急救人員，學生們被集中在公園的安全處，等警察來做筆錄，他們被嚇到了，而且相當害怕。不久之後，我們家附近的街道上都擠滿了電視台採訪車、報社記者以及其他媒體工作人員，每個人都興奮地想拿到有關「可憐無辜的白人鄉下學生，在放學途中遇到可怕自殺事件」的獨家新聞。家長們也跑進公園裡陪伴自己的孩子，場面一片混亂。我們坐在自家後院目睹了後面發生的事，並感到相當生氣：在這些學生逐一被警方詢問過後，只要一經允許離開，隨後立刻就被大批電視攝影機和麥克風包圍。我們於是上樓列印了一些關於自殺報導的媒體守則，拿到公園裡分發，並告訴所有願意傾聽的人，聳動的自殺故事可能會產生具傷害性的效果，我們告訴他們有關於自殺行為擴散的可能性，以及這些發現屍體的學生有可能會因此在學校裡成為非自願的「校園明星」。我們提醒每個和我們交談的記者，用造成另外一個人死亡的可能性來換取一篇刺激的報導是不值得的，那些記者聽進去，也了解了。大部分的人將這些媒體守則單張帶回他們的報社或電視台，那天晚上我們大略瀏覽了所有晚報和當地新聞節目，完全沒有找到這起自殺的相關報導。隔天，在報紙後面幾頁都市新聞版面中，有一小段關於一名尚未被證實身分的男性在當地公園飲彈自盡的報導，內容完全沒提到事發地點接近學校，且屍體是由學生發現的事。

那天我們學到了非常寶貴的經驗。如果我們希望媒體做負責的自殺報導，那我們就有責任要教育媒體，大多時候他們能聽進去，因為我們所有人都同意自殺防治是大家共同的責任，每個人都必須做自己能做到的部分。

下面幾項指導準則能協助學校面對媒體追蹤學生自殺事件，這些守則是以 AFSP、AAS 和 APPC（1998），以及 2003 年「以校園為基礎的兒少

自殺防治守則」為基礎發展出來的。

一般而言，被學校指派面對媒體的校方人員**應該要**：

- **在自殺事件前**就具備預先設計好的工作程序，並在自殺後續介入期間，擔任優先與媒體互動的角色。
- 在與記者對話之前，先寫下談話要點，並對學校能與媒體分享的資訊有基本的認識。
- 對遺族表達適當的關懷。
- 提供適當的正確資訊（特別是年級和年齡）。
- 承認自殺事件（若已經由法醫確定為自殺的話），但避免談論死亡細節（如自殺方式、地點等）。
- 鼓勵記者提供能增加大眾對自殺危險因子與自殺警訊之察覺的相關資訊，而非關注自殺事件本身。
- 提供當地社區及學校在自殺防治與危機介入方面的資源。
- 提供記者報導自殺事件的媒體守則，並與其討論自殺行為擴散的危險性。
- 鼓勵他們將自殺報導放在報紙內頁或電視新聞末尾，而非頭版或頭條新聞。
- 將自殺事件及死者描述為「一個做了錯誤決定的好人」，並告知自殺背後的原因相當複雜，沒有任何答案能簡單地概括人們為何會做此決定。包括這位學生生命中正向的一面也可呈現出來，以讓他能有較為平衡的形象，同時也要減少讓同儕過度認同死亡學生。

大體而言，面對媒體的學校工作人員**不應該**：

- 對自殺的解釋過度簡化，自殺行為永遠不是由單一事件或因素所造成的。
- 將自殺變得危言聳聽、浪漫化或頌揚自殺行為。
- 使用自殺死亡學生的照片。
- 在校園刊物的標題使用「自殺」字眼。

- 採用悲傷的同學、朋友、家人，或老師的照片或感言，讓自殺對校園的影響顯得戲劇化，這可能會增加自殺行為的擴散。
- 允許學生或教職員在電視或報章雜誌上敘說他們自己的自殺意念，或與自殺有關的經驗，這可能會造成對死者的過度認同。
- 提供自殺的細節或過程描述。
- 將自殺形容為「停止痛苦的方式」。

美國預防自殺基金會（American Foundation for Suicide Prevention）的網頁（www.sprc.org/library/at_a_glance.pdf）上可以找到完整的指導守則「自殺報導：針對媒體自殺新聞報導處理原則建議」。

最後，校園刊物能提供分享適切求助資源的正向價值觀。許多學校刊物（或家長通知書）裡有刊載學生心理衛生資訊及自殺危險因子與警訊，而在自殺死亡事件發生後的數週至數月中，將這些訊息傳遞給學生知道是非常重要的。報導內容不應直接指出自殺，而是簡單地標示如何維持最佳心理健康的「健康提醒」，以及到哪裡可以尋求協助就好。例如在大考或開學之前（即寒暑假），學生及家長的刊物裡可以提供「壓力管理」相關報導，並將重要資源含括在內。在我們的大學裡，無論學生自殺事件在什麼時候發生，學生刊物都不會提及死亡事件，但會加入求助及心理衛生資源的資訊欄位。如此一來，不知道自殺事件的學生不會因此得到自殺相關訊息，但對原本就知道這件事的學生（或者因**任何**理由感覺情緒受創的學生）而言，則能藉此提醒，校園中有些人是樂意且有能力提供他們協助的。這類的文章及大眾宣導服務應該要被含括在每所學校的媒體應對策略中。

🍃 本章摘要

自殺後續介入，是以校園為基礎的自殺防治工作中相當關鍵的內容，但它時常被誤用，或未被確實執行。學校工作人員往往是等到有學生自殺了，才手忙腳亂地試圖善後，然而在這種情況下，犯錯幾乎是無可避免

的，也從而導致無可挽回的後果。如果你是教職員工，立刻去檢視學校的自殺後續介入策略，如果學校沒有相關方案（或者已經過時了），現在就要著手制定。這是你可以協助你的學校減少校園自殺行為擴散最重要的事情之一！

> ## 學校自殺後續介入計畫的相關資源
>
> ◆ **美國自殺學會（American Association of Suicidology）的學校自殺後續介入守則**
> 這套守則開放學校購買。
> 網站：www.suicidology.org
>
> ◆ **緬因州兒少自殺防治、介入，及後續介入守則**
> 這是緬因州發展的工作方式，但在其他地區也同樣適用。這套守則已由自殺防治資源中心推薦為自殺防治的「最佳實務」。
> 網站：www.main.gov/suicide/
>
> ◆ **以校園為基礎的兒少自殺防治守則**
> 這套能免費下載的守則，為校園自殺防治、評估與後續介入提供了一些很有用的練習題與檢核表。
> 網站：http://theguide.fmhi.usf.edu/

第二部分

暴力的評估、
應變與後續介入

第六章

與暴力、潛在暴力學生及其家人進行面對面臨床會談

面對面臨床會談

對筆者（Juhnke 博士）而言，似乎已經是走到哪裡就被「會談」到哪裡。當我走進一家最新的大型商場時，一名 17 歲的「銷售顧問」和我打招呼，由他「會談」以決定我是否可以取得這家店的高級折扣卡。根據這位「專家」，他可以知道我的購買習慣是否符合一個既定的顧客資料，如果我的資格符合，高級折扣卡會讓我省幾百塊錢。當我從印度某公司的客服中心訂購印表機碳粉匣時，我不斷地被客服代表「會談」。不管我持續抗議，接線生宣稱他們「必須」面談我來了解我的列印習慣。如果這樣做，他們會「幫助」我決定是否買這公司的「特惠碳粉匣組」對我最有利。最近有個服務生對我「會談」，以確定我是否稱得上是「一位有足夠能力鑑賞紅酒的人」，才能來訂他們餐廳定價過高的酒。由於只想吃晚飯不想被「會談」，所以我離開了現場。

我懷疑我們的學生和其家人都經歷過類似的「會談」，通常都是偶然發生的，由一個手握特定內容想要銷售特定服務或產品的人單方開始對話。多數時候，進行「會談」的人是為了我們的學生好，但往往這些會談的專業度遠小於他們所宣稱的。造成的有害結果就是，一般會認為「會

談」和無聊的對話差不多，而這些對話常是沒有熱忱的非專家嘗試想要為學生迫切的需要提供些什麼。

與潛在暴力學生進行面對面會談時，真誠是最重要的原則。進行面對面會談的學校諮商師和心理衛生專業人員至少都有碩士學位，他們的碩士學位有特別要求與學生發展狀態及衡鑑有關的課程。換句話說，學校諮商師是專家，我認識的學校諮商師對他們的學生都很投入，通常他們全部的焦點都會放在他們所服務學生的利益上。因此這一章提供我們了解日常對話與臨床會談的差異。此外，本章介紹如何進行面對面臨床會談，以及如何使用「暴力學生量表」（VIOLENT STUdent Scale）來協助臨床判斷，並促進正向臨床介入的可能性。

>> 日常對話與面對面臨床會談的比較

很遺憾的，有些人誤以為日常對話與面對面臨床會談差異不大，他們認為面對面臨床會談是簡單的對話，這大錯特錯。Kadushin（1983）指出八點日常對話與面對面臨床會談的差異，是學校諮商師需要知道的重要項目，這些差異包括：

1. 個別面對面臨床會談有特定的目的與用途。
2. 諮商師主導臨床會談，選擇要探索的內容。
3. 諮商師與學生之間的關係是不對等的，諮商師會向學生提問，而由學生來回答。
4. 諮商師正式安排臨床會談。
5. 互動是臨床面談的主要關心項目。
6. 諮商師的行為是計畫安排好的。
7. 大多數的情況下，諮商師接受學生對臨床會談的請求。
8. 討論情緒變化和創傷經驗是無法避免的，而且會討論這些經驗的細節。

因此，日常對話與臨床面對面會談之間有重大差異，最大的差異是臨

床會談是臨床目的取向的。在這一章當中，面對面會談的主要臨床目的是評估一個學生立即的暴力風險，惟有技巧熟練地進行暴力評估，才會有後續有效的介入。

≫ 一般面對面臨床會談的益處

除了上述日常對話與面對面臨床會談的差異外，臨床會談豐富了評估過程，也可能對學生有益。例如，臨床會談對學生來說，比電腦化評估親切。臨床會談提供學校諮商師有機會讓學生提供更多訊息，並對於學生不清楚的反應、矛盾的說法或表達，以及情緒表露做進一步的澄清。當評估感到困惑且不知道有非暴力選擇的潛在暴力學生時，這些資料極為重要。如果諮商師在會談過程中對學生的反應不確定，諮商師可以再問一遍，或要求澄清和傷害他人有關的想法。此外，不像僅能讓諮商師和學生有限互動的電腦化輔助測驗，臨床會談增加了與學生的互動，並且建立基本的關係。

再者，高度焦慮、情緒化或躁動不安的學生最好能夠在會談中與諮商師建立關係，而不僅是將重點放在電腦化的測驗問題上。必要的時候，諮商師可以透過語言指導學生放鬆或冷靜；也可以對生氣或不穩定的學生口頭建議，建議短暫休息，讓他們可以在臨床會談過程更專心。也因此處於憤怒的學生可以獲得必要的支持，這樣能協助有效地穩定他們，也可以促進成功的資料蒐集。

臨床會談的另一個好處，是可以在面對面會談期間直接觀察學生。換句話說，諮商師就坐在面前，可以讓他們看到在會談過程中，學生對不同主題重要的非語言反應，毫無疑問這是面對面臨床會談最重要的益處之一。舉例來說，諮商師會對於迴避視線交會的學生產生顯著的臨床印象，特別是在提到可能的暴力念頭，或在提到過去暴力經驗時出現躁動不安的情況，這些非語言反應需要進一步深入調查及探究，以確定可以提供最佳的諮商治療與支持服務。

最後，在臨床會談過程中，學生可以自由表達他們的擔心。這尤其與學生的不同文化有關。在臨床會談中，可以提供非主流文化的學生一個機會，來說明文化脈絡如何影響他們的經驗，以及預測未來的行為。臨床會談提供諮商師與學生雙向溝通機會，更重要的，學生被鼓勵要教育諮商師從學生的文化脈絡來看他們擔心的事。換言之，學生不僅僅是被外部資源——學校諮商師——評估，而是實際上在評估過程教導諮商師從文化背景來看學生關心的事。所以，臨床會談鼓勵學生形塑諮商來符合他們的需求，學生會了解他們協助引導諮商歷程，也有改變他們自己暴力想法和行為的能力。

我們真心相信，對暴力或潛在暴力學生使用面對面臨床會談有很多潛在的好處。然而，就像任何好的諮商師一樣，我們知道生命中很少有完全好和完全壞的事，臨床會談也一樣。有些潛在的使用限制，我們非得提這部分不可，我們相信最常見的限制是潛在的錯誤，就像「生存評估工具」（live assessment instruments）一樣，諮商師容易犯下一些錯誤，諮商師可能無意中提供了一些特定的線索，例如臉部表情、聲調變化或眼神交會，這些行為或許會讓學生非故意地就照著固定答案回答。此外，諮商師可能誤解學生的表情、音調與其他行為（如，當問問題時左顧右盼），也就是說，諮商師可能會誤解學生的行為，以為是企圖要掩蓋事實。也有諮商師可能展現出對臨床會談沒有興趣，這一切都有可能讓學生不想繼續。但是我們相信，這些潛在的限制遠不及面談所能獲得的好處，更重要的，我們相信在面對面臨床會談過程使用半結構問題形式，能夠吸引學生，並提供一個公平的機會來進行回饋與討論。

>> 我們的面對面臨床會談經驗

我們發現面對面臨床會談是評估潛在暴力學生與家長不可缺少的部分。臨床會談總是讓我們可以快速確認與潛在受害者相關的訊息，以及可能造成傷害的方式（例如槍擊、打架、開車衝撞群眾等等）。臨床會談進

一步確保學生接受的是完整的面對面臨床評估。在臨床評估的結論階段，會以較傳統的方式來辨識學生的症狀問題，例如「明尼蘇達多相人格量表青少年版」（Minnesota Multiphasic Personality Inventory–Adolescent），或「米洛青少年臨床量表」（Millon Adolescent Clinical Inventory）。

例如，一個比較傳統的評估工具，可能會建議學生的反應要與其他同年齡處在生氣、有敵意、憂鬱以及經歷家庭壓力事件的同儕相比；然而在測驗工具上，這樣的表現並不代表生氣、有敵意、憂鬱以及經歷家庭壓力事件。臨床會談可用來支持與刪除由測驗工具得來的那些較廣泛的推論。更重要的，由傳統測驗工具得來的訊息，在學生與諮商者面對面會談時，需要將事件脈絡納入加以討論。換句話說，面對面臨床會談將作為任何評估的濾鏡，所有的評估將透過這濾鏡過濾，不符合的訊息就排除，而符合面對面臨床會談蒐集的資料，則用來作為學校諮商師進行臨床判斷的佐證。

同時，面對面臨床會談提供多重系統的背景脈絡來協助諮商者了解暴力行為，以及學生身處的多重系統環境背景中迫切的需要（例如：家庭、學校、鄰居、幫派等等）。惟有透過學生觀點來了解這樣多重系統的背景，諮商師才有可能完全理解學生經歷的壓力，以及可能發生的暴力行為。我們也相信臨床會談讓我們快速深入探索潛在暴力學生，也讓他們有機會可以在一個安全及接納的專業關係中進行互動。

一般來說，過去我們會談過的潛在暴力和暴力學生，即使他們斷然拒絕參加較傳統的心理測驗，還是欣然同意參加臨床會談。因為當我們相信學生出現潛在暴力的徵兆時，我們通常以一般對話的方式開始與他們接觸，一旦學生感受到我們有興趣要幫忙解決他們眼前最關心的問題（這些問題經常激發出暴力想法和威脅），他們通常會變得比較自在，在衡鑑過程怒氣也會緩和下來。只有在這個狀態下，我們詢問他們是否願意協助我們了解暴力行為才會有幫助。追根究柢，兒童或青少年不願意告訴其他人的那些不公平的感覺，或是苛刻的對待是什麼？當我們回答任何學生對臨床會談歷程的相關問題時，除了描述臨床會談的目的，也要指出會如何使

第六章 與暴力、潛在暴力學生及其家人進行面對面臨床會談

135

用獲得的資訊。

指出會談目的，對了解諮商師可以如何幫助學生，以及決定學生是否可呈現對自己或他人的威脅與危險是關鍵的。此外，學生需要被知會蒐集到的資訊會如何被使用。因此，你必須告訴學生，透過臨床會談得到的訊息將如何使用在：(1) 確保學生及其他人的安全；(2) 了解是否需要進一步評估；(3) 確認是否需要一個安全的或更結構性的環境，例如醫院、安置機構或是少年觀護所。極為重要的是，讓學生和他們的家長都了解，如果你覺察到威脅或危險，你將會據此做出適當的反應。這些反應包括：(1) 打破學生和諮商師間的保密協定，去通知學生指認的受害者們（例如學生、家長、老師、行政人員等）；(2) 撰寫必要的報告給相關單位，例如「兒童保護服務」；或是 (3) 將學生安置在一個限制性的環境，來確保他們及他人的安全。如果臨床會談獲得的訊息要用在其他方面，預期的使用方式必須清楚告訴學生和家長雙方。如果學生是弱勢族群，這是常見的狀況，我們尋求家長（如父母親、監護人等）的書面同意來進行會談，這一類的同意書都要在會談程序進行前取得。

萬一學生或家長提到不願意參與——很少發生這種情況，多數我們遇到的學生及家長不是回應因為「終於有人關心」而鬆了一口氣，就是對於關心與尊重他們表達感激——我們通常會指出，不參與幾乎可以保證會被學校長期開除，而且學生會被要求先完成一堆心理測驗和會談，才有資格被考慮重返校園。不願參與臨床會談的學生被視為暴力行為的高風險，可能會被安置在更限制性的場域，他們在那裡會被監控和評估，直到蒐集到足夠的資訊來決定他們發生暴力的可能風險為止。

這樣敘述的目的不是為了威脅或恐嚇他們。更確切的，這樣的說法只是反映現實。當學校行政人員面對拒絕參與評估程序的潛在暴力學生，以及那些拒絕要求學生參與的家長，學校必須採取行動以確保學生的安全，並且將潛在風險隔絕在校區之外。因為直到確認學生接受暴力評估，確認沒有立即暴力風險為止，很可能要禁止他們回到學校。當提到這樣的資訊以及艱困的處境，大部分的學生和他們的家長會配合完成評估歷程。

≫ 在會談過程充權學生

　　潛在暴力與暴力學生往往覺得充滿無力感和防禦心。因此，我們發現重要的是向學生解釋他們可以控制臨床會談，然後隨時可以停止。僅有極少數學生會完全停止臨床會談。給予學生停止會談的權限，反而消除他們大部分的擔心，而且提醒他們，他們掌控著評估會談歷程。

　　當學生要求停止會談，我們的基本做法是回應這個要求，之後詢問要求停止的原因。例如，學生是因為會談感到精疲力盡，還是因為特定的問題勾起不愉快的回憶？通常我們問那些要求停止會談的學生，他們是否希望休息一下，或是想要在臨床會談討論另一個特定主題。我們發現和學生待在一起，如果對話對學生來說不會太具威脅性或是厭煩，試著和他們有段非臨床對話是重要的，我們的目的是持續建立關係，持續和學生對話。這段期間我們通常會問的問題是：他們覺得哪些人是支持他們的（例如，朋友、老師、家庭成員等）、他們喜歡的活動（例如，運動、遊戲、課外活動等）。一旦學生看起來可以比較自在地繼續時，我們重新開始臨床面談。當學生拒絕，或情緒變得太混亂，無法繼續臨床會談時，諮商師應該要知道，是什麼問題造成他們要求不要繼續。舉例來說，是與男女朋友有關的問題嗎？如果是，取得這位特定人物進一步的資料以及這個範圍內的相關議題也很重要。當學生拒絕繼續會談或是回應某些令人困窘的議題，透過與家庭成員或是朋友臨床會談得到的資料來澄清問題，也會有所幫助。

≫ 暴力核心問題

　　面對面臨床會談已經長期被認為有顯著評估功能，也成功運用在臨床場域（Vacc & Juhnke, 1997）。更常見的是，臨床會談在學生與諮商師會談中，聚焦在特定行為、症狀或事件，與本書相關的臨床會談主題則圍繞著威脅生命的行為，如學生間的暴力。因此，核心問題或與本章相關的臨床會談的主要焦點，會特別聚焦在三個核心範圍——頻率、強度與時間長

度，以及有關物質濫用─成癮範圍有關的問題。

　　第一個核心問題與暴力想法的**頻率**有關。換句話說，學生有多常想到對別人採取暴力的念頭？這些暴力想法是很少（例如一年一次）、偶爾（例如一年三到四次），或是很頻繁（每小時一到兩次）？我們用直接的方式問這類問題。

諮商師：Alex，你說你想過要拿刀去刺 Brian。現在是早上 9
　　　　點，你今天想過幾次拿刀去刺 Brian？

學生：我不知道……可能有 30 次。

諮商師：所以你今天想過 30 次拿刀去刺 Brian？

學生：對。

諮商師：你今天幾點起床？

學生：大概 7:30。

諮商師：所以 7:30 到 9:00 之間，你想過拿刀去刺 Brian 30 次？

學生：對……可能更多。

諮商師：多多少？

學生：可能是 35 或 40 次。我就是一直想著要拿刀去刺那個
　　　　無賴。

諮商師：你昨天想過拿刀去刺 Brian 嗎？

學生：想過。當我昨天下午看到 Brian 偷我的背包，我就一
　　　　直想著：「我要拿刀去刺那個無賴。」

諮商師：在那之前，你有想過拿刀去刺 Brian 嗎？

學生：沒有。這一切都是昨天開始，當我看到他在巴士上拿
　　　　走我的背包之後。

諮商師：在你昨天下車後，你想過多少次拿刀去刺 Brian 或傷
　　　　害他？

學生：很多次。我就是一直想一直想，可能有 100 次或更
　　　　多，我猜我一直想到我想睡覺。然後今天早上起床後

我想到的第一件事就是拿刀去刺他。他可能有偷過別

人的東西，但這將會是他最後一次偷我的東西。

　　從這段對話中我們得知，反覆出現的暴力行為想法是從相信是 Brian
偷了他的背包開始。這個學生報告說，他昨晚想到「100 次或更多次」要
拿刀去刺 Brian，今天他已經想到要拿刀去刺 Brian 30 次或更多。這個暴
力想法很明顯的需要注意，而且需要立即介入，以確保 Brian 的安全。

　　第二個核心問題範圍是有關於暴力想法的**強度**。暴力想法的強度是漫
不經心的想法（例如，我可能會揍 Brian）；或是這個暴力想法的強度強
大到學生專注且反覆地在這些想法上（例如，「我恨 Brian，必須殺掉
他」）。在更極端的強度，學生覺得他們「必須」或「應該」要將他們的
暴力想法付諸行動。具體來說，我們試著查明暴力想法的強度。按照學生
的年齡及發展程度，使用量尺問句的形式來評估強度是有用的，如 0 代
表這暴力想法完全沒有強度，而在連續數字的另一頭，10 代表導致暴力
想法反覆出現的壓倒性強度。請看以下的例子。

　　諮商師：Alex，在 0 到 10 的分數上，0 代表你只是想到要拿刀
　　　　　　刺 Brian，但沒有真的要拿刀去刺他，而且想完就馬上
　　　　　　忘記你要拿刀刺他，而 10 表示你不只是想拿刀刺
　　　　　　Brian，而且你也真的要拿刀去刺 Brian。你覺得幾分
　　　　　　可以代表你昨晚有多想拿刀去刺 Brian？
　　　　學生：這考倒我了……我猜我給自己 9 分。如果他站在我旁
　　　　　　邊，我可能會拿刀刺他。我每次想到拿刀刺他，我就
　　　　　　會自己在心裡想：「對，我要拿刀去刺那個無賴。」然
　　　　　　後我就會想到他會怎樣覺得痛。
　　諮商師：所以，我聽到你說的不像是「我正想到要拿刀去刺
　　　　　　Brian」。那麼先暫時想想其他事情，或你自己心裡
　　　　　　想。「好，我現在想太多關於要拿刀去刺 Brian 的事

情，我沒有真的要去刺他，我現在要想想其他事情。」

學生：對。當我一想到拿刀刺那個無賴，我會想到什麼時候我會刺他，以及還有誰會在現場。當我媽打電話叫我幫小妹做晚餐時，我必須停止去想刺 Brian。但當我餵完我妹妹，我開始畫我要對他做什麼的圖。你知道這很像卡通，第一個圖，我偷偷靠近他；第二個圖，我推他靠住他的置物櫃；第三個圖，我刺他的脖子。我沒辦法停止想這件事。

這裡我們要注意 Alex 強力的暴力想法強度。Alex 自陳顯著的強度（即 9 分），他描述他的暴力想法重複出現，甚至已經包含畫意圖刺傷的卡通圖案，每張卡通圖案反映出他預謀局部的暴力計畫。這樣的強度再度顯示需要立即的介入。

最後一個核心問題範圍是**時間長度**。雖然暴力想法的時間長度和強度在一開始的時候有點類似，也有可能部分重疊，但時間長度特別是指學生考慮暴力行動的時間量。換句話說，當學生想到考慮要有暴力行為時，有多少時間是他（她）真的投入去想暴力這件事？這想法僅僅是短暫簡略的，或是學生已經詳細思考這想法來化為實際暴力行動？因此，我們需要探索並確認在此期間這個暴力想法是短暫或是持續的。持續性的暴力想法或是反覆構思通常會形成執行暴力行動的詳細計畫，精心策畫的暴力計畫需要在預定的暴力行為投注持續的注意力，這類型持續性的注意力需要一段時間。我們接著用下面的對話來詢問 Alex 有關他反覆出現的暴力想法所持續的時間。

諮商師：當你一開始想要拿刀去刺 Brian，你想了多久？

學生：我沒辦法停止去想這件事。

諮商師：你的意思是說⋯⋯

學生：就像是，「我要毀掉那個無賴，讓他為偷我的背包付
　　　出代價」。你知道我就坐在那邊，然後想這件事。

諮商師：因此每次你想到要拿刀去刺 Brian，你會想多久？可能
　　　　30 秒或最多 1 分鐘？

學生：不，我會坐在那邊，然後一直想一直想。我想我坐在
　　　那邊大概 30 分鐘，就想著我對他有多生氣，然後我要
　　　為這個無賴偷我背包打爆他的頭。

諮商師：你昨晚幾點睡？你當時有想著要拿刀去刺 Brian 嗎？

學生：我根本睡不著。我不斷想著他對我做了什麼，還有我
　　　要如何讓他為他對我做的事付出代價。整晚我持續對
　　　自己說，「你該停下，不要去想要打爛這個人，因為
　　　你該睡一下」。

Alex 暴力想法的時間長度是顯著的。因此，依據他對頻率、強度與時間長度三個核心問題範圍的反應，可以確定 Alex 對 Brian 有清楚明確的危險性。

在近年，與物質濫用有關的暴力範疇變得逐漸重要。具體而言，我們發現當學生受到物質濫用的影響時，暴力想法（或念頭）與暴力行為間有很強的相關。當我們一開始評估潛在暴力學生時，我們主要評量的是酒精濫用，任何學生在任何物質的影響下確實都可能變成暴力。然而，我們注意到酒精濫用的學生通常更容易衝動、自我控制及界限設定能力降低、無法有效地使用語言技巧、好鬥性，以及爭辯與攻擊行為增加。當然不是所有喝酒的學生都會變得暴力，但是，喝酒的學生中有相當大的比例會有暴力行為。因此，濫用酒精的學生，其暴力行為的風險會增加。

我們已經擴大對暴力或潛在暴力傾向學生的物質濫用評估範圍，不僅酒精，也包含其他兩類似乎特別與學生暴力相關的物質。第一類是中樞神經（central nervous system, CNS）興奮劑，特別是古柯鹼和安非他命，它們會導致過度活動與無法靜止。有些學生描述說，在使用中樞神經興奮

劑時，他們的腦袋處在「加速賽跑」的狀態，這樣的賽跑似乎導致他們反芻接受到的不公平和對別人的暴力想法之可能性。隨著時間過去，這樣的中樞神經興奮劑濫用，可能造成妄想、妄想型幻覺（paranoid delusions）或幻覺，而這些進一步都有可能導致暴力行為。

第二類我們評估的物質是雄性激素合成類固醇（anabolic-androgenic steroids），比較常見的名稱就是類固醇。睪酮素（testosterone）是其中一種最廣為人知的類固醇，用來透過個體細胞蛋白質合成而增生肌肉。攻擊、暴力與「類固醇狂怒」（roid rage）都和類固醇使用有關。因為濫用類固醇學生的潛在暴力發生率，這一類的物質濫用也應該探究。

極度虛張聲勢（extreme bravado）是一種偶爾會在濫用上述三種物質的潛在暴力學生身上見到的臨床現象，但較常見於中樞神經興奮劑或是類固醇的使用者。這些學生常會很挑釁，他們充滿著威脅性，也試圖透過脅迫來進行反抗。坦白說，當學生出現這些狀況，在不確定的安全及確定的爆發之間只有一步之隔。不論何時，當類似的極度虛張聲勢出現，而又有物質濫用的狀況時，這樣的學生需要一個限制性的環境來解毒及治療成癮問題。

» 對暴力與潛在暴力學生採用投射式、循環式以及指導式詢問法

接著，我們要描述三種我們覺得非常有效的面對面臨床會談技巧：投射式、循環式以及指導式詢問法。上述有關於暴力與潛在暴力學生是如何看待他們所認為的重要他人（例如，家長、手足、老師、教練等），每一種方法都能提供我們清楚的資訊。這些技巧很容易施行，也只要花相對短的時間就能進行，但是，卻有極大的潛在好處。

切記，無論如何，學生的反應通常是依據他們的知覺，而不是事實。換句話說，即使學生們的知覺完全錯誤，但他們仍感覺到那就是他們的「現實」，而他們錯誤知覺到的現實，不管有多不正確或多扭曲，可能會

嚴重地影響或中斷治療。因此,當進行治療或是與重要他人建立可能有助益的聯盟時,即使是明顯錯誤的知覺,都必須都要列入考慮。如果對錯誤知覺漠不關心或是不納入考慮,可能會造成不切實際的治療計畫,以及不適切的治療聯盟,最終會妨礙治療歷程。

有趣的是,試圖更正錯誤知覺通常不是最好的方法。事實上,試圖要改變如此錯誤知覺所花費的時間,實際上是剝奪了學生珍貴的治療時間、資源和能量。有些學生甚至會因此不願繼續治療歷程,因為他們察覺到你想試圖挑戰他們誤解的「現實」,然後就把你歸在他們不信任和不喜歡的那群人中。

舉例來說,我們曾經諮商一位 14 歲的學生,他感覺到他的繼父「恨」他。的確,這個繼父在某些方面可能完全瞞住了我,但是,我們觀察到的所有一切都顯示這個男人很願意幫助他的繼子減少他的物質濫用及伴隨的暴力行為。

在花了不少時間和精力去面對這個學生對繼父的錯誤知覺後,我們體認到我的努力事實上阻礙了治療。因此,我們採用「投射式詢問法」(容後詳述)來了解這個學生相信誰及在乎誰,而不是簡單假設我們最清楚這個 14 歲學生信任誰。當我們在治療中以學生自己提出重要的人來取代繼父,治療很快地改善。如果我們繼續嘗試澄清繼父對這個學生的支持,我們懷疑也許這個繼子會完全離開治療,而且認為我們和他的繼父一起設法要讓他被拘禁。

投射式詢問法

諮商師使用投射式詢問法通常是要求學生用一到五個字來描述某個人(例如父母、手足、老師)、某種經驗(例如被法院要求參與暴力評估)、某種暴力行為(例如打架)及某種緩和鎮定行為(例如呼吸練習)。當與暴力和潛在暴力學生進行諮商時,投射式詢問法的主要目的是增加對這個學生知覺的了解,以及更了解這些知覺可以如何使用在促進有效的治療。

因此,常見的投射式詢問法如下:

諮商師：你會用哪四個詞來描述你的母親？

　　這裡的目的是了解學生是如何知覺他（她）的母親，答案對於母親一開始該涉入治療的程度提供了更深的了解。舉例來說，如果學生回答描述母親是「沒有能力的」、「可恨的」、「令人厭惡的」、「跋扈的」，諮商師可能希望一開始採取沒有母親積極投入的個別諮商。相反的，當學生回答媽媽是「支持的」、「慈祥的」、「總是站在我這邊」以及「仁慈的」，這個母親從最初的單元就開始參與或許是有幫助的。因此投射式詢問法可以用作讓學生描述他當前周邊環境中的其他人，藉此了解可以做些什麼以強調他們最迫切的需求。

　　另一個投射式詢問的技巧是用來提升學生的自我察覺，以及認識到學生的暴力經驗是如何。

諮商師：你會用哪三個詞來描述你打 Kshawn 時的感覺？

　　當學生說「有力量的」、「有控制感」以及「滿足的」，諮商師可以詢問其他可以引起相同感覺的行為。

諮商師：按照你的答案，聽起來當你揍 Kshawn 時，你感覺有
　　　　力量和有控制感。告訴我在你人生中的哪些時刻，感
　　　　覺到有力量和有控制感，但是是非暴力的。

　　這裡的目的是幫助學生發現他們經驗到相似正向感受的非暴力時刻。如果一個學生回應說：「我從未感覺有力量和有控制感」，這提供了去探討日後可以練習和使用的非暴力充權行為之機會。

循環式詢問法

　　循環式詢問法與投射式詢問法在詢問學生的知覺及信念方面是相似

的。但這一次，學生們被要求描述他們認為其他人是怎麼看自己的。這裡的目的並非是了解學生對其他人的知覺，而是了解學生是如何體驗其他人看待他們自己。循環式詢問法在臨床會談過程中非常珍貴，因為它幫助學生確認和建立他們相信別人看到他們的長處。此外，學生可以考慮及處理那些他們認為別人所相信的弱點。

學生經常會很快跳開別人對他們的抱怨，但他們往往給予人家不利的言論和相當苛刻的陳述。循環式詢問法讓他們被注意到的長處可以運用及展現出來，略過令人不快的言論，或是定義出需要加以改善之處。

當開始進行循環式詢問法，重要的是了解學生認為誰最重要。這可以透過一個簡單的問題得到答案：

諮商師：Rosa，妳覺得哪三個人對妳是最重要的？

一旦這三個人被確認，循環式詢問法可以用來了解學生們認為這三個人是如何看待他們自己的。這裡循環式詢問法從最重要的人開始，繼續到第三個最重要的人為止。因此，諮商師可能用類似以下的說法：

諮商師：Rosa，妳說妳爸爸是妳生命中最重要的人。如果妳爸
　　　　爸現在坐在這裡，他會認為什麼是妳最正向的特點和
　　　　才能？

這個問題是重要的，它鼓勵學生提出他們所相信的重要他人會指出的特點和才能，諮商師可以在諮商歷程中建立起這些特點和才能。舉例來說，當 Rosa 提到她爸爸會說她是聰明伶俐、善良的，諮商師可以問她將如何使用這些正向特點和才能，以不同的方式，不用暴力而帶來她想要的生活目標。這裡的目的是使用被知覺到的特點和才能來取代學生的暴力行為，讓非暴力行為可以促使成功及帶來成就感。

如果學生們無法提出他們相信別人感受到的正向特點或才能，對話可

以像以下這樣表達：

> 諮商師：Rosa，聽起來妳可能不知道這個非常重要的人看到妳
> 的何種特點和才能。讓我們換個方式想想，妳會希望
> 妳爸爸看到妳有哪些特點和才能？

這裡的目的是了解學生希望重要他人是怎麼看待他們的，當這些特點和才能被列出後，諮商師可以用類似以下的問題繼續問下去。

> 諮商師：Rosa，我很好奇，妳需要開始做些什麼，妳在乎的其
> 他人才會開始注意到很多妳已經具備的討人喜歡的特
> 點和才能？

此時，諮商師可以協助學生提出可以展現這些特點和才能的方式。

最後，諮商師可以使用循環式詢問法，透過讓學生描述他們自己對暴力行為的看法來鼓勵新的行為。有點像「空椅技術」（empty chair technique）中，個案扮演另一個角色，循環式詢問法允許學生「變成」他們的暴力行為，然後描述暴力行為的經驗，以及暴力行為本身如何看待學生。

> 諮商師：Reggie，這是你今年第二次因為暴力行為被學校停
> 課。你說你想要上大學、當律師且賺大錢，但因為你
> 捲入破壞學校公物和恐嚇副校長 Harris，你被停課，
> 而且成績退步。你提過你媽媽因為你打架哭過，然後
> 你小弟也因為不希望你繼續在學校打架而哭過。這些
> 合併看來，如果打架會說話，它會怎麼描述你？

當 Reggie 指出打架會說他是軟弱和愚笨的，對話可以繼續如下：

諮商師：你該開始怎麼做，才能讓打架說你是強壯和聰明的？

這裡的目的是讓學生提出新行為，可以作為他們新的非暴力行為指標，並承諾使用非暴力。

指導式詢問法

指導式詢問法詢問學生有關他們本身、他們的暴力行為以及他們目前關心的事情。換句話說，除了問學生他們認為別人怎麼看待他們，或諮商師可以如何幫助學生處理他們呈現出來的暴力行為之外，學生可以直接回應諮商師提出的問題。典型的對話如下：

諮商師：John，我聽到你說你認為別人覺得你暴力，而你不喜歡這樣。照你說過的，有些以前的朋友因為你的暴力行為已經不要跟你在一起。因此，我要問你的問題是：你已經準備好把你之前的暴力行為改為新的非暴力行為了嗎？

這樣的問題的特定價值在於，它們提供諮商師直接讓學生自己陳述、也允許學生補充有關他們信念及關心事物的重要資訊。自陳報告對任何臨床會談都是極其重要的，因為它讓諮商師了解學生對諮商的承諾，以及參與治療的意願。

因此，用之前的例子，如果 John 說：「不。我不願意停止打人。」諮商師可能這樣回應：

諮商師：John，我覺得有點困惑。你告訴我你因為打架失去一些親近的朋友，你還特別提到 Charlie 因為你打斷他的手臂而不再當你的朋友。之前你也描述過，你母親因為你出拳打她的臉並威脅要殺她，所以報警要你搬出

她家。幫我澄清一下，如果你繼續你的暴力行為，對你有什麼好處？

在這裡諮商師使用之前指導式詢問法得到的資訊來反駁這個學生不希望改變暴力行為的說法，此目的是企圖讓 John 了解，是他說他希望改變行為的，以製造過去與目前說法潛在不一致的認知。

相反地，當 John 回應說「你知道嗎？我已經準備要改變我之前的暴力行為，變成新的非暴力行為」時，諮商師再度以指導式詢問法回應：

諮商師：我很高興知道你想要放棄你的舊行為，改為新的更有效的行為方式。哪個舊的暴力行為是你要第一個放棄的？你打算如何進行新的非暴力方式？

這個例子中，諮商師再度使用指導式詢問法，讓 John 指出他要改變的行為。指導式詢問法提供他機會確認新的行為清單。這些列出的非暴力行為將變成當他覺得自己對暴力有所改變時可以先選擇的項目。

》 面對面臨床會談使用的暴力學生量表（VIOLENT STUdent Scale）

目前為止你已經讀了很多與面對面臨床會談有關的內容。你也已經知道日常對話和面對面臨床會談的差異、一般面對面臨床會談的可能好處、我們面對面臨床會談的經驗、如何透過臨床會談來充權個案，以及如何使用特定面對面臨床會談的要件。這裡我們聚焦在暴力核心問題，以及如何使用投射式、循環式以及指導式詢問法技巧。將所有你讀過的資訊湊在一起，你可能會問，是否有特定半結構臨床會談方式，答案是非常肯定的。

即使是在最佳狀態下，與暴力或潛在暴力學生進行面對面臨床會談仍是很有壓力的。學生可能處於各種不同狀態之下，這樣的會談通常都很匆

促，諮商師也很少有機會事先知道當天有暴力評估要進行。沒有諮商師想在尚未清楚了解要問的問題類型前，就開始進行暴力評估；或是無法蒐集到至少最低限度的資訊來為學生的迫切需要做出合乎邏輯且明智的決定時，就進行一次會談。因此，必須有架構且謹慎地蒐集針對學生過去及現在行為、感受、知覺與信念有關的資訊，並確定蒐集到的是關鍵性的資料。一個半結構的臨床會談提供基本問題，對於更確信地評估與回應學生的需求是必要的。

在詳細介紹「暴力學生量表」（VIOLENT STUdent Scale）之前的最後一個建議是：一定要與法律顧問確認。記住，當學生處在可能傷害別人或受傷的風險時，**一定**要通知學區的法務部門，未經諮詢校內法務部門且取得同意前，預定的介入方案不能進行。尤其是，學區法律顧問必須考慮和個案有關的所有法律相關因素，以確保學區、學校、學校諮商師、學生以及心理衛生團隊充分被保護，以防任何潛在的責任風險。身為諮商師，我們有時候會忘記那些可能會遇到的潛在責任風險。任何預定的臨床介入或評估，應該只在法律顧問授權後進行。沒有這樣的授權，學校諮商師有可能會遭遇要負法律責任的風險，結果有可能造成情緒、專業、個人以及財務上的代價。

「暴力學生量表」（見圖 6.1）是由 Juhnke 所設計，並在 2000 年發表。Juhnke 的目的是設計一個學校諮商師在面對面臨床評估時能夠簡單快速使用，非理論、半結構式的暴力評估量表。適當地使用「暴力學生量表」能確保至少關鍵的暴力風險問題都能問到。這個量表包含對於一個潛在暴力學生立即發生暴力行為的可能風險，以及一般臨床介入指引。量表中的 10 個暴力危險因子，是由美國教育與司法部（Dwyer, Osher, & Warger, 1998）以及透過聯邦調查局（FBI）之國家暴力犯罪行為分析中心（NCAVC）／關鍵事件應變組（CIRG）的文獻（Supervisory Special Agent Eugene A. Rugala, personal communication, August 31, 1998）所整理出來的。接著呈現這些高危險因子群組，同時會有簡單摘要解釋為何納入它們。

V	暴力或攻擊史（**V**iolent or aggressive history）
I	孤立或感覺被孤立（**I**solation or feelings of being isolated）
O	公然攻擊或虐待動物（**O**vert aggression toward or torturing of animals）
L	低學業興趣（**L**ow school interest）
E	圖畫或作文表達暴力（**E**xpressions of violence in drawing or writing）
N	被同儕注意到表現「不一樣」（**N**oted by peers as being "different"）
T	對別人的暴力威脅（**T**hreats of violence toward others）
S	社會退縮（**S**ocial withdrawal）
T	被取笑或覺得被取笑、被騷擾或被「找碴」（**T**eased or perceptions of being teased, harassed, or "picked on"）
U	不當使用或不當接觸槍枝（**U**se of firearms that is inappropriate or inappropriate access to firearms）

圖 6.1　暴力學生量表（VIOLENT STUdent Scale）

暴力或攻擊史

有暴力或攻擊史的學生，有較高的風險對別人犯下暴力或攻擊行為，也就是說，他們在這量表中會被認為對潛在暴力或攻擊行為有升高的風險。

孤立或感覺被孤立

大多數孤立於同儕之外、或沒有朋友的學生一般是非暴力的。然而，孤立或覺得被孤立與對同儕的暴力行為有關，在高風險因子中被認為增加暴力可能性。因為這個因素，孤立自己的學生，或是指出覺得自己被其他人孤立者，應該被考量有更高的風險。

公然攻擊或虐待動物

學生攻擊動物或虐待動物，與暴力之間存在著高相關，因此如果學生表現出上述行為，應該被考慮為暴力風險提高。

低學業興趣

　　這個危險因子可能源自眾多因素，但本身並不會引起暴力行為。然而，伴隨量表中其他的暴力相關危險因子，表現出對學業低興趣的學生，有可能是能力不足，也有可能是因為他們想要好好表現，卻因為能力不足而受挫。此外，這些學生或許感受到他們可能被其他表現比較好的學生看扁。因此，當被要求提高表現，或當覺得被那些表現較好的人擾亂時，這些學生可能變得暴力。由於這些原因，這個因素被納入。

圖畫或作文表達暴力

　　暴力學生通常在出現暴力行為前，會透過圖畫或文字來表達他們的意圖。這樣的暴力表達應該立即被評估，而且不該輕易忽視。

被同儕注意到表現「不一樣」

　　很多時候，在學生暴力行為後，同儕和其他人會注意到那個行為暴力的學生過去是被同儕標示為「不同」，或是與一些被認為「不太一樣」的群體有關。因此常被同儕標示為「怪異」、「奇怪」、「怪胎」的學生，可能有比較高的暴力風險。

對別人的暴力威脅

　　任何對別人的暴力威脅應該馬上被評估，而且採取適當的介入行動，以確保安全。直接的威脅，例如「我將要殺了他」；或是模糊的威脅，如「你最好好好享受今天早上，因為在今天第三節課以後，你的生命將會很快結束」，這類很明顯的不適當言論，需要立即評估。

社會退縮

　　從同儕和家庭的支持中退縮，表示這個學生正在經歷任何一種令人擔心的狀態（如憂鬱、無助等），這表示需要進一步的評估與介入。如果合併其他危險因子，社會退縮可能是對他人暴力的潛在信號。

被取笑或覺得被取笑、被騷擾或被「找碴」

暴力學生通常對批評過度敏感，這些學生表示覺得那些被他們暴力相向的學生取笑他、騷擾他或對他找碴。因此當過度敏感的學生出現其他危險因子，暴力的可能性就升高。

不當使用或不當接觸槍枝

學生不當使用槍枝（例如射擊公車、飛機或人），或不適當接觸槍枝，很明顯的會有行為暴力的可能性，且致死可能性非常高。當這個因素合併其他危險因子時，這表示有更高的暴力風險。

≫「暴力學生量表」計分與介入指引

每個列出的危險因子可以得到介於 0 分（完全沒有此危險因子）至 10 分（出現明顯的危險因子）的得分（見表 6.1），所提出的介入指引是依照得到的總分為準，這個分數的範圍從 0 到 100。要記得這個量表的目的是加強學校諮商師的臨床判斷，換句話說，學校諮商師的臨床判斷如果完全被「暴力學生量表」計分與介入指引所取代，將此量表應用到大多數都不被認為是暴力的一般學生族群身上，這樣會造成無法接受之龐大比例的偽陽性反應。因此，本量表應該只用在當學生被認為有暴力行為風險時。對應的一般臨床指引是學校諮商師、心理衛生專業人員以及學區法律部門進行聯合照護的最低標準。當學校諮商師、心理衛生團隊和法律顧問判定量表的一般介入指引過於馬虎，無法保證達到謹慎照顧這個學生的標準時，介入指引就該依此進行調整，學生應該被安置在能對抗立即暴力行為的限制性環境。

因此，被認為有暴力行為風險的學生卻得到 0 到 9 分之間的低分，非常值得懷疑他們是試圖表現出較被接受以及非暴力的樣子，這樣的分數表示學生被認為是沒有暴力危險因子的。如此低分的主要問題在於，諮商師最初因為對學生暴力風險的擔心而進行暴力評估，但是與學生目前被認為是低風險的分數不一致。諮詢一位臨床督導以及專業同儕，可以幫助澄

清是否最初的擔心沒有被發現，或是否這樣表示學生對「暴力學生量表」的作答值得懷疑。

表 6.1 VIOLENT STUdent 量表得分與一般臨床指引

分數	一般臨床指引
70+	立即離開一般學校環境；需要結構性的居住環境。
40～69	需要緊密追蹤服務的諮商；與家長或監護人進行合作會議；需要正式心理測驗；評估，以及按照以下情況強烈考慮安置到結構性的居住環境：(1)參與諮商的意願；(2)對於後續安排的合作性，以及簽署不傷害契約的誠意；(3)家庭支持。
10～39	立即評量對自己與他人的危險程度；提供並強力鼓勵諮商與追蹤諮商；建立與父母親的接觸；必要的話，額外的心理測驗；不傷害契約。
0～9	諮詢臨床督導及專業同儕，確認是否：(1)學生試圖以過度正向、非暴力的方式表現自己，是否需要正式的心理衡鑑與追蹤介入；或(2)提供學生如何聯絡諮商師的資料，以備日後需要。*

*警告：暴力風險評估是複雜的過程，並不能辨識所有即將有暴力行為的人。「暴力學生量表」無法確認所有即將出現暴力行為者，而且不該作為暴力風險評估或介入建議的唯一工具。本量表與相關建議的行動，應只是至少由多位臨床工作者、臨床督導、法律顧問以及個案或學生人權代表組成的暴力評估、威脅或安全委員會的結構式多元充分評估中的一部分。

如果諮商師最初擔心的點沒有被發現，應該提供給這位學生一些資訊，特別是以後感到生氣或想傷害別人時，該如何立即與諮商師聯絡。和這個學生進行兩次追蹤性的會談是必要的，用來重新評估這個學生傷害自己和他人的風險，以及目前的狀態。第一次追蹤應該在第一次評估後的 24 小時內，第二次追蹤則該在第一次追蹤後的 48 至 72 小時，學校諮商師應該記錄這些會談及評估的結果，當學生出現可疑的反應時，一定需要額外的評估，而且按照這些額外評估的結果來進行適當的介入，以確保學生和其他人的安全。

此外，應該注意的是，出現確定的危險因子時（即使是他們自己發現），就需要立即的調查和介入。例如任何以暴力威脅別人的學生，應該

立即參與進一步的正式心理測驗、與個案管理師諮詢，以及進行家長會議，直到學校諮商師和心理衛生諮詢團隊一致都認為這學生沒有立即傷害自己或他人的風險時才停止。即使這樣的步驟無法預防各種形式的暴力，仍是種能夠提供合理安全標準的工具。

得分在 10 至 39 分之間被認為有暴力風險的學生，應該被評量立即傷害特定個人或一群人的危險程度。必須強烈建議參與追蹤諮商，作為用來解決任何擔憂的方法，並建立與父母親的接觸，以及如果需要的話，也應該鼓勵接受額外的心理測驗。對學校諮商師來說，追蹤訪視可以用來監測學生立即的狀態，並確保可以獲得適當服務，當學生的狀態改變時，則需要更強的介入。給學生一張名片大小的卡片，上面印有當地 24 小時危機處理的電話，提供他們在需要時能夠獲得協助的方法。一份不傷害契約可能也有幫助，讓學生對學校諮商師或信任的家庭成員承諾，當他們覺得受不了時，「非常生氣到」想傷害他人，或「想要」傷人時，他們會撥 24 小時危機處理專線。

被認為得分在 40 至 69 分之間者，需要參與有密切追蹤服務的諮商。學校諮商師在一個孩子被認為對自己或他人有危險時，有義務接觸家長或監護人。詳盡的風險評估在學生意圖傷害他人時應立即進行，意圖可能在以下幾方面趨於明顯。學生可能有一段口頭陳述（例如，今晚我要用我爸的槍去殺死 Shannon），或是在書寫類的作業（例如日記、作業等）指出謀殺意圖。描繪學生展現的暴力行為（例如把一個學生壓入水中或噴汽油點火）的美術作業，需要進一步的了解，並需要聯絡父母或監護人。因此即使是中等分數的學生也該評估，以及強烈考慮安置到更結構性的環境（例如寄養家庭、團體中途之家，或專門治療暴力兒童的精神科病房），在那裡可以降低傷害他人的機會，也可以有效治療潛在暴力行為。

有這些分數的學生確實需要更正式的心理測驗，以及可能更結構性的家庭環境。必須增加目前居住環境的結構性，或一個更限制性的環境（如精神科醫院），這取決於很多因素，包括學校諮商師對於後續安排的信心，以及學生和家長遵從整合性治療建議（例如，個別諮商、家庭諮商、

物質濫用諮商等）的意願。當學生與其家庭完全支持整合性的治療建議時，更結構性的居住環境就被視為非必要。一個校內跨領域團隊應該動員發展學術與社會支持網絡，如果懷疑孩子被忽視或被虐待，也應該通報兒童保護服務系統。

得分 70 分或更高者，顯示有明顯的環境混亂與情緒壓力源。這些學生處於對同儕有顯著的暴力風險之下，在沒有直接介入的狀態下，更可能無法有適當的功能。那些在風險光譜上得分極端者，需要立即從一般的學校環境移到一個結構性的居住環境（例如，特別的寄養家庭、精神科病房住院等），以確保自身與同儕的安全。這樣的安置當然需要家長支持，當一個學生被認為對自己和他人有立即危險，而家長不願意適當地接受更結構性的居住與學習環境評估時，應該通知兒童保護服務系統。很多過去的例子顯示，兒童保護服務系統可以介入來確保孩子被安置在安全的環境，直到對自己或他人的立即危險消失為止。

我們應該要清楚知道，出現任何單一 10 分的危險因子並不代表一個學生會有暴力行為。然而，若有一群高危險因子則顯示風險在增加。此外，單一因子的高分，像是低學業興趣或孤立，不能因為這樣就認為潛在暴力風險，但可能顯示這個學生需要更多的一般諮商服務。最後，應該注意的是，當學生被指出是即將發生的暴力行為的受害者或是目標時，應該因為這些特定和預期的威脅而通知他們的父母和監護人。諮商師應該要和臨床督導及法律顧問討論與學生及家長接觸的必要性，以及何種接觸方式最好（例如電話、掛號信等）。

毫無疑問，「暴力學生量表」無法鑑別出每一個暴力學生，沒有任何評估量表可以做到。然而這個量表的目的在於提高學校諮商師的臨床判斷，並提供一個面對面臨床評估的範本，也包含暴力核心問題及傳統心理測驗。下一部分的面對面臨床會談應該要包含家庭成員以及很了解學生的人的直接投入。

≫ 面對面臨床家庭會談

　　面對面結構式臨床家庭會談可以幫助諮商師更了解學生的家庭支持，特別是家庭臨床會談可以提供非威脅性的機會，來與學生家人互動。這類互動可以降低家庭成員可能有的防禦心，鼓勵學生視他們的家庭系統是更能有幫助、較沒有傷害性的，而且實際上可以成為諮商介入的一部分。因此，直接而非威脅性的問題，可以用來額外獲得學生暴力念頭與行為的相關訊息。此外，家庭成員能夠對那些似乎在暴力行為或是言語威脅發生前突然出現的事件或行為，提供他們的想法或觀察。

諮商師：妳說妳聽過 Ricky 威脅要殺掉他的弟弟妹妹。在妳聽到這樣的威脅之前，妳有看到或聽到什麼事嗎？

　母親：嗯，他通常會這樣說是因為他弟弟在旁邊晃來晃去，而不肯幫忙他準備晚餐。

諮商師：Ricky，所以當你弟弟在晃來晃去，不肯幫你準備晚餐時，你在想什麼，或對你自己說什麼？

Ricky：我在想：「媽媽，我為什麼總是那個要為他們準備晚餐的人？」這不公平，我有比較多家庭作業要做，而且我的作業比他們的難，他們為什麼不在我考試的前一晚做好晚餐？如果我沒辦法念書，我是要怎麼上大學？他們該準備晚餐，不是我，這不公平。

諮商師：所以當你在學校威脅著要殺 Marco 時，你是不是在說或自己想著有些事很不公平？

Ricky：沒錯，我當時對我自己說：「這不公平，Marco 是有錢人。他從來都不需要在家裡工作，或當弟弟妹妹的保母，他永遠有空做他自己的學校功課，而且當他不會寫作業時，他父母就幫他請了家教。這不公平。」

一件接著一件，媽媽提供了在 Ricky 威脅他弟弟妹妹之前直接的行為觀察。諮商師問 Ricky 有關於影響他在家出現威脅時潛在的自我對話，接著諮商師詢問 Ricky 在他威脅 Marco 之前，是否有相同的自我對話出現。一旦這樣突如其來的暴力自我對話可以被指認出來時，諮商師與學生可以建立有效的方法來中斷或淡化它，然後改變與自我對話連結的暴力行為。

臨床會談也可以用來產生改變。以下是一個諮商師與暴力學生和他的家長在家庭諮商的例子。

> 諮商師：Ricky 提到他是家裡的長子，而且顯然多數時間，他享受跟弟弟妹妹在一起時是扮演父母角色的。但似乎有些時候，Ricky 發現家庭責任過重，然後他變得生氣。當然，當我們任何人覺得責任在身時，是無法覺得有趣快樂的。所以我在想，當 Ricky 覺得負擔過重或生氣的時候，你是否願意聽聽他的擔心，和他談談？

這段話一開始是先總結 Ricky 的感受跟信念，「顯然多數時間，他享受扮演父母角色」，然後接著解釋，每個人總有些時候會因為責任而無法感受到樂趣，這樣的說法用非批判的態度對待父母，也提醒 Ricky，所有的責任都不輕鬆。同時，這樣的說法也暗示父母角色是父母的責任，而不是 Ricky 的。因此 Ricky 可以作為教養的幫手，但他並不是父母親，也不該被期待行為像是父母。

接著的對話用了結論式的問題，並問 Ricky 的父母，是否在 Ricky 覺得負擔過重時，他們願意聆聽他的擔心並和他談。這個問題再度採用非批判性的態度。我們諮商過的家長很少表示，他們不願意聽孩子的擔心或感覺。事實上，多數我們互動過的家長是深愛著他們的孩子，也很渴望有機會可以和孩子對話，因此如果 Ricky 的父母表示他們願意聆聽他的擔心與

感覺，我們接著會問他們，Ricky 應該如何表現這些擔心讓他們知道。舉例來說：

> 諮商師：Roberto 和 Marie，我聽到你們說當 Ricky 覺得有擔心
> 的事，或當他覺得負擔過重或生氣時，你們非常願意
> 傾聽。當 Ricky 日後有這些感覺的時候，你們會希望
> 他如何表現這些擔心或感覺？

這裡的目的是要 Ricky 更了解他的父母想要聆聽他的擔心，也學習如何以不具威脅性、不暴力地表現他的擔心和感覺讓父母知道。同時也意圖讓父母更清楚 Ricky 會如何表達他的擔心或感覺，並鼓勵他們信守聆聽承諾。

在極少見的情況下，我們遇過父母表示他們不願意聆聽他們兒子或女兒的擔心或感覺。這類父母基本上是較不成熟且憤怒的，他們常會指出孩子要負的責任跟他們對父母的眾多要求比較起來，要少得多了。請看以下對話：

> 母親：不，當 Ricky 覺得負擔過重或生氣時，我不願意聽他
> 說他的擔心或和他說話。他沒有「真正」擔心的事，
> 也不該覺得生氣。Ricky 過的是任天堂、可口可樂、
> HBO 和吵雜音樂的生活。我有兩份工作，而他不願意
> 在家裡幫點忙，不管何時我要他幫點小忙，他都是暴
> 躁不耐煩。我早上 7:00 出門工作到下午 3:30，然後趕
> 去我第二份工作，我從下午 4:30 到晚上 8:00 伺候客
> 人進餐，還要忍受這些無理的人。Ricky 睡到早上
> 9:00，通常第一堂課是遲到的，他拒絕照顧他三個弟
> 弟妹妹，也拒絕長大。

這時諮商師可能會先以同理來回應媽媽。

諮商師：聽起來妳的工作非常辛苦，而且覺得沒有人感激。妳
　　　　真的想問 Ricky 的是什麼？

這個問題的目的在於開啟先前 Ricky 與他母親之間關閉的對話，並繼續評
估這個家庭的需求。可能的回應像這樣：

母親：我真正想從 Ricky 那裡得到什麼？我要他像個男人，
　　　不再嘀咕發牢騷，可以幫忙家務事和教養責任。

對話可能繼續像以下所呈現的。

諮商師：Ricky，你聽到你媽媽要你做什麼呢？
Ricky：她只是想要我做她的奴隸，然後在家裡像條狗一樣工
　　　　作。
諮商師：我可能是錯的，但我沒聽到她要你做奴隸，或工作得
　　　　像條狗。媽媽，妳有要 Ricky 做奴隸或做牛做馬嗎？
母親：沒有，我只是家務需要一點幫忙。
諮商師：請幫助我了解什麼是妳確切要 Ricky 做的。

因此，諮商師會試著讓媽媽指出，她希望 Ricky 完成的實際具體行為
項目與工作內容。諮商師能夠協助媽媽與 Ricky 建立一個代幣系統，依照
Ricky 在指定時間內完成特定任務（例如每天傍晚 5:00 前），他會獲得有
意義的特權，例如看 HBO 電影等父母認為是適當的事。

這些對話的目的是示範臨床會談有幾項重要的功能。臨床會談評估
Ricky 和他母親的特定需求，並提供考慮家庭動力的必要資訊。此外，諮
商師可以運用評估過程來降低家庭成員的防禦心，以促進學生接收到家庭
成員的行為是友好的。換句話說，如果媽媽指派家庭雜務給 Ricky，媽媽
的目的不是要不公平地指派家務來懲罰 Ricky，媽媽的指派家務，就該被

視為對家庭系統的功能性協助。最後，評估過程實際上可以作為臨床會談的一部分，或可以不間斷地進入介入（例如代幣系統）。

≫ 家庭會談的禁忌

並不是所有家庭都有足夠的功能或資源，去參與暴力或潛在暴力學生的家庭會談。我們採用兩個因素來決定是否要開始家庭會談，首先，我們和被評估的學生談，我們很明確的討論邀請父母進入面對面臨床會談的用處，並描述過去經驗中父母是如何幫上忙。

> 諮商師：Ricky，有些以前我們會談的學生發現邀請父母參與會
> 談是有幫助的。通常爸爸媽媽可以提供他們對子女的
> 想法，也可以描述在家發生什麼事，這往往會有幫
> 助。有時候有些學生覺得在家很挫敗，他們想要改
> 變，有媽媽或父母在場，讓學生有機會說出自己的想
> 法和他們想要改變的建議。我覺得如果你爸媽在場會
> 有幫助，對邀請爸媽參與，你的想法是什麼呢？

如上所示，我們**詢問** Ricky 對邀請父母參與的想法，而非**告訴**他他可以讓父母參與。詢問他是否希望父母參與，是對這個年輕人充權。同時，一如專業諮商師不是犯罪司法系統的一部分，我們無法在評估過程要求父母參與。換句話說，我們不能強迫家長參與家庭會談，也不能強迫學生要求家長被納入面對面家庭臨床會談。取而代之，我們只能夠呈現這位母親或父母參與的可能好處。

有些學生立刻接受父母參與的邀請，有些則否。我們相信在這暴力評估的開始，是否邀請父母參與的決定要看學生。同時，邀請或不邀請父母的可能後果是學生要承擔的。現實的情況是：如果一個學生有暴力行為或被認為即將有風險，學校行政人員會和父母接觸。行政人員沒有選擇權。

暴力或瀕臨暴力風險學生在沒有父母涉入下,將不准回到校園環境。預備好接受家長參與的學生通常會接收到父母支持,或期望參與會談過程可以讓他們改變家庭動力,被這些學生視為是好處。舉例來說,同意參與會談歷程的學生或許相信,如果他參加的話,他可以不用進少年觀護所。當學生同意家庭會談,我們將可以從學生和家長那裡獲得機密的資料,且邀請父母積極參與面對面家庭臨床評估。

當學生否認希望家長參與,也拒絕提供資料時,我們通常可以發現明顯的家庭失能,有時家庭失能是因為學生的精神疾病引起(例如物質濫用、品行疾患、對立性反抗疾患等)。有時候失能是因為家庭系統內本身的混亂引起,往往家庭出現混亂是因為家長的成癮或人格疾患,例如反社會或邊緣性人格疾患,因此當學生也許因為家長參與而陷入被傷害的危險,或是父母精神疾病很明顯時,家長參與面對面臨床會談可能是禁忌。依照學生或老師的報告,當我們懷疑學生家長可能有成癮問題或不穩定的性格時,我們主要的評估將聚焦於家長很少投入或沒有家長投入的學生身上。不管是否觀察到精神疾病,為了他們自己或是他們的孩子,家長仍是被鼓勵參與治療的。

》》 品行疾患、對立性反抗疾患與陣發性暴怒疾患

當 Jacobson 和 Gottman(1998)將家庭暴力加害者分成兩類、但都是同樣重要的類別:鬥牛犬和眼鏡蛇時,撼動了家庭暴力與治療社群。兩類都是病態,也對他們的伴侶有潛在危險。Jacobson 和 Gottman 將他們對於施暴者研究中的絕大多數分為「鬥牛犬」,這些男人沒有安全感、有依賴性,而且依賴他們的伴侶。打個比方,就像鬥牛犬用吠聲、嗥叫和露出牙齒來威脅恐嚇般,這些男人威脅他們的伴侶。他們公然威脅,而且用清楚明顯的恐嚇,以及明確的暴力威脅。

相對而言,「眼鏡蛇」占施暴者顯著較小的族群。雖然眼鏡蛇的數量明顯較少,按照 Jacobson 和 Gottman(1998)的研究,他們的危險性遠

勝鬥牛犬，多數的眼鏡蛇達到反社會人格疾患（Antisocial Personality Disorder）的診斷標準。因此，照比喻來看，不像吵鬧嚷叫的鬥牛犬明顯易見而較容易閃躲，眼鏡蛇是鬼鬼祟祟和隱密行動的，他們的致命攻擊只有些微的事先警告。依 Jacobson 和 Gottman 的發現，這一型的施暴者有顯著強烈的致命風險。

雖然這隱喻過度簡化而無法含括諮商師可能遇到的各類型暴力學生，但它指出一個重要的觀點。在潛在暴力學生當中存在一個亞型，除非他們動手攻擊，否則他們並沒有明顯清楚地展現對其他人的危險，這群人可能無法完全透過「暴力學生量表」，甚至從最初的面對面臨床會談被鑑別出來。事實上，這個亞群的暴力學生通常了解如何欺騙他人，隱藏他們真正的暴力意圖。此潛在暴力學生亞群中，很多人可能達到品行疾患或對立性反抗疾患標準。很明確地，對這些或其他和暴力學生有關的疾患進行深入診斷，遠超過本章範圍。然而，基本上，這群潛在暴力學生亞群一般被指出的有品行疾患（Conduct Disorder）、對立性反抗疾患（Oppositional Defiant Disorder）與陣發性暴怒疾患（Intermittent Explosive Disorder）。

品行疾患

Jacobson 和 Gottman（1998）注意到絕大多數的眼鏡蛇應該被歸為反社會人格，但是多數學生的年齡是不能正式被診斷為人格疾患的（American Psychiatric Association [APA], 2000），由於他們的年齡，國中生及多數高中學生無法以反社會的成分來診斷。另外有兩種疾患通常會和之後成人的反社會人格疾患診斷有關：品行疾患以及對立性反抗疾患。

就品行疾患而言，最主要的特徵是有反抗行為模式，在這狀況下，學生否定他人的權利（例如，這學生為了要得到他或她想要的東西而引起肢體衝突），或是忽視合於年齡的主要社會規範（例如，打破車窗偷電器）（APA, 2000）。品行疾患診斷包含以下主要類別：(1) 威脅或傷害他人或動物的攻擊行為；(2) 造成財物損失的行為；(3) 說謊或偷竊；(4) 完全違反社會規則或道德。

校園自殺、自傷與暴力──評估、預防和介入策略──

符合品行疾患標準的學生，過去可能曾經重複出現上述四類行為，他們通常會被同儕和老師認為是具威脅性或令人害怕的。在我們的經驗裡，剛入門的諮商師有時候會無法辨認出品行疾患學生，因為研究所的評估課程通常強調「壞人」與「權謀者」的比較。「壞人」非常容易辨認，他們有明顯的臨床表現「我是壞蛋，別惹我」，甚至連他們的服裝也常反映出「威脅性」或是「嚇人的」。比喻來看，他們是 Jacobson 和 Gottman 所描述的鬥牛犬。

反過來說，權謀者開始時會呈現的是正值初露頭角的專業人士或政治人物：聰明、有能力、值得投資。他們是眼鏡蛇，他們通常穿著很貴的時尚服裝，表現出尊重與政治正確。然而，千萬別被騙了，權謀者和他們的同黨一樣狡猾、詭計多端，他們一樣符合品行疾患標準，但在某種程度上更難在最初的時候被確認。事實上，一開始權謀者深受教師和諮商師喜愛，以至於沒有經驗的專業人士會被騙，相信一切與他們有關的抱怨投訴都是不公平和不真實的。我了解，因為我也曾經有過這樣的經驗。

幾年前，10 歲的學生 Kevin 被轉介給我（筆者 Juhnke 博士）。他的祖母 Dorothy 開始了我們第一次接觸。她淚眼婆娑地敘述為何男孩的父母「暫時」送 Kevin 來跟她住，Dorothy 說 Kevin 的父母當時正經歷艱困的離婚歷程，按照 Dorothy 的說法，離婚過程「變得太醜陋」，以致 Kevin 不適合留下。她要求我評估 Kevin 對搬家和父母離婚的適應狀態。我真的很喜歡 Dorothy，她讓我想起祖母「應該有」的樣子——投資孫輩、有愛心的、溫暖的、同情接納經歷慘痛離婚的女兒、完全投入為她年幼孫子的幸福努力。我們最初的會面只缺美國國旗以及 Lee Greenwood 演奏的「天佑美國」（按：美國國歌），我非常肯定這次的諮商，也承諾 Dorothy 會確定 Kevin 有個健康順利的轉學。

在我們第一次共同參加的會談裡，Dorothy 和 Kevin 非常有禮貌。當 Dorothy 在候診區介紹我給 Kevin 時，他馬上站起來，他堅定地握著我的手，然後說了像是「Juhnke 博士，很高興見到您，我喜歡牆上的畫，這是您自己畫的嗎？」Kevin 打扮整齊、迷人可愛、聰明伶俐、表達清楚，

和我多數 10 歲大的個案明顯不同，他很像一個沒有繫領帶而跑進辦公室的候選人。我對 Kevin 提問，發現他轉學適應良好，並沒有特別需要注意或擔心的狀態。他坐得端正，多數句子都是用「先生」開始或結尾，而且整個會談裡都是眼睛直視我。在單元會談結束前，我和 Dorothy 見面討論，當我提供我的臨床觀點，認為 Kevin 轉學適應良好時，她看來鬆了一口氣。然而，當我提到說沒有什麼理由需要再見面會談時，她變得看來焦慮，她馬上表示我「需要」每個月見 Kevin 一次，「只為了確定」一切都沒有問題。

當我提出我的困惑，詢問為何 Dorothy 要每月會面，她提到 Kevin 曾經「意外不小心地」用 BB 槍射過他的同學，這個意外發生在另一州他父母家的後院。Dorothy 說這個意外的嚴重性被「完全地誇大」，據說受害者的父母向警方報案，結果就是 Kevin 被分派到一個少年保護官，要求每月更新 Kevin 的狀態，來免於被拘留。按照 Dorothy 的說法，這只是形式而已，受害者毫髮無傷。

接著我請 Kevin 加入他祖母和我在治療室的討論。依照這個男孩的臨床表現，我無法想像這個講話清楚恭敬的學生會傷害其他人，當我詢問 Kevin 這事件，他提供細節及有關和鄰居朋友在後院立起一個直立靶子的故事。據 Kevin 的說法，男孩們輪流射擊靶子覺得乏味了，然後他們開始射擊汽水罐。很不幸地，有個 BB 彈打到罐子彈起，直接射到他玩伴的臉。按照這些細節以及我對 Dorothy 與 Kevin 的臨床印象，我很清楚地**知道**他們說的是實話。也許準確一點的說法該是，我**想要**相信 Kevin 是無辜的。我幾乎沒有想過這聖徒般的祖母很可能符合反社會人格診斷標準，而這個孫子是權謀型品行疾患學生，我之後在未來諮商學生的心理病理課程中都會提到。

第二天早上我留了個訊息給 Kevin 的少年保護官。當保護官回電，他講的故事版本完全不同，他口中提到的是一個非常暴力的男孩，而且有各種犯罪紀錄。事實上，這故事截然不同到我要求保護官描述 Kevin 的外表，以確定我們討論的是同一個人。毫無疑問的，我被騙了。

我有三個理由分享關於我對 Kevin 最初不正確的評估，這是相當難堪的故事。首先我們必須覺察到很多權謀型品行疾患學生可能精於欺騙。針對本章討論的暴力評估，有些相當反社會的學生會否認任何傷人的意圖，取而代之的，他們非常熟練地陳述看來可信的謊言。第二，這個故事提醒我們需要去驗證那些達到品行疾患診斷標準的潛在暴力學生所提供的資訊及故事的真實性。第三，我們永遠該去諮詢專業同儕。在我的例子裡，我敗在沒有適當地諮詢。如果我沒有和 Kevin 的少年保護官通電話，我可能會寫一篇熱情洋溢的報告，卻沒有查明關於這個男孩長期以來的實際狀態。

對立性反抗疾患

對立性反抗疾患是日後被診斷為反社會人格疾患的潛在暴力學生第二常見的疾病。要評估學生是否是對立性反抗疾患，有時是個挑戰，因為很難確定到底他們僅僅是固執，或真的達到診斷標準。主要可以用來區辨學生是固執或對立性反抗疾患的必要指標是時間。對立性反抗疾患必須持續表現出抗拒、敵意、違抗等行為**至少半年**（APA, 2000），必須出現符合四個或以上的標準才是對立性反抗疾患。這些學生總是：

1. 常常發脾氣。
2. 與成人爭論。
3. 主動反抗或拒絕成人的要求或規定。
4. 故意傷害他人。
5. 因為自己的錯誤或不當行為責怪他人。
6. 很容易被別人激怒。
7. 生氣和怨恨。
8. 惡意或有復仇心。

值得注意的是，這些標準只有在年齡和發展狀態相當的狀況下，行為發生頻率升高時，才符合。

品行疾患或對立性反抗疾患合併注意力缺失症

基本上，我們諮商過的注意力不足過動症（Attention Deficit Hyperactivity Disorder, ADHD）的學生都非暴力。傷害他人的學生，我們發現比較少是蓄意造成，通常是因為他們的過動。例如，一個過動學生可能「跳向」一群排隊的學生，然後就意外造成傷害，但是這很少是學生故意要傷害或危害他人。

比較常見的 ADHD 意圖傷害他人者，他們會有品行疾患或對立性反抗疾患的共病診斷。ADHD 的特點是無法維持和年齡相符的注意力，且無法專心手邊的工作。症狀例如不專心，包括以下常見行為：

- 無法專心在細節上，導致學校課業、工作或是其他活動出現粗心大意的錯誤。
- 無法在進行任務或遊戲時維持注意力。
- 直接對話時好像沒有在聽。
- 沒有照著指令，以致無法完成學校課業、家務或工作場所的責任（不是因為對立行為或無法了解指令造成）。
- 無法組織任務或活動。
- 逃避需要持續心理功能的事情，不喜歡或顯現不情願。
- 遺失或找不到完成課業或任務所需的書或相關材料。
- 因為外來刺激而分心。
- 忘記每天例行活動（APA, 2000）。

此外，很多 ADHD 學生經常呈現的過動是：

- 手一直動來動去地坐立不安，或是在座位上扭動。
- 在應該坐在位子上的時間離開教室。
- 在不適當的情境過度奔跑或攀爬。
- 在休閒活動時間無法安靜地玩。
- 處在「不斷移動」，或是動來動去，像是「身上有裝馬達」。
- 講太多話。

衝動性的症狀也要注意，這類症狀包括：

- 在問題問完之前就開始講答案。
- 沒辦法等待輪流。
- 打斷或插入別人原來進行的事。

上述症狀必須持續至少六個月（APA, 2000）。此外，有些症狀必須在 7 歲或之前、至少在兩個不同場域（例如家裡和學校）出現，以及這些症狀應該造成嚴重的社交、學業或工作功能與關係的損害。

陣發性暴怒疾患

另一群需要特別被關注的暴力和潛在暴力學生，是那些符合《精神疾病診斷與統計手冊第四版修訂版》（*DSM-IV-TR*）陣發性暴怒疾患診斷標準者。通常他們過去都有非預先計畫的暴力行為史，換句話說，這些學生在一個特別的時刻表現出暴力，他們常常表示在攻擊爆發前感受到或感覺到激動或緊張感（APA, 2000）。在攻擊行動後，他們可能會覺得後悔或自責，而有時他們甚至會說對他們自己無法解釋的暴力行為感到丟臉，也對自己為何會這樣感到困惑，不清楚是什麼導致攻擊行為的。*DSM-IV-TR* 要求特定標準來作為符合診斷陣發性暴怒疾患的證據（APA, 2000），這些標準包括幾次導致對人或財物嚴重傷害的衝動行為，而這些攻擊行為的強烈程度極度不符合當時的情況或挑釁（APA, 2000）。

本章摘要

本章強調的主題是面對面臨床會談，包括面對面臨床會談與一般對話的差異，以及面對面臨床會談潛在的好處與限制。我們也討論可以用在暴力與潛在暴力學生身上的暴力核心問題以及問題型態。特別是，你已經學到有關於「暴力學生量表」與家庭會談的基本訊息。此外，我們也談到家庭面對面臨床面談，以及可能會有的禁忌。最後，我們提供關於品行疾患、對立行為疾患以及陣發性暴怒疾患的綜述，也討論涉及 ADHD 共病

的品行疾患和對立性反抗疾患。

最後有兩點很重要。你已經很努力進修取得了碩士學位和專業證照，千萬不要冒可能失去專業證照的風險。除非你是學校暴力與法律的專家，否則你應該永遠都要先諮詢學區法務部門，並在對有自殺或暴力風險的學生進行任何評估或介入前都要先取得授權。在這個連律師本身都需要聘請其他專長的法律顧問來確保他們在潛在責任風險中得到保障的年代，很清楚的，每個人永遠都要諮詢可能的責任風險，並投保相對應的責任險。即使已經被「納入」公司或組織的責任保單中，我們堅信個人專業都應該購買他（她）自己的保單。此外，暴力評估是個複雜的歷程，沒有人可以鑑別出所有暴力的學生。因此，透過一組由各種有經驗的專業人士所組成的暴力評估委員會，有結構、多元整合性、周全地進行暴力評估是必要的，成員包括臨床工作者、臨床督導、法律顧問、一名個案或學生事務處理者或倡導者，共同來評估學生的潛在暴力，並提供可能的介入建議。這樣的暴力評估委員會進行的評估與建議，務必提供所有相關人員的安全保障。

第七章

用關懷系統方式介入有暴力行為或具暴力傾向的學生

當高風險學生被評估為對校園中其他人有明確且立即性的危險時，回應方式相當明確，必須要求他們離開校園，直到對其他人沒有立即危險為止。更具挑戰性的是那些有輕度到中度暴力傾向及過去曾有暴力行為的學生，現在希望能重新回到校園裡。有關這些人的決定，永遠不應該由某個個人來論斷，相反的，須以包括學校諮商師、行政人員、教師、照顧服務系統團隊成員、家長、校園警衛，以及（可能有的）少年保護官與法官所組成的團隊意見為依據。只有在團隊能確保：(1) 該名學生對自己或他人沒有立即性的威脅；(2) 校園環境中的其他人能得到安全，課業或人際關係不因此被中斷；以及 (3) 在有充足的結構與控制措施的狀況下，具輕度至中度暴力風險的學生才能被允許回到校園環境裡。

關懷系統（包裹式服務）

關懷系統（systems of care），通常也稱為**包裹式服務**（wraparound services），包含足以提供具輕至中度暴力危險因子、或已被排除需要限制性環境的學生們廣泛性的應用服務。[1] 更進一步而言，關懷系統的目的是

---

[1] 這種不需限制的判定，必須由不同領域的心理衛生專業團隊人員提供，並且：(1) 已給予適當的心理衡鑑；(2) 與學生、學生家長、同儕及老師進行面對面的臨床會談；(3) 確認學生對自己或他人皆未表現出顯著的威脅危險。

為了達成對學生提供「無縫接軌」照顧服務的一部分（Adams & Juhnke, 1998, 2001; Juhnke & Liles, 2000; VanDen-Berg & Grealish, 1996）。 所以，即使服務或目標少有共通點和交集，這些過去曾有暴力行為與具暴力傾向的學生和他們的家長，能在同一個服務提供者處接受服務，而非由不同療程的提供者提供個別服務。本章提供一套關懷系統方式，並能在有需要時，依個別學生的需求及獨特性加以調整。

關懷系統是一項已證實為有效的，且以實證為基礎的處遇方式（Friedman & Drews, 2005）。關懷系統模式被認證為一種創新的治療與服務處遇方式，並能同時有效地應用於青少年司法與教育體系。這套方式視被學生或學生家長認為重要的專業人員（如學校諮商師、學校心理師、保護官等）與非專業人員（如祖父母、牧師、籃球教練等）為他（她）成功諮商結果的重要一環。

與減少暴力可能性明顯相關的是，具輕至中度風險的學生指出一些他們相信能幫助他們達成減少暴力行為目標的人（如學校諮商師、教師、父母、教練等）。這套方式鼓勵發展個人化的處遇計畫，且此計畫以傳統（如個別、團體及家庭諮商）與非傳統（如攝影、籃球、園藝……）等兩種介入方式為基礎，目標在協助學生轉而專注於非暴力行為及非暴力的觸發事物上，因此，他們對暴力行為的注意力就能被轉移。

通常曾有暴力行為，或過去曾被認為在校園環境中對他人有特殊危險性的學生，都要接受法律規定的處遇，包括來自多元精神醫療機構與法院系統的個案管理服務。不同於這些機構與系統在缺乏協調合作的情況下獨立運作，關懷系統模式大膽地建立一項聯合處遇方式，為了提供學生們每天 24 小時、每週 7 天、一年 365 天的服務而設計，這包含了他們在校內與校外的所有時間。此成果亦需具有輕至中度風險學生、他們的家長，以及學校諮商師的共同支持與合作。

當輕至中度風險的學生經過團隊評估，且團隊相信這些學生對自己及他人未表現出威脅，並能安全地回到受控制的校園環境中時，這些學生和他們的家人將會參與在關懷系統的優勢評估中。在這項評估中，學校諮商師、提供學生服務的其他機構專業人員（如語言治療師、少年保護官等）、家庭成員，以及被學生與他們的家長認同的其他人將會共同會面。

三項最基本的優勢評估目標包括：

1. 確定學生及他們的家長如何同時滿足過去有暴力行為學生的需求（如：提供給學生兼具教養及安全的家庭環境），以及他們家庭的需求（如：充足的食物與牙科保健服務）。

2. 確認精神衛生專業人員與非專業人員能用哪些方式幫助學生及他們的家庭（尤其在如何協助輕至中度風險的學生保持無暴力行為）。

3. 給學生及其家長鼓勵及正向回饋，以支持他們採取有效行動來促進學生的非暴力行為，並增進家庭功能。

優勢評估最基本的目的，就是提供資訊給過去有暴力行為或具暴力傾向的學生和他們的家長，讓他們知道有哪些部分是自己做得很好的。同時，這項評估也意圖協助家庭系統建立自己的優勢，同時增強學生的非暴力行為及照顧行為的有利系統，讓被指派擔任專業角色的人們能夠投入來達成這項基本目的。另外，非專業人員的建議和想法被視為與專業人員所提供的意見同等重要，也能促進合作及平等的精神。

≫ 最初的學生、家長及學校諮商師的優勢評估會談

接下來的臨床對話，是為了幫助你對關懷系統優勢評估過程系統有更清楚的了解，在這個情境裡，12 歲的 Maria 是一位聰明的六年級學生，她是獨生女，與 33 歲的母親及 58 歲的外婆同住。Maria 是住在東南部一

座中型城市裡的第二代墨西哥裔美國人，她的家人在她 3 歲時搬到這座城市居住，Maria 則與她現在的學校同儕從幼兒園一起相處到六年級。在 Maria 就讀的中學裡，大約有 25% 的學生認為自己是西班牙或墨西哥裔美國人；而在全校人口中，有 12% 的人是被學校系統判定為過重的。Maria 身材明顯過胖，並且有和取笑她體重及糖尿病的人打架的紀錄。

在上學年中，Maria 因為帶頭打架被學校停學兩次，不久之後，又因為第三次打架而被學校開除。第三次打架事件是從 Maria 與一名取笑她體重的女學生發生口角開始，Maria 騎在那名嘲笑她的女學生身上，用一枝削尖的鉛筆反覆戳她的頭、脖子與肩膀。這次衝突在該名學生臉上造成需要整形手術治療的嚴重穿刺傷，在衝突之後，Maria 立刻被判刑，並安置到少年拘留中心。三個月的拘留中心安置與兩個月的在家密集個案管理之後，Maria 及母親向學校申請讓 Maria 復學。

邀請家長與學生、介紹關懷系統，並確認可能的參與者

與美好的晚餐經驗一樣，這部分的優勢評估流程對於建立成功處遇結果相當重要，若無法吸引家長或學生充分參與，將減少他們對評估過程的投入。同時，對關懷系統流程不正確的表述，或無法決定出適合參與的重要他人，將造成失敗的處遇結果。所以，下文將分別討論它們的重要細節。

》 邀請

第一次優勢評估場景的前半段是與 Maria 及她的母親一起進行，在這裡，諮商師只是與過去出現暴力或輕至中度暴力的學生和他們的家長見面，尤其當學生在暴力事件之後，經由法院或學校系統強制要求接受諮商時更是如此。在這種情況下，學生已進行過暴力評估，且由對該生進行評

估的人員——典型的最小團隊是由經委員會認證過的一位兒童或法院精神科醫師；一位臨床、法院或學校心理師；以及一位關懷系統工作人員、諮商師，或婚姻與家庭治療師組成——判定該生在學校環境中，對自己或他人已無立即的危險性，並已確定要為返回校園做充分的投入。所以，剛開始第一次的關懷系統會談聚焦在吸引母親與 Maria 參與、描述在關懷系統的介入過程中會發生哪些事，並幫助她們認定可能參與介入過程的專業與非專業人員。

> 諮商師：Diaz 女士，謝謝妳帶 Maria 來參加今天的會談，對於讓學生能成功地再融入學校環境中，母親這個角色是非常重要的。妳今天會來這裡，讓我感到妳是非常在意 Maria 並致力要讓她順利回到校園的。
>
> 母親：沒問題。Maria 和我都希望她能回到學校繼續她的學業。

在我們繼續之前，很重要的一點是討論先對母親說話的原因。剛入門的新手常常先邀請學生，雖然可能有某些臨床建議是這樣做，但我們相信經驗豐富且有說服力的介入是先邀請母親。從結構派家族治療的立場來說，先招呼母親，肯定了母親的家長角色，並進一步地暗示 Maria 是孩子。先對母親說話能將她放在「權力座位」上，這確定了母親的位置是在家庭權力位階中的上方，並肯定她是負責主管家庭系統的人。如果父母雙方都出席會談，諮商師會稱呼「Diaz 先生與太太」或「爸爸和媽媽」，這樣父母雙方都會被放到家庭權威者的位置上去。

另外，如果母親沒要求的話，Maria 似乎既不會出席，也不願參與會談。換句話說，組成家庭親職系統的母親或任何人對 Maria 的會談參與度是極為重要的，因此，我們越讚揚母親，她就越有可能繼續要求 Maria 出席會談，並確保 Maria 抵達諮商辦公室。萬一母親想脫離或破壞處遇，所造成的傷害將無可挽救。所以，諮商師需要確保母親認為自己是諮商與教

養過程中的重要盟友。

更進一步來說，和許多其他多元家庭一樣，先邀請母親的動作，可能在這個墨西哥裔美國家庭裡也有隱藏的意義存在（A. Valadez, personal communication, May 18, 2009）。在墨西哥裔或西班牙裔的文化裡，權威人物通常是先生或男性長者（例如祖父）。在本案例裡，父親角色是缺席的，然而，母親是有名無實的領袖，若不先邀請母親的話，可能會被認為對她不尊敬，甚至可能對 Maria 也是失禮的。在臨床或文化中，先對母親說話都是對這個家庭最適當的技巧。

接著諮商師邀請 Maria。

諮商師：Maria，要回到學校的感覺怎麼樣？

Maria：能回去很好，我想念我的朋友們。

諮商師：我肯定妳一定很想他們，能和朋友再聯繫上總是很好的。妳希望藉由這些關懷系統的會談完成哪些事呢，Maria？

Maria：我也不知道。我媽和我們的律師只跟我說，在我能回學校之前要先跟你見面。

諮商師：所以，妳來這裡是因為媽媽強迫妳來會談，或是因為妳真的很想回學校，跟朋友們在一起，以及更重要的是學業？

Maria：喔，是的！我在這裡是因為我想來。

諮商師：所以，就跟大人一樣，妳決定來接受諮商會談，因為妳想要學習幫助自己停止打架，並專注在學業上的方法嗎？

Maria：對。我媽沒強迫我來。

諮商師：很好。這讓我知道妳是很成熟的。很多時候，小孩子們來這裡只是因為他們的母親逼他們來。不像大人，他們不懂在學校學習對他們往後人生的職業非常重

要。

Maria：我知道學校有多重要。我不是小孩子。

對某些人來說，邀請 Maria 或許看似容易，但這過程是至關緊要的。有些剛入門的諮商師無法提供平衡的對話，儘管父母與學生雙方都已出席，但是他們無法均衡地邀請家庭成員參與。Maria 必須相信自己的聲音是真正被聽見且被理解的，在諮商師與母親對談之後，讓 Maria 能有溝通時間也是同樣重要的。

在這個案例裡，學校諮商師認可了 Maria 的回應，但不停留在她的回應本身，而是立刻詢問 Maria，她想要藉由前來諮商達成什麼目標。Maria 的草率回應正好符合了接下來「強迫選擇」的策略性兩難問題：Maria 是被強迫出席，或者她希望能回到學校並學習？多數兒童晚期的孩童（如 10 到 12 歲的學生）及青少年拒絕承認他們是被強迫做任何事情的，甚至絕大多數兒少都希望證明他們已經是大人了。換句話說，**他們**為自己的人生做出選擇，而不是被父母所指派的，所以治療師的問題提供了一項有說服力的悖論：Maria 說是她母親強迫她出席會談嗎？如果是，這代表 Maria 的母親有能力控制她。更進一步而言，萬一 Maria 表明母親要求她參與諮商，這就代表 Maria 既不是個成人，也不夠有能力控制自己的生活，換言之，她無法做成人的決定。所以我們能預期的是，許多學生都會否認他們是被強迫參與的。

這是個矛盾的陷阱。如果 Maria 真的在沒有母親強迫的狀況下選擇出席會談，她將必須證明自己是更像大人，而非小孩子氣的。所以，這將迫使她在會談中表現出更像個成人的態度，在學校及家庭環境中也是一樣，而這正是諮商師所希望的。所以 Maria 對這個經過策略性對兩難問題做強迫選擇的回應，會快速地將她推向更健康的行為模式。

>> 介紹系統

現在學校諮商師已經用平衡的溝通來邀請了母親和 Maria，接下來，諮商師要詢問她們對關懷輔導系統的了解，對絕大多數個案而言，學生與家長只對關懷系統有非常少的認識。無論如何，她們已經從少年保護官或過去曾參與過類似會談，並相信這項流程能有所幫助的其他人那裡聽說了整個過程。但要記住的是，本階段的目標並不是要測試她們，也不是要確認有哪些是她們不知道的；相反的，學校諮商師僅希望藉此機會利用讚賞她們和她們所提供的任何已知訊息，來創造正向經驗，以成功邀請母親與學生投入。與此同時，諮商師將協助兩人得到對過程的完整認識，並回答她們的所有問題。

> 諮商師：告訴我一些妳對關懷系統的認識。
> 　母親：我所知道的是，Maria 和我將找出一些我們覺得有助
> 　　　　於 Maria 停止打架的人，我們會要求那些人和我們一
> 　　　　起集思廣益，找出讓 Maria 遠離麻煩的方法。
> 　Maria：對，所以它有點像是找一群朋友和家人，然後說：「幫
> 　　　　助我，這樣我就不會再打架。」
> 諮商師：聽起來妳們好像都做過功課了。妳們是對的，今天我
> 　　　　們要做出一份 Maria 將要邀請來協助她的專業和非專
> 　　　　業人員名單。有些人可能無法或不想來參加會談，這
> 　　　　沒關係，無論如何，我們將邀請那些願意來參加的
> 　　　　人，一起為 Maria 創造新的、非暴力的互動方式。記
> 　　　　得我們邀請的這些人只是幫手，真正執行的人還是
> 　　　　Maria，所以這將完全取決於 Maria 是否落實這些經過
> 　　　　她同意的方法，如此她才能真正遠離暴力。

如上所示，諮商師僅只是詢問這個家庭對關懷系統的了解。母親首先

校園自殺、自傷與暴力 ─評估、預防和介入策略─

回答，然後 Maria 補充她的理解。諮商師立刻稱讚了母親與 Maria，接著解釋了關懷系統流程的重點方向，這些動作都是建立關係與確保諮商成功的關鍵。

各位讀者，你介意我們問你一兩個問題嗎？你是否喜歡感覺自己有能力又能幹？你喜歡人們給你適當的讚美嗎？我猜你對這兩個問題的答案都會是肯定的。你知道嗎？對家長與學生也是一樣的，每次你對他們適當參與的嘗試提供正向增強時，這些經驗建立了你們之間的關係。沒有家長或學生會希望被糾正，或在家人及朋友面前出糗的，家長們時常會焦慮其他人可能認為他們是無能，或者更糟糕——是失敗的；很多時候學生們太常被糾正，導致他們對大人或諮商師所說的任何話都感覺倒盡胃口。簡單的說就是，他們因為疲於被糾正而感到掃興了。所以，無論何時，只要諮商師有機會對學生（或家長）提供讚美或表揚，就應該這麼做。我的理念是，惟有當讚美與懲罰的比例嚴重失調至完全偏向給予讚美這方時，家長與孩子才可能在之後做出修正。

注意不要忽略了在情境結尾處，學校諮商師最後做了一段有力的說明。諮商師的說明提醒母親與 Maria，無論參與者是誰、說了什麼或做了哪些事，真正改變的原動力在 Maria。為了強調 Maria 的責任，諮商師在會談中提及了兩次。

≫ 確認參與者人數

接下來，學校諮商師協助母親與 Maria 確認關懷系統諮商團隊可能的成員。適當的成員挑選對關懷輔導系統的成功，以及 Maria 目標的實現極為重要，參與者中的專業人員（如學校老師、語言治療師、諮商人員、少年保護官等）不應該超過 50%，其他成員應該是非專業人員（如祖父母、叔伯、阿姨、牧師、神父或家庭友人等）。雖然目標是「圍繞」（wrap around）家庭與學生生活的所有面向（如學校、家庭、社區等），以增加家庭及社區的功能和互動，來減少學生的暴力行為，但如果太多成員參

與，對關懷系統諮商會談而言，仍是相當大的挑戰。從我們的經驗來看，超過八位成員參與的會談就可能太過混亂了。所以，我們建議邀請五到六位願意高度投入的成員。

投入與尊重

被學生及家庭挑選可能成為關懷系統一部分的人們，必須要能讓學生及家庭感受到他們對諮商成功結果的投入，也必須表現出尊重。學生或家庭所指出的非專業人員之例子包括他們敬畏的老師、尊敬的教練，或學生最喜歡的音樂教師。邀請不認識且無意願投入學生生活的人並沒有幫助，學生及家庭成員若感覺這些非專業人員不尊重他們或珍視他們，他們可能會破壞治療。

禁忌

可能特別不適合成為關懷系統成員的人，包括下列這些：

- 學生或家庭不喜歡或不信任的人。
- 被證實有物質濫用或成癮的人。
- 符合《精神疾病診斷與統計手冊第四版修訂版》（*DSM-IV-TR*）中人格違常的準則（如反社會人格疾患）。
- 正參與犯罪活動或近期曾被判決有罪的人。
- 過去曾被判決或被控性侵，或疑似有性侵紀錄的人。
- 在目前或近期內疑似或者確認有精神疾病特徵，如幻覺及妄想等症狀的人。

另外，被證實近期內有暴力行為，或符合 *DSM-IV-TR* 診斷（如陣發性暴怒疾患、對立性反抗疾患或品行疾患）的人，都必須要從可能的參與人員名單中排除。

≫ 確認參與者

下面的對話，將用來協助了解關懷系統優勢評估的確認與選擇流程如

何運作。

諮商師：媽媽，就像 Maria 和妳都知道的，有一部分關懷系統
優勢評估流程是確認能參與 Maria 的諮商會談的可能
人選。我將負責執行法院和學校系統指派的會談，
Maria 的少年保護官 Sanchez 小姐和個案管理員
Osborne 小姐也會出席。我相信，確認妳和 Maria 相信
能幫助 Maria 遠離暴力的人選，大約四到六位，對我
們來說會非常重要。

母親：Maria 和我已經討論過我們想邀請誰了。第一個我們
想邀請的人是我 58 歲的母親，Rosa。她和我們一起
住，而且幫我養育 Maria。

諮商師：外婆聽起來是個非常棒的選擇。Diaz 女士，能幫我了
解妳覺得她會怎麼協助 Maria 保持非暴力的行為模式
嗎？

母親：她非常嚴厲，但也很慈愛，她非常愛 Maria，而且當
我外出工作時，是她和 Maria 在家。所以我相信祖母
能在我工作時落實規範。

諮商師：妳的想法呢，Maria？

Maria：外婆已經幫了很多忙了，她和我一起做很多事，像購
物或煮晚餐或做一些東西，我會想要她加入我們。

諮商師：妳還想到其他哪些人，Maria？

Maria：Elms 女士，她是我最喜歡的老師。

諮商師：聽起來妳真的很想要 Elms 女士加入。Maria，告訴我
妳覺得 Elms 女士會怎麼幫助妳消除暴力行為？

Maria：通常當那些小孩嘲笑我很胖時，我就會痛打他們。如
果 Elms 女士幫我的話，我可以跟她談，而不是打架。

諮商師：這真是個很棒的想法，Maria。妳是怎麼想到的？

Maria：因為我的個管員 Osborne 小姐，然後我就想到了。

諮商師：嗯，妳做得很好。還有誰或許能幫助妳的？

　　讓我們花點時間回顧在這個臨床對話裡發生了什麼。學校諮商師在這裡介紹了被要求出席的人員（如 Maria 的少年保護官），這就只是像影集《警網》裡 Joe Friday 說的：「就是事實而已，女士。」被要求出席的人是無法被取代的，諮商師只是點明了有誰必須要出席，這些參與者被指出來後，學校諮商師要求再找出三到五名可以幫助 Maria「成為無暴力」的人。這有兩個重要原因，首先，藉由指出有限的人選，能鼓勵母親與 Maria 聚焦在那些她們認為對 Maria 最有幫助的人身上，因而有助於減少從一堆或許只能對學生提供最小投入或協助的人們之中做選擇的狀況。

　　其次，要求母親與 Maria 指出那些能協助 Maria 從暴力行為中復原的人，這是對母親與 Maria 充權，這個動作讓她們成為專家，且暗示母親與 Maria 能對出席關懷系統的人選做出最好的選擇。

　　這樣的充權並不是花招或遊戲。誰最了解哪些人可以幫助 Maria 實踐她的非暴力行為呢？讀者，你是否曾進行過節食？當有人**告訴**你哪些食物是你在節食中**必須**吃的，你都會怎麼回應？我們不了解你，但無論何時，當有人告訴我們**必須**做什麼時，我們通常會抗拒。事實上，我們想要證實他們是錯的；相反的，如果有人提供我們做一個聰明決定所需的必要資訊（如：「除非你減掉 15 磅，否則會有糖尿病、中風及心臟病的風險」），而我們因此決定這是讓我們節食最大的動力，這時我們對節食的投入會多得多。換句話說，當我們做出要節食的決定，我們就贏了。無論如何，如果有人強迫我們節食，我們極有可能浪費寶貴的時間和精力來對抗這個命令，而且我們很可能不會節食太久。

　　此外，誰最了解你最喜歡的高熱量食物是什麼？你渴望吃到鹹洋芋片嗎？或者你比較喜歡滿是奶油的甜牛奶巧克力棒？還有，誰知道一天當中你最想吃高熱量食物的時間是什麼時候？我們用這些問題來闡明，比起某些節食顧問，**你**才是最了解你自己的人。例如，你是那種可以節制一整

天，但在晚上 11 點過後會猛吃任何你看到的食物的人嗎？這裡我們的目的是要說明，**你**對你自己和你的飲食模式的了解會比其他任何人都要多。而我們提供母親與 Maria 的正增強，尤其那些**她們相信有助於** Maria 從暴力行為中復原之信任對象的選擇，是關懷系統基礎的關鍵：學生和他們的家庭知道他們最需要的是什麼，而且他們知道誰最能幫助他們穩固那些經驗或資源。

然後，我們看見當母親提議找外婆時，學校諮商師讚美了 Diaz 女士的決定。身為修過諮商理論課程的學校諮商師，你記得哪些行為治療的內容？一點都沒錯，正向的、有回饋的行為基本上能使人們複製他們被期待的行為。換句話說，學校諮商師正向地回饋了母親的提議，並增強了母親的行為。所以，我們可以設想母親將會持續投入處遇過程，並繼續提出其他可能的參與者。

若不提供這類正向回饋，會導致參與者的不投入。我們猜你們之中的某些人可能在某些經驗中，體驗過這種不投入的感覺。教授常要求學生對某篇閱讀作業或課程相關主題發表意見，而不善言辭又尋求某特定答案的教授，迅速地打發所有學生的回應，直到他們找到那位提供他們想要的答案的學生為止。當三位學生的回應被草率地打發掉之後，有趣的事發生了，學生們停止回應，而教授必須自問自答。當連續幾堂課都發生這種輕忽的行為，學生就會放棄了，他們不再被教授吸引。對學生和他們的家長來說也是這樣的，當學生與家長提供一個可能的參與者姓名時，我們必須確保他們都能感到自己是被傾聽與了解的。

學校諮商師也要求 Maria 說出她對外婆參與的想法，這裡重要的是讓 Maria 看到她自己已經投入參與者的選擇過程中，萬一 Maria 覺得這些參與者是她**母親的**參與者，這女孩將可能會破壞諮商。無論如何，如果 Maria 能夠邀請她真正覺得對自己有幫助的對象，她可能會變得更投入於諮商過程中，畢竟，一旦是你自己選擇了他們的時候，你怎麼能對參與者感到不滿？

接下來，諮商師建立了一個模式，詢問這些被提議的人將**如何**幫助

Maria 保持無暴力的行為。在推薦的人選被提出來後，立刻加以詢問，母親和 Maria 便會在提出其他人選之前先思考這問題。所以，當這個模式開始之後，母親與 Maria 便會開始與自己對話：「Julie 表姊將能怎麼幫助我不要打架？」這有助於增加她們提出自己確信能協助 Maria 從暴力行為中復原的人選的可能性。

縱觀這段臨床對話，我們看到學校諮商師提供母親與 Maria 持續性的讚美，Maria 詳盡地敘述了 Elms 女士能如何協助排除女孩間的暴力行為，然後諮商師稱讚了 Maria 的回應，並詢問 Maria 是如何**發展出**這個想法的。雖然 Maria 提出，有一部分是個案管理員協助她想到這個主意，諮商師不聚焦在個管員身上，反而更多地歸功於 Maria。這麼做的目標不是不認可個案管理員，而是要讓 Maria 對她自己的計畫有最大的認可。

›› 排除被提議的參與者

在以關懷系統模式與危機中的家庭工作，並督導博士及碩士學生利用關懷系統做介入後，我們了解到一項最大的挑戰是，當學生或家長提出了一個顯然不適當的可能參與者的時候。不適於被邀請進來的對象已經標註在上文關於「禁忌」的段落。令人驚訝的是，我們發現藉由詢問被提議的人將**如何**幫助消除學生的暴力行為，可以大幅度地減少像這樣不適當的建議，這個詢問過程已經呈現在上一段臨床對話。無論如何，如果學生或家長提議將某人邀請進來，但這個人選在臨床上並不恰當的話，我們會詢問這個被提議的人將能「如何」協助，通常這就足以讓這個被提議者從考慮清單中被移除了。然而，若他們沒有被移除，我們會試圖確認這個人的存在是如何被視為可能有幫助的，然後建議其他方法來補足這需求。這呈現在下面的臨床對話。

　　母親：我們想要的第一個人選是律師 Vos 先生。
　諮商師：請協助我了解 Vos 先生會如何幫助 Maria 維持無暴力
　　　　　的行為。

母親：不，這不是我想邀請他的理由。我希望確保 Maria 不會被她的少年保護官抓到把柄。

諮商師：Diaz 女士，我完全能了解妳不希望 Maria 被她的少年保護官抓到把柄。無論如何，我們邀請參加的對象應該要非常了解 Maria，並全心投入在協助 Maria 消除她的暴力行為。Vos 先生的參與會直接影響 Maria 變得安全和不打架嗎？

母親：不，我猜不會。

諮商師：我假設 Vos 先生同意了 Maria 要參與關懷系統，如此一來她才能回到學校裡，是不是這樣呢？

母親：是的，他說學校允許 Maria 回去的唯一方法就是她要參與關懷輔導系統的會談。

諮商師：然後妳們的律師認為符合 Maria 的最佳利益就是出席這些會談？

母親：對，他是這樣說的。

諮商師：所以，他如果不覺得這符合 Maria 的最佳利益，他就不會建議 Maria 出席。

母親：我猜你是對的。

諮商師：那這樣如何，Diaz 女士，既然我會是進行會談的人，萬一在這些會談的任何時候，妳覺得 Maria 被以任何方式指使或傷害了，妳能答應我妳會在會談中跟我說嗎？

母親：我可以。

諮商師：坦白說，如果妳感覺到 Maria 被以任何一種方式傷害了的話，妳必須要在會談中讓我知道。Diaz 女士，雖然我們最近才剛見面，但我相信妳在 Maria 身上投入了全部精力。所以，萬一任何時候妳相信 Maria 被傷害了，我需要妳立刻告訴我，這樣我們可以當場立刻

確認妳的顧慮。妳能答應我嗎？

母親：可以，我會這樣做的。

諮商師：很好，那麼既然妳答應有任何不對時會讓我知道，我相信我們能在 Vos 先生未出席的狀況下開始進行這些會談。

在我們回顧這個臨床對話時，我們觀察到學校諮商師做了一些非常重要的事。

當母親提議讓 Maria 的律師到場時，諮商師沒有驚慌。相反的，諮商師保持理智，並將對話維持在認知層面上，諮商師並未愚蠢地以情緒化的方式回應。要將互動維持在認知而非情緒階段，諮商師只需要詢問：這個被提議的人要如何協助學生維持非暴力行為？母親回應她想要律師參與是為了不同的理由：她要確保 Maria 不被她的少年保護官「抓到把柄」。我們相信這樣的顧慮是正當的，在我的經驗裡，有許多被強制要求接受處遇的人，都覺得權利被剝奪了。這裡母親僅希望 Maria 的律師出席，能確保 Maria 及她自己更有力量，以對抗要求她們成功完成一個她們不能控制的過程。

筆者（Juhnke 博士）不知道你的情況，但當我感覺自己的權利喪失時，我並不喜歡。想想看上次讓你感到權利被剝奪的時候，你在哪裡？發生了什麼？最近一次我感到喪失權利時，是一個年輕店員不願意幫我購買的一副太陽眼鏡辦理退款。我是在前一天向同一位店員購買的，在我購買的時候，那位店員很清楚地告訴我，如果我不喜歡這副眼鏡，我有 90 天的期限能讓這筆交易全額退款。事實是，該商店的全額退款政策在發票收據有很清楚的描述。當越清楚沒有一個解答可以同時符合店員和我的期待時，情況變得更令人厭惡了。

請注意這個情況是圍繞在一副太陽眼鏡上。如果這種狀況圍繞在一位我愛的家人身邊，我會有什麼感覺、會怎麼做？很清楚地，當學生及家長感到無能為力時，會表現出一種「厭惡的」態度。Diaz 女士並非如此。

校園自殺、自傷與暴力 —評估、預防和介入策略—

無論如何，除非孩子出現口頭威脅或高危險暴力行為，有些家長相信他們的孩子是沒有威脅性的。這些家長經常是習慣於他們孩子的癖性和行為方式，所以，他們沒有意識到他們的小孩對他人造成威脅。事實上，這些家長中有些人感覺他們的孩子是被不公平的強制諮商所剝削，被指派的學生和家長往往很生氣，他們很典型地用一種情緒層面的方式行動或回應，而非認知層面。當學生與家長用這種方式表現出他們的行為時，諮商師很容易也給予情緒化的回應，而非認知的。

William Purkey 博士是「啓發潛能教育與諮商」（Invitational Education and Counseling）的創立者，他用日本武士的軼事描述了學校諮商師為何需要保持理智與專業性。有位武士被天皇僱用，負責將繳不出欠稅的人斬首，作為一位專業人士，武士僅只是在完成天皇交派給他的任務，所以，他對那些被他斬首的人是毫無惡意或情緒的。有一天武士遇到一名債務人，當武士舉起劍準備將他斬首的時候，這名債務人向著武士的臉吐痰，並侮辱武士的母親、妻子及孩子。被激怒的武士將劍收回劍鞘裡，並且離開了。稍後，當天皇問起為何他沒有將那名可憎又出言侮辱的債務人斬首時，武士只解釋了如果他只是出於情緒將對方斬首的話，這將影響到他的專業性。

這個故事對有時會遇到憤怒學生與家長的學校諮商師有類似的含義。這些學生和他們的家長常常不尋求諮商來減少孩子的潛在暴力行為，很多時候，他們已經學會如果用威脅的態度來嚇阻或行動，其他人就會遠離他們，或對他們要求少一點。所以，當學校系統或法院要求這些學生和家長必須參與諮商時，他們可能會想要嚇阻或威脅學校諮商師。身為一名專業人員，諮商師必須保持在一個理智的層級，他們永遠不該情緒化地用憤怒來回應曾出現暴力或有潛在暴力的學生。雖然這很困難，但非常重要，用情緒化的態度回應只能解決非常少的問題，而且通常會增加學生或家長的情緒。個人需要保持專業性，並以認知的方式工作，而非情緒化或易受影響的。所以，萬一諮商師察覺學生或家長有威脅性或危險性，他（她）需要詢問這些行為對學生或家長能有多少幫助，並敘述若他們選擇繼續這種

威脅性的行為，將導致什麼後果。

> 諮商師：Diaz 女士，我想我有點困惑，我相信我們的目標是要
> 　　　　幫助 Maria，是不是這樣呢？
> 母　親：是的，沒錯。
> 諮商師：我非常投入於協助 Maria 保持無暴力行為，並且基於
> 　　　　她對自己投入於非暴力行為的描述，她有可能回到學
> 　　　　校。我相信妳也投入於此，對嗎？
> 母　親：對。
> 諮商師：那幫助我了解一下，當妳對我說一些像「你如果不讓
> 　　　　Maria 回學校，我就告死你」，或「我應該把你帶到外
> 　　　　面抽打你可憐的屁股」的話時，它們能怎麼協助
> 　　　　Maria？
> 母　親：我很抱歉，我不是故意要讓它們聽起來像那樣。
> 諮商師：謝謝妳的道歉。無論如何，就像妳知道的，Maria 能
> 　　　　回學校與否不是靠我或靠 Maria 和妳就能決定的，如
> 　　　　果 Maria 繼續選擇暴力的行為，就像她之前那樣，那
> 　　　　最後妳會需要找到並付錢給一間願意收她的私立學
> 　　　　校，這對妳而言會非常昂貴。相反的，我希望我能得
> 　　　　到 Maria 和妳承諾要表現得不再暴力、沒有威脅性才
> 　　　　能證明 Maria 能回到梅多布魯克獨立學校系統。

　　所以我們可以看到，學校諮商師並沒有忽略 Diaz 女士的脅迫表達方
式，而是採用了非常專業且是以理智為基礎的互動方式。這裡諮商師從理
智上再聲明了目標，詢問母親是否承諾這項處遇目標，並敘述萬一 Maria
與她母親不表明她們對 Maria 非暴力行為的承諾，將會發生什麼事（如母
親將必須付錢給其他私立學校）。在安撫母親潛在的威脅狀態後，諮商師
接著提供 Diaz 女士機會，讓她主動地參與尋找鞏固 Maria 非暴力行為的

方法。

　　回到原來的臨床對話，學校諮商師認同了母親，並連結了她注意到的利害關係，要完成這項動作僅需重複母親說出來的顧慮，所以諮商師認同她不想要 Maria 被她的少年保護官「抓到把柄」。

　　諮商師並重新將會談的方向導回中心主題：Maria 律師的出席能不能減少她打架？母親確認了律師的出現不能讓 Maria 保持無暴力行為。不過，明白了 Maria 律師的出席讓母親感覺被充權，諮商師詢問是否律師已建議 Maria 和母親參與諮商會談。換句話說，諮商師察覺到能將 Diaz 女士對律師的信心當成一種促進母親及女兒投入諮商的一種方法，一旦母親表示律師已經推薦了諮商，諮商師就能利用母親對律師的信心以及律師的推薦。

　　另外，諮商師試圖利用指出諮商師會以公平無偏見的態度運作會談，來與母親建立和諧一致的關係。最重要的是，在這裡諮商師要求母親和她一起為 Maria 建立安全的會談，這項目標經由要求母親萬一她感到 Maria 被欺負或傷害時，要在會談中告知諮商師而被間接達成了，母親也同意。無論如何，諮商師沒有簡單地中斷討論，諮商師再次稱讚 Diaz 女士，並指出她表現得對 Maria「相當敏銳」。接著諮商師要求母親「保證」要將她的任何顧慮在真正的處遇會談中提出來，這無疑代表了諮商師對 Maria 的承諾；再者，也證明了諮商師傾聽了母親的顧慮。

🌿 聯絡關懷系統參與者及取得保密資訊

　　在大多數案例中，我們相信讓出現暴力行為後的學生聯繫可能的關懷系統參與者是很重要的。要求學生進行聯繫有下列三項基本理由：

1. 我們相信學習如何請求他人協助，並且不用過去藉由霸凌、威脅或負面的行為，而是適當地邀請他人，對學生而言是一種充權。當學生得到這種新的求助技巧時，他們也取得了更多適當的、非暴力的互動方式。

2. 考慮學生所認識且尊敬的人,比起由不認識的諮商師來提出邀請,這些受邀的參與者正向回應邀請的可能性大大提高。

3. 我們發現諮商師與父母對改變的投入遠多於學生。當諮商師做完絕大部分的治療性工作時,對學生只會有一點點正向影響。

所以,萬一學生不願意聯繫,且看起來對關懷系統流程只有極少的投入時,他們會被轉介回學校轄區、法官、法律諮詢,或最初要求處遇的機構,然後報告會被送到最初的轉介資源(如法官、保護官等)。這些報告會記錄學生無意願遵守諮商命令,或描述他(她)缺乏對諮商過程的投入。對曾出現暴力行為的學生來說,這種報告可能會導致他們被轉到長期少年拘留機構,並取消他們回到之前的學校環境的機會。

當然,在諮商中很少東西是死板無彈性的。所以,在某些非典型的情況下,諮商師可能觀察到學生投入了改變暴力行為,但用非常依賴、羞愧,以及憂鬱的方式表現出來。在這種情況下,諮商師可能會決定在臨床上較適合由諮商師本身來聯繫可能的關懷系統參與者。無論如何,我們建議諮商師和學生一起經由電話會談做電話聯繫,讓學生持續地參與這個過程。

≫ 電訪教學指引與角色扮演

鑑於獲得關懷系統參與者的重要性,電話邀請極為重要。接下來,我們會敘述提供給學生的教學指引,另外,我們也會詳述在實際致電前,如何角色扮演模擬打電話的情境。

教學指引

在致電給關懷系統可能的參與者前,諮商師、學生與家長再一次地討論每一位可能的受邀參與者。特別的是,討論內容圍繞在學生對參與者的理解、過去學生由這位參與者身上所得到有助益的經驗,以及學生相信該參與者能如何協助他(她)保持遠離暴力。然後諮商師與學生一起完成一張正式的參與者邀請表(見表 7.1),這張表應該要能在即將到來的角色

扮演以及實際電話邀請中使用。

　　囑咐學生不要告訴可能的關懷系統參與者，是諮商師要求他們打電話的。相反的，鼓勵學生聯繫可能的參與者，並以告訴這些參與者他們是有價值、令人欣賞，並有能力為學生提供重要協助作為開始。在這裡學生可以告訴可能的參與者，在過去曾經如何幫助他們，以及他（她）的參與將如何幫助學生保持非暴力的行為。然後學生詢問可能的參與者，他（她）是否願意與學生及一些已經被認定是「必要的參與者」（如少年保護官、學校諮商師與個案管理員等）一同參與最初的非正式會議。

表 7.1　參與者邀請表

參與者姓名：稱謂（博士／先生／女士／小姐）
你是如何認識這名參與者的？
這位參與者過去對你有幫助的經驗：
何時　　　　　在哪裡　　　　　發生了什麼事
敘述這名參與者如何能幫你保持無暴力的行為？
電話邀請： ＿＿＿＿＿＿＿＿＿您好，上次我們談話的時候，您幫了我＿＿＿＿＿＿ 我一直有些關於＿＿＿＿＿＿方面的困難，想知道您是否願意協助我，和我的（父母／母親／父親／祖母／其他）＿＿＿＿＿＿還有我，一起參加在我的諮商師的辦公室舉行的會議。 日期是＿＿＿＿＿＿，時間是＿＿＿＿＿＿。辦公室的地址是＿＿＿＿＿＿＿＿＿＿＿＿＿。 我真的很感謝您的幫忙，我可以把您算進來嗎？

電話角色扮演

接著要開始練習電話角色扮演。在前兩次的角色扮演練習中,諮商師扮演學生的角色,而學生扮演被要求出席第一次關懷系統會談的可能參與者,為了讓角色扮演更真實,諮商師會使用參與者邀請表中的內容。而在稍後的角色扮演中,學生扮演他(她)自己,諮商師則扮演可能的參與者。

必須根據學生在角色扮演中的口語溝通給予建議。在學生能做出非常真誠而中肯的邀請後,他(她)會在父母及諮商師從旁觀察並支持的狀況下,在諮商師的辦公室撥打第一通電話,父母及諮商師可以從旁觀者的角度,在需要的時候指導學生。在通話結束後,諮商師會邀請父母指出學生在通話過程中做得好的部分,在父母說出所有他們能想到的正向回饋後,諮商師會再加上更多正向鼓勵,然後告知學生他(她)有相當傑出的表現。然後再一次給一些建議。

如果學生的電話邀請已經做好充分準備,他(她)就能繼續撥打其餘的電話,而這些通話要在父母能夠監督的時候進行。無論如何,如果學生有所掙扎,或對如何敘述邀請感到困難,就需練習更多的角色扮演,並由父母及諮商師督導另一次的邀請電話。另外,萬一學生在經過數次嘗試之後,都無法聯繫到他想要的關懷系統參與者,就再提出其他聯絡人,並邀請對方參加。

為何要父母參與?

有些讀者可能會想問,為何在這階段我們要在角色扮演和實際電話邀請中鼓勵父母的參與?從結構家族治療的角度來看,將父母放在管理孩子的角色,能重建父母在家庭權力階層中位於頂端的位置。換句話說,它向學生(以及父母)證明了,是父母親而非孩子在管理家庭系統,同時也建立了適當的家庭角色及界線。

在我們的經驗裡,品行疾患、物質濫用和暴力的學生,在家庭系統中時常有著失去管理角色的父母,這相當典型地導致了混亂的家庭環境。有

暴力行為的孩子用脅迫、威脅和暴力行為來控制整個家庭，當父母的控制角色削弱，暴力與有潛在暴力的孩子幾乎是無人駕馭的，這會導致學生有種他們已經成功從所有的成人管理單位（如學校、司法、警政、矯治單位等）中解放出來的錯覺。再也沒有比這個錯得更離譜的事了！在家庭中重建父母的管理角色是處理學生暴力行為的重要一環，特別是對失控的少年，以及離成年還有很長一段時間的年輕學子。

隨之而來，父母能見到孩子的時間遠多於諮商師。即使在法院強制出現暴力行為的學生接受頻繁諮商及個案管理之最理想情況下，諮商師及個管師與學生互動的次數，仍比不上父母能與學生互動的頻率。很明顯地，有些父母希望不要互動，或無法分出時間給孩子，然而，對於絕大多數我們所諮商的學生而言，必須邀請父母參與。如此積極地邀請父母參與，能確保學生在父母的督導與視線中，結合諮商與個案管理，這樣的督導能產生更有效且持續的介入。

➤➤ 被拒絕的邀請

假如有可能的參與者拒絕出席關懷系統會談邀請的話，最重要的是監測學生對邀請參與者的反應。特別是萬一學生變得生氣和挫敗，諮商師可以利用這個機會，幫助他（她）連結內化及認知的自我對話對暴力行為的影響。下面提供一個例子：

Maria：該死的 Pruitt 先生！我快被他氣瘋了！我不敢相信他居然不來我的諮商會談。

諮商師：聽起來你對 Pruitt 先生感到很生氣。

Maria：該死的！沒錯我很氣他。他是個一無是處又自私的蠢貨。

諮商師：Maria，幫我了解妳對自己說了什麼——在妳自己的心裡——妳為什麼為了 Pruitt 先生不來參加關懷輔導系統而生氣？

Maria：你的意思是？

諮商師：嗯，妳說妳因為他不答應來會談中幫妳而感到生氣，對嗎？

Maria：對，那又怎麼樣？

諮商師：所以，對於他不來會談中幫妳這件事，妳對自己說了什麼？

Maria：我對自己說，他不來是因為他不喜歡我。

諮商師：如果他不喜歡你，這代表了什麼？

Maria：這代表他認為我是一個輸家。

諮商師：那如果妳是一個輸家的話，會怎麼樣？

Maria：那就表示我不會有多大出息。

諮商師：如果妳一直沒出息的話，會怎麼樣？

Maria：我會讓媽媽感到失望。

諮商師：如果妳讓媽媽感到失望的話，會怎樣？

Maria：（沉默）

諮商師：如果妳讓媽媽感到失望的話，會怎樣？

Maria：她會離開我。

諮商師：Maria，如果媽媽離開妳了，然後呢？

Maria：然後我就會失去她的愛，就沒人愛我了。

為了讓 Maria 了解她的內化及認知自我對話與她的暴力行為之間的連結，諮商師做了三件事：(1) 回應她對 Maria 感受的覺察；(2) 要求 Maria 思考她的自我對話；(3) 利用連結的技巧，幫助 Maria 修正她的自我對話和負向行為。

首先，在諮商師聽見並理解到 Maria 對 Pruitt 先生的憤怒之後，諮商師立刻根據她的感受做出回應：Maria 的確對 Pruitt 先生很生氣。這允許 Maria 有機會去承認、否認或更正諮商師的意見。在這個臨床對話裡，Maria 口頭上承認了她的憤怒。

其次，諮商師要求 Maria 注意她的內化及認知自我對話。剛開始女孩並不理解諮商師的話，然而，諮商師並沒有放棄而進行別的介入，相反的，她改用較易理解的措辭來讓 Maria 的內在自我對話更容易被證實及理解。在這裡，Maria 敘述了為何她相信 Pruitt 先生拒絕她的關懷輔導系統參與邀請。根據 Maria 的內在自我對話，Pruitt 先生不出席是因為他「不喜歡」她。

最後，諮商師利用了「連結」技巧。這項技巧的目標，是要幫助學生洞察一個根本的問題，就是行為（如暴力行為）其實是由負面自我對話所產生的。利用這項技巧的時候，諮商師僅使用學生之前的回應，並詢問「〔之前的回應〕代表了什麼？」，這些對話不斷重複，直到學生講出一些最起碼能被辨識出來的感覺或想法。在 Maria 的案例中，如果她讓母親失望，她的母親會離開，而母親的離開將會證明 Maria 是不值得被愛的，所以憤怒與暴力便朝向了其他人。

如果有人不同意出席關懷系統會談，我們可以利用這個經驗來增加洞察與自我理解，我們的期待是，接著我們能幫助學生藉由聯繫其他願意接受邀請出席的人而得到自信。大多時候那些真正對學生的成功有所投入的人，至少會同意出席第一次會談，這些人常常較少在意會談預約的細節，而是把焦點放在幫助學生，除非他們的行程表太難負荷，否則通常會排出時間來。

好一段時間之前，一位年輕男性聯繫他的一位家人，邀請她參與關懷系統，他相信這位家人的參與，對緩解他的成癮及陣發性暴怒疾患非常重要。當這位年輕人從我的辦公室打電話給對方時，她正在工作中，她央求年輕人不要離開我的辦公室，直到她抵達，並親自承諾她的支持為止。換句話說，這名家人多麼的全心投入在這位年輕人身上，以至於她想要立即、面對面地與他互動。在 20 分鐘之內，她就抵達我的辦公室，並告訴年輕人她早已注意到他的酒精濫用問題許多年了，但從來都沒機會告訴他，她自己的康復過程和她過去的酒精及藥物使用狀況是如何導致暴力行為。年輕人被這些經歷深深打動，他表示自己「從來不知道」她在成癮與

暴力方面的困境。坦白說,由於這位家人的投入,年輕人順利地走過了他成癮及暴力的康復過程。

>> 遲疑的受邀者

大多數被聯繫的人都會答應參加第一次關懷系統會談。然而,比較少見的是,仍有些人對參與感到遲疑。一般來說,遲疑的受邀者通常至少有如下所列的七種理由之一:

1. 他們和學生及學生家長並未如學生認為的熟悉。
2. 他們曾經看過或聽到過學生的暴力行為,並感到參與將會有潛在風險。
3. 他們對學生曾經對他(她)說過或做過的事感到生氣(如學生曾經偷過受邀者的東西)。
4. 他們認為參與所帶來的益處或回報很少。
5. 他們是某些對學生沒有好印象的人的朋友,或密切合作對象。
6. 他們不認為他們的參與對學生或學生家長而言會是有意義的。
7. 他們正有迫切性的個人或工作相關需求,需要切斷外界干擾,全心投入。

因為我們通常只需要兩、三位非專業的受邀者來參與關懷系統,而其中一到二位經常是家人,所以在有人對參與感到遲疑時,我們鼓勵學生聯繫他們候選清單上的下一個人選。換句話說,如果有人不願意參與關懷系統過程,選擇另一位更願意投入的人是比較好的。隨之而來的,萬一受邀者想要對他們的出席加上某些不切實際的條件(如「如果你不剪頭髮的話,我就不出席」、「我只有在每個月的第三個星期一才能出席」),我相信我們應該選出另一個受邀者。

>> 保密與出席同意書

因為學生通常都是在法定成年年齡以下的青少年,父母或法定監護人

必須同意出現暴力行為後的學生參與關懷系統，並同意邀請那些受邀人員。通常，因為受邀者名單來自父母與學生共同腦力激盪的結果，所以很少有意外產生。然而必須注意，是**家長而非學生**同意最終決定邀請的人選。同意書通常不是問題。大多數案例中父母或監護人渴望出現暴力行為後的學生回到校園裡，也認為受邀者將有助於幫他們達成期望。然而，諮商師永遠不要在未得到所有家長或監護人同意並簽署紙本同意書指出完全支持被列出的人員參與前，進行初次諮商。就像之前提過的，有些人員不適合參與，只有在治療角度上被認為恰當的人選才能被允許加入。

同時，如果受邀同儕也未成年，他（她）的父母亦需同意該名少年參與關懷系統，依照個別狀況，有些父母可能不允許他們的孩子參與其他孩子的治療過程。最重要的一環是向受邀同儕的家長解釋，出現暴力行為後的學生肯定受邀同儕的價值，且相信他（她）的出席將對實現非暴力的治療結果有幫助，有時這些過程都足以有助於受邀的家長放心讓子女參加。其他時候，受邀的同儕或他們的家長已經經歷過，或者曾目睹這名提出邀請的學生的暴力行為，所以，理所當然，這些同儕或他們的父母都不會想出席會談。由於受邀的同儕及其他人並未被專業倫理守則或保密條款所限制，因此，學生及他們的家長應該要在第一次與受邀者進行關懷系統會談前，被告知潛在的問題和影響。

例如，諮商師應告知學生及他們的家長，雖然諮商師會鼓勵受邀者將會談中所說的所有事情保密，其他人仍有可能將尷尬、有傷害性的事實或發生過的事透漏給未參加的成員。此外，在任何同儕或受訪者被聯繫出席可能性之前，學生及他們的家長必須簽署保密條款。

再者，所有參與者（如學生、諮商師，以及其他所有參與的人）都應簽署個人同意書，從而證明參與者同意在一系列處遇過程中互相溝通。雖然沒有法律上的效力，諮商師可能還是會要求參與者簽署治療前契約，讓參與者放棄索求個案紀錄，或意圖要求諮商師與其他參與者洩漏在治療過程的一系列會談中所發生的任何資訊及事件。

>> 管理被命令進行治療但不配合的學生

由於讓出現暴力行為後的學生尋求進入治療系統的動力有許多種，試圖去描述每種可能讓任何一位學生拒絕參與關懷系統的情況，可能是很不智的。尤其是對自願的學生（例如不是被法院強制接受治療，或被學校要求參與）而言，更是如此。很多時候，自願參加關懷系統流程的學生覺得他們是被父母逼迫參加的，所以，他們在流程的早期就中斷參與，因為那種他們「必須」參與的感覺，讓他們覺得被強迫或憤怒。

然而，對法院或學校命令參加的學生而言，處境是有些不同的。被命令的學生之相關資訊無法被保密，且要求諮商師繳交評估結果給特定法庭或學校。依照學生拒絕被評估及參與關懷系統流程的特殊情況，諮商師通常都能指出拒絕參加可能會導致學生之前和法院或學校的協議被消除。在此諮商師應鼓勵學生，萬一他們有法律上的顧慮或者拒絕出席，都應該要與法律顧問商談。

這項聲明的目的不是要恐嚇或脅迫，相反的，這僅僅只是反映現實。如果他們參與諮商的話，學校行政人員與法律顧問很常提供第一次出現暴力的學生回到學校的機會。被提供這種機會的學生，通常只表現過對他人最小程度的威脅，且不被學校行政人員視為是對其他人的安全有嚴重威脅的。所以，萬一學生破壞協議，拒絕參與校園暴力評估或關懷系統諮商流程，他們可能不會被允許回到學校。一旦上述說法被學生或他們的家長證實了，學生通常會希望能「自願」參與校園暴力評估或關懷系統諮商流程。

與學生、家長，以及被認定的參與者的初次關懷系統會談

我們特別指出初次關懷系統會談的五項要素如下：

1. 諮商師如何歡迎、說明保密資料的釋出與簽訂保密協定，並建立本次及後續會談的各方面程序。
2. 學生如何介紹每位關懷系統參與成員。
3. 成員們所指出學生優勢的排序。
4. 學生優勢的認定。
5. 非暴力「最喜歡的」活動。

為了便於理解，我們繼續利用 Maria 的臨床對話，就像你會回想到的，Maria 是一名肥胖的 12 歲六年級學生，她是墨西哥裔美國人第一代，與她 33 歲的單親媽媽，以及 58 歲的外婆同住。Maria 有與她認為在取笑她肥胖的同學打架的紀錄，在她最後一次發生肢體衝突後，Maria 已經被學校開除，而最後一名受害的同學需要動整形手術。Maria 的母親現在希望 Maria 能回到學校，她和她母親已答應學校的要求，參加關懷系統流程，作為學校考慮讓 Maria 再次入學的「第一步」。

≫ 諮商師的歡迎詞

諮商師表示歡迎的目的是：(1) 減少第一次會談的「不自在感」，並減少參與者的焦慮；(2) 提供 Maria 口語上的承諾；(3) 建立第一次及後續會談的各方面程序。通常，無論是不舒服或焦慮的情緒，都會在諮商師自我介紹時很快地消散，接著歡迎出席的人，並敘述這次及之後的會談將會發生什麼事。我們建議諮商師用**簡短的**自我介紹及歡迎詞作為開始，由於多數參與者都是為了幫助該特定學生而出席，相對來說，他們較不關心諮商師的教育背景和學校諮商證書等細節。

同樣的，我們也發現讚美參與者的出席相當有用，並要將他們的角色描繪為「專業顧問」。所以，我們通常會表明關懷系統會談對這些參與者的目的，就是在幫助我們了解學生，並學習我們能夠怎樣協助他。更進一步地，我們鼓勵這些重要他人能夠對學生以及彼此做口語上的承諾。所以，典型的開場白可能類似這樣：

諮商師：大家好，我叫 Jerry Juhnke，我目前的工作是 Meadow-brook 學校諮商師的督導。今天我代表 Maria 及 Maria 的母親 Diaz 女士，歡迎並感謝你們前來。你們今天來到這裡，代表了你們對於幫助 Maria 的承諾，以及願意在 Maria 朝著她非暴力行為的目標前進時支持她。今天第一次關懷系統會談的目的，是解釋關懷系統流程和它的規則，以及讓我們對如何幫助 Maria 在沒有暴力的情況下順利完成學業有更多的了解。特別的是，關懷系統服務，有時也被稱為包裹式服務，是一項以實證為基礎的諮商介入，已經被證實對青少年很有幫助。基本上，學生會有父母及被邀請的人們圍繞在他周遭，協助他停止暴力行為，我們相信，當像你們這樣對學生來講很重要的人投入於學生的成功過程中時，能幫助學生做對的抉擇，並選出對邁向成功最好的行為。你們的到場意味著你們非常投入，而且希望能幫助 Maria。

如你所見，介紹詞並不冗長，也沒有提到 Maria 過去暴力經驗的細節。相反的，它是未來取向的，它描述了那些出席的成員如何「圍繞」在 Maria 身邊，並幫助她做出進步且非暴力的選擇。

通常在這個時間點，我們想利用詢問是否有人不想幫助該學生，來推動口語上的承諾。鑑於所有在場的人已經花時間前來辦公室並出席了，很少有參與者會說他們沒興趣幫忙的。無論如何，如果有人表明不想協助，我們仍要謝謝他們花時間前來，如果可能的話，也要重新詮釋他們的不願意出席。

諮商師：有人不想幫助 Maria 的嗎？

Jorge：我不想承認這一點，但我不覺得我能幫忙。

諮商師：Jorge，我知道 Maria 指出你是能夠幫助她的人，而且真的很希望你可以來，我相信你的出席對 Maria 而言意義重大。

Jorge：我只是沒辦法幫忙。

諮商師：你是說你不想幫忙，還是有其他意思呢？

Jorge：我沒辦法從工作中抽出時間來這裡，我老闆不允許我這樣做。

諮商師：沒問題，我剛才聽到的是你想幫助 Maria，但你的工作責任不容許你前來會談，這樣對嗎？

Jorge：對，我很想幫助 Maria，但我就是沒辦法。

諮商師：我懂了，謝謝你今天過來，Jorge。我們現在就讓你回到工作崗位上吧。

一旦感謝過那些不願或無法參加者的坦誠之後，我們很快就允許他們離開。然後我們專注在那些出席的人身上，目標變為協助出席者口頭表示他們對 Maria、她的母親以及重要他人的承諾，還有他們對幫助 Maria 達成她新的非暴力行為的承諾。

諮商師：Maria 已經指出你們每一個都非常重要，而且是對她達成沒有暴力的生活能有重大貢獻的人。所以，今天 Maria、Maria 的母親 Diaz 女士還有我，向你們請求協助。你們在這裡而且沒有離開，表示你們真的承諾幫助 Maria。

這些說明共同地詮釋了參與者以繼續出席來證明他們真的承諾幫助 Maria，我們相信這樣的說明對學生以及出席人員而言，都是非常重要的。換句話說，它暗示學生「這些人**想要幫你**」，以及「他們投入到你的成功過程中」；對那些出席的人，則暗指他們投入到 Maria 的生活中，對

她會有幫助。

　　讀者可能會想知道，為何這種共同的詮釋是重要的？答案很簡單。你曾經參與過一個你預期幾乎不會因你的時間或精力投入而獲益的計畫嗎？就是這樣沒錯！當人們參與一項被認為「無用的」任務時，他們通常少有熱情，且時常無法達到任務目標。反過來，你曾經參與過一個充滿興奮以及期待成功的氛圍的任務嗎？毫無疑問的，你參與過！特別是當團隊成員看到暗示已經快要達成目標的正向指標，並發現任務最終的勝利就快要接近的時候，興奮感更是增加。另外，很少有成員會中途退出預期會成功的任務，相反地，他們會發展出健全的忠誠性。你知道其他人在「指望你」，所以，你會出席，並優先完成被指派的責任。

　　大約在這個時候，通常某些人完成了希望幫助學生的口頭承諾。無論如何，如果沒人做出這種聲明，我們只要詢問每個在關懷系統團體中的成員他們是否願意做這樣的承諾。如果我們注意到有人點頭，對問題表示肯定，這暗示他們承諾要幫忙，我們通常從這些人開始。

> 諮商師：Sanchez 女士，妳是 Maria 的少年保護官，當我
> 　　　　詢問「有沒有人反對幫助 Maria」時，我看到妳
> 　　　　搖頭否認。這告訴我妳不反對幫助 Maria，對
> 　　　　嗎？
> Sanchez 女士：沒錯，我想要 Maria 成功，並回到學校。
> 諮商師：妳認為她能夠成功回到學校，並且不對他人使
> 　　　　用暴力嗎？
> Sanchez 女士：我非常肯定。
> 諮商師：妳說這些話是否只是因為妳是她的少年保護
> 　　　　官，而且有人付錢讓妳出席？
> Sanchez 女士：聽著，我來這裡會得到酬勞，但我不認為每個
> 　　　　孩子都能成功。在這個案例裡，我相信 Maria
> 　　　　能成功回到學校，也能停止威脅或與其他人打
> 　　　　架。

諮商師：為什麼妳說她可以成功回到學校？而且為何妳相信她能不再威脅別人或與其他人打架？

Sanchez 女士：很簡單，Maria 很聰明，她是我所認識最聰明的年輕女孩之一。她也想要讓她的母親和外婆開心。基本上，只要她想的話，她是那種能在學校成為領導者的人，而我相信她會做到這一點。

諮商師：Maria，妳聽到 Sanchez 女士剛剛說了什麼？

Maria：她說我可以在學校成為一個領導者，而不是霸王。

諮商師：妳認為 Sanchez 女士知道她自己在講什麼嗎？

Maria：我不知道，可能吧。

諮商師：Sanchez 女士，妳以少年保護官的身分和多少孩子工作過？

Sanchez 女士：上百位，光是今年我就已經以保護官的身分服務了 90 個年輕人。

諮商師：聽起來真多。這些孩子當中有多少人有像 Maria 一樣的才智和領導技巧？

Sanchez 女士：很少……Maria 相當有能力，如果她希望成功的話。

諮商師：Maria，妳聽到 Sanchez 女士說了什麼？

Maria：我聽到她說我可以成為一個領導者。

諮商師：妳相信她說的嗎？

Maria：我不知道，我猜是吧。

諮商師：Sanchez 女士，妳說妳認為 Maria 有潛力成為學校領導者的時候，妳對她和我們說的是真的嗎？因為我有一種感覺，妳對人相當誠實而且說話很實在。

Sanchez 女士：我沒說謊。如果我不認為她有在學校當領導者
　　　　　　　的潛力，我不會這樣說。

　　諮商師：有沒有其他人覺得 Maria 有可能停止她在學校
　　　　　　的暴力和恐嚇行為，並開始成為一個領導者
　　　　　　的？

　Diaz 女士：我了解我女兒，她是一個領導者，而且她能停
　　　　　　止霸凌其他人。我知道我們能幫助她成功回到
　　　　　　學校。

　　諮商師：所以，我聽到妳在說妳承諾來參加關懷系統會
　　　　　　談，並幫助妳的女兒成為學校的領導者。

　Diaz 女士：確實如此。

　　讓我們簡短地摘要上述發生了什麼。首先，在找到少年保護官對諮商師的問題做出贊同的非口語行為後，諮商師立刻轉向她，然後告知團體成員，少年保護官已經贊同地點頭表明 Maria 能夠成功。這很重要，這暗示 Maria 及其他在場人員，有人覺得 Maria 有潛力停止她的暴力行為，並在學校獲得成功。另外，藉由解釋少年保護官的正向非口語行為，也暗示 Maria 她的少年保護官沒有「找 Maria 麻煩」，還察覺了她的優勢。

　　接下來，諮商師面對 Maria 的少年保護官，並詢問很明顯的問題，少年保護官是否是由於拿到酬勞才來這裡？在此，少年保護官能言善道地回答了諮商師的問題，少年保護官表示她**相信** Maria，這是一個很有力的回答。Maria 很聰明，她知道怎麼欺騙其他人，有人在騙她時她也知道，當她聽到她的少年保護官表示她能成功回到學校，這會鼓勵 Maria 內化少年保護官的正向信念，諮商師並以要求少年保護官描述 Maria 的優勢來更進一步建立它。少年保護官接著描述 Maria 的聰明，和希望能取悅母親及外婆，我猜測 Maria 內心同意少年保護官的話，並對自己說：「沒錯，我是聰明的，我也的確想讓我的母親和外婆感到高興！」

接著，諮商師要求 Maria 解釋她聽到少年保護官說什麼，這個舉動有四項主要理由：

1. 鼓勵 Maria 專注在會談中的評論。

2. 獎勵 Maria 成功地專注在此，這在焦點解決模式中，被稱為「抓住個案所做的對的事」。

3. 讓 Maria 再次重申她的特質，能促進這些特質被內化。換句話說，Maria 已經聽到保護官說她聰明有能力，但她可能沒有完全察覺到這些正向特質。口語上重複這些正向特質不一定能讓這些特質被內化，但至少，這會讓學生明確知道有人相信她，或她有這些良好的特質。之後，學生可能會更充分知道並內化這些特質為「我是誰」。

4. 再次重申的舉動不只是為了 Maria，也是為了確保所有關懷系統團體成員了解 Maria 可以用她的優勢來成功達到她的非暴力目標。再一次地，這能在團體內煽動合作，並促進他們覺察到每一位成員投入的時間與精力都有可能正向地達到想要的結果。

為了製造更大的治療性張力，諮商師詢問 Maria 的少年保護官她服務過多少受感化者。諮商師並不真的在乎有多少受感化者被少年保護官服務過，相反地，這個問題的目的是幫助 Maria 了解，與很多其他人比起來，她是被視作獨一無二的。特別是當諮商師詢問少年保護官，有多少受感化者有 Maria 的聰明與領導能力時，Maria 的少年保護官回答「很少」，並進一步回應指出 Maria 能夠成功。

諮商師很快地轉向 Maria，並要求她重複她的少年保護官剛說過的話。完成這個指令讓 Maria 了解到她獨特的成功機會，並強調她有潛力和其他人走不一樣的路。然後諮商師詢問 Maria 是否相信少年保護官說她能成為領導者的意見，Maria 漫不經心的回答立刻被諮商師提出來討論，諮商師詢問少年保護官她說的是否是真的。少年保護官回答：「我沒說謊。」換句話說，她是在表達「如果我不是這樣想的話，我不會說 Maria 能成功

回到學校，並成為一個領導者」。諮商師接著詢問其他關懷系統成員是否相信 Maria 有潛力停止她暴力及威脅的行為，這對其他人開啟了大門，讓他們能說出自己的信念。當更多成員發聲表示他們同意少年保護官的觀點時，這挑戰了 Maria 對自己的內在信念，並促進這樣的內化：「如果他們相信我可以成為一個沒有暴力行為的領導者，那我可能真的可以消滅那些暴力行為。或許我**可以**有校園領導者這個新身分，並從那些領導行為中得到表揚。」

▶▶ 保密資料釋出與保密性

在學生及學生家長指出那些會被邀請參與關懷系統團體的成員之後，學生與家長必須適當地簽署保密訊息同意書。他們沒有簽署這些同意書的話，諮商師無法邀請其他人。答應出席關懷系統團體的可能受邀者，是接下來簽署保密訊息的對象，他們也會在第一次關懷系統團體會談時被要求簽署同樣的東西。在第一次關懷系統團體會談，諮商師解釋保密訊息同意書的重要性，並確保所有同意書都簽好名、押上日期，並且是在兩名或以上證人（如諮商師與學生父母）的陪同下簽署的。

接著，諮商師說明保密性，以及它對團體過程的限制。

我們表明諮商師是在場人員中唯一會受專業保密倫理及法律影響的人。然後，我們表示少年保護官及其他法庭官員不受保密的限制，這些法院指派或學校指派的官員不同的是，他們的工作要求他們必須透露所有顯示出和違法行為有關的資訊，另外，他們也被要求透露對學生、社區或學校有潛在傷害的行為。這些官員還需要在他們所透露的資訊中，回應學生無法達成之前與法院或學校協議的相關資訊。

通常在這個時間點，我們要求這些專業人員說明他們的角色，以及他們被要求透露哪一種類型的主題（如藥物濫用、曠課、無法配合隨機藥物篩檢等）。一旦被指派的專業人員完成對他們責任的概述，以及哪些在關懷系統團體中啟發的話題可能會成為上述理由，之後會出現如下的對話。

諮商師：如果我說錯的話要糾正我，我剛聽到妳說的是，
　　　　妳不會告訴其他人在團體裡發生了什麼，除非
　　　　Maria 對她自己造成危險、觸犯法律或者無法遵
　　　　守她的協議，是這樣嗎？

少年保護官：沒錯。

諮商師：所以，妳不會將團體裡討論的事透露給妳的朋
　　　　友，或者如果妳在賣場裡看到 Maria，妳不會對
　　　　其他人揭露 Maria 之前被學校趕出來，對嗎？

少年保護官：我永遠不會這樣做。如果我做了那種事，我可能
　　　　　　會被革職。

　　這段對話的目的是要幫助出席者了解，被授權出席治療的專業人員不
會去閒聊團體的事。相反地，他們被要求要報告 Maria 違反規定的行為，
以及可能會對 Maria 或社區造成傷害的潛在行為。

　　在這裡，我們特別要提的是，如果人們相信其他人會在團體之外散播
關於他們的流言，或者他們認為會因為在團體中分享的訊息而遭到取笑的
話，大家對於要自在地發言會感到多麼遲疑。通常我們轉向學生並詢問，
對他（她）而言，知道團體參與者不會將他們在團體內聽到的事與團體外
其他人分享是否重要，絕大多數學生都會**極度渴望得到**資訊不會被洩露到
團體之外的承諾。當我們聽到這些話，我們只要詢問，是否除了法院及學
校指派的官員以外，其他出席者願意對學生許下這樣的承諾。

諮商師：在我們繼續下去之前，我需要提出保密的主題。對你
　　　　們來說，很重要的是要了解，我無法保證所有在這次
　　　　會談中所說的話都會被保密。我不知道有任何法律規
　　　　定你們不能分享或告訴其他沒出席的人，這次會談裡
　　　　說過什麼或發生什麼事。換句話說，你們應該要特別
　　　　小心不要分享太敏感的訊息，或者那些有可能造成尷

尬或傷害的訊息。法律清楚地規定我是這裡唯一一個被保密條款所約束的人，所以，除非我得到你們的同意，或者我相信你們或其他人正處於危險中，我不能在這間房間以外的地方討論這裡發生了什麼事。無論如何，因為知道保密及對彼此有信心的重要性，我想知道被 Maria 邀請的團體成員是否能對彼此做保密的保證。雖然這項保證可能不具法律效力，但仍代表無論今天的會談說了什麼，都會被留在這個房間裡，不會與房間之外的其他人分享，除非某人對她自己造成危險，或處於被傷害的危險中。這對你們來說可以接受嗎？

Maria：我希望是這樣。

外婆：可以，這有道理。

母親：當然。

諮商師：好，Maria、母親與外婆，我聽到妳們每個人都保證不將任何在這個房間裡說過或做過的事告訴其他人或我以外的人，對嗎？

接下來，諮商師建立會談程序規則。雖然這些規則可能會因諮商師而異，而且完全由諮商師決定，但我們已經發現對會談相當重要的七個基本規則，包括：

1. **每個人都應該要受到尊重。**參與者應該要互相尊重，用自己希望被對待的方式對待他人。沒有人可以咒罵別人、用貶抑的名字稱呼他人，或刻薄地諷刺別人。暴力威脅或暗示性的威脅將不會被容忍。

2. **每個人都同意要真誠地發言。**參與者承諾要永遠說實話，沒人該因為說謊而被控告。

3. **每個人都同意要以自己為立場說話。**參與者可能會描述他們觀察

到的他人的行為（如「我看到 Maria 打 Joann」），但參與者不應該用他人的立場做描述（如「Maria 實在太害怕，以至於不敢告訴 Oscar 她不喜歡他」），或者試圖解讀觀察到的行為（例如「我想 Maria 在哭是因為她認為 John 要跟她分手」）。

4. **每個人都同意要參與。** 參與者將透過他們積極的參與而有所貢獻。不參與代表著不願意支持學生，或者沒有能力提供必要的支持。所以，參與者將自己投入於會談過程中是相當重要的。

5. **每個人都同意要問問題。** 參與者將問問題，並有權利得到誠實及審慎思考的回應。

6. **每個人都同意要參與整個會談。** 參與者可以因個人因素缺席會談，但必須同意之後仍會回來。

7. **每個人都同意要支持學生及參與的重要他人。** 參與者口頭上同意要藉由互相鼓勵及採用任何被認為適當或有幫助的方法，來證實他們對學生以及其他人的支持。

　　在這些規則被討論、澄清並同意之後，諮商師詢問參與者是否有任何其他的顧慮或問題。

≫ 學生介紹

　　在這裡，諮商師邀請學生來介紹每位參與者，描述學生如何認識每個參與者，以及學生認為這位參與者將如何協助自己達成無暴力行為。舉例來說，諮商師及學生可能會這樣互動：

諮商師：Maria，我在想妳可不可以介紹這裡的每個人、指出妳怎麼認識這些人，以及他們能怎麼幫妳達成妳新的無暴力行為？

Maria：好。嗯，這是我媽，我想每個人都認識她。我認識她是因為她是我媽，而且我想她能幫我學習如何可以不

發狂和打架。

諮商師：謝謝妳，Maria。妳能幫我們了解，妳相信妳母親可以幫妳做哪些事來幫助妳「不發狂和打架」嗎？

Maria：我不知道。我想大概是像當她認為我在發狂的時候，她要告訴我，還有告訴我，我可以做些什麼而不是打架。

諮商師：所以，那會像是什麼情形？

Maria：嗯，當我開始變得真的很生氣，而且我媽看到我在生氣，她可能可以說一些像「妳看起來像在生氣，去妳房間冷靜下來」之類的話。

諮商師：這對妳真的會有幫助嗎？

Maria：對，我想有。有時候我甚至不曉得我開始在生氣，直到我爆發。如果她跟我說我開始看起來像在生氣了，我就能想想看我要做什麼讓自己冷靜下來。

諮商師：媽媽，這是妳會樂意做的事嗎？

母親：是的，我可以這麼做。

諮商師：妳會告訴 Maria，她可以在房間裡做什麼來讓自己冷靜？

母親：嗯，Maria 喜歡畫畫和做東西。我或許可以在她房間裡放一些串珠和手環線，這樣她發狂的時候，就可以坐下來做些手鍊之類的東西。

諮商師：Maria，這會有幫助嗎？

Maria：會，會有幫助。我喜歡那個，或許當我在做新手鍊或其他東西的時候，媽或外婆甚至能走進我房間來跟我說話。

諮商師：妳為何不問問妳的母親，她是否願意這麼做？

Maria：現在嗎？

諮商師：對……

Maria：媽，當妳看到我開始生氣，妳可以告訴我，然後妳或外婆和我一起回到我房間裡，可能聊聊天或幫我做些新的手鍊什麼的，可以嗎？

母親：當然，寶貝。

諮商師：只有一個問題，Maria。妳希望讓妳的母親負責在妳生氣的時候幫妳辨識出來，或緩解妳的憤怒？

Maria：我不懂你說的。

諮商師：妳是否在跟妳的母親說「我在生氣的時候，我自己不知道，所以**妳的責任**是在我生氣的時候告訴我，還有讓我停止打架也是**妳的責任**」？

Maria：不，我完全不是這個意思。有時我不知道我有多生氣，有我媽跟我說，我看起來真的很生氣，這可以幫我弄清楚，什麼時候我需要做一些能讓我冷靜下來的事情。

在這段臨床對話裡，我們注意到一些重要的互動。首先，鑑於 Maria 的年紀以及她介紹這是她母親，我們不需要敦促 Maria 解釋她是**如何**認識她的母親，她的回應是符合年齡而且完全能被接受的。無論如何，如果 Maria 介紹一位被邀請的老師，我們會要求她提供更多資訊，我們在這裡可能會詢問該名老師指導 Maria 的學科或年級，可能還會更進一步地詢問這位老師的行為在過去是如何正向地影響 Maria。一旦 Maria 能指出並口頭敘述老師過去有幫助和支持性的行為，我們就能鼓勵在未來也複製這些行為。所以，這位教師可能成為團體關鍵人物，藉由對 Maria 複製過去有價值的行為來協助她節制暴力。這種行為複製很有可能創造出三種重要結果：

1. 在關懷系統團體中，對 Maria 提供立即的安全感。所以，她的抗拒會降低，而且她將能在團體中有更自在的互動，這也代表 Maria 會接受關懷系統團體參與者有建設性的評語之可能性在增

加。

2. 在 Maria 目前的校園環境中複製了這些老師的行為，可能會減少這個女孩在該環境中的壓力源。在她的環境中壓力源減少，或許就能減少她的暴力行為。

3. 鑑於 Maria 相信這位老師重視她，並對她的成功做了承諾，萬一 Maria 考慮使用暴力時，她會找這位她所信賴的老師的可能性便增加了。

該對話還證明了另一項重要因素：治療角度上的「一小步」，有時被認為是一個進展，而不是完美的改造。這個觀念是，我們不是在尋求立即的完美，相反的，我們利用許多一小步來走向學生希望的結果（如持續的非暴力行為）。就像我們注意到的，Maria 沒有請求她母親執行過度的要求或大動作，反而僅只是要求母親三個相關的簡單行為：(1) 在覺察到 Maria 受憤怒所影響時告知她；(2) 要求 Maria 回到她的房間「冷靜」；(3) 當 Maria 與母親一起在房間串珠時和她聊聊。

有些人可能會質疑這樣的改變太過簡單，但無論如何，我們的經驗支持不同的結果。當多元的小改變聯合起來，必定會造成巨大的改變，當較小的改變深植在一個人的行為循環中時，較大的改變便也變得根深蒂固。同樣不是追求完美改造的進步，也常被成功的節食者所使用，愚蠢的節食者一天不吃東西，或可能兩天，然後他們會妥協於龐大的飢餓感，而吞下附近所有可以吃的食物。

相反地，成功的節食者了解飲食習慣的小小改變能成功減輕體重，他們將高熱量食物換成低熱量食物，而非禁吃所有食物，他們往往也開始走路來燃燒更多熱量，很快的，許多小改變就在磅秤上得到大回報。同樣的方式，我們僅是為 Maria 創造多元的正向改變，它們就能共同提供保持非暴力行為的機會。由母親以她被要求的行為對 Maria 的成功做出貢獻，不但符合邏輯，也一定能成功地作為改變的開始。

對於引用的對話，必須再強調兩項總結說明。首先，我們已經發現讓

校園自殺、自傷與暴力 ─評估、預防和介入策略─

參與者在關懷系統團體經驗裡練習尋求協助是有益處的。很多少年與青少年不了解如何有效地尋求協助或提出要求；反之，他們已經學會以霸凌或威脅他人來得到想要的結果。在這段對話裡，Maria 表示她會希望母親或外婆在她回到房間冷靜時參與串珠和對話，諮商師接著要求 Maria 將對母親的請求，在會談中變得正式化。Maria 問：「現在嗎？」諮商師肯定地回答，然後 Maria 要求她母親的協助。讓學生在團體裡做這樣的要求是有幫助的，萬一學生表示她不曉得如何尋求協助，或者無法做出要求，諮商師就能示範如何提出要求。這個動作打開後續在團體裡練習這類請求的機會，我們已經發現，了解如何有效地提出要求，能讓學生充權，也常能減輕他們的霸凌和爆發行為。

其次，在心理衛生專業中高度敏感的是某些相互依賴（codependency）問題，他們甚至視最恰當地尋求協助的行為是在造成相互依賴，或者是繼續養成互相依賴。雖然我們相信相互依賴行為會是特殊的臨床議題，但我們絕對不認為這是上一段對話裡的情況。無論如何，諮商師以詢問 Maria 她的行為是否「希望讓妳的母親負責」來解決這個顧慮，在這個例子裡，Maria 否認有這種意圖，而諮商師相信了她。相反地，如果諮商師認為 Maria 試圖讓母親對 Maria 的行為負責任，諮商師會以不同的方式回應。例如：

> 諮商師：看起來妳好像在否認所有關於妳對暴力行為的責任，
> 　　　　而且暗示妳母親應該在妳生氣時告訴妳，並將注意力
> 　　　　放在妳身上來解決妳的憤怒。這是妳所說的意思嗎？

在多數情況下，這樣的聲明就足以改變動力，並讓更多治療性的交換發生。

指出學生的優勢

指出學生優勢的三項基本理由，是需要藉由重要他人：

1. 用健康的方式說明符合他（她）目前的需求。

2. 指出諮商師和其他非專業人員能夠幫助學生確保他（她）無暴力的目標。

3. 鼓勵重要他人繼續保持對學生的正向行為（VanDenBerg & Grealish, 1996）。

這能藉由提供學生及他們的重要他人有關於他們已經有哪些部分做得很好的回饋來達成，加強這些健康的行為，並增加學生及重要他人對更健康行為的了解，接著新的行為模式就能被改造出來（VanDenBerg & Grealish, 1996）。這個結果是一種合作的評估，並在重要他人、諮商師與學生共同學到有用或有幫助，以及被視為在未來會有幫助的資料中探索而來的。這樣一個合作且正向詮釋的經驗，對多數有暴力行為的學生而言，都是陌生的。

除了在會談中的支持，優勢評估的目標並不是要去掩飾或將學生表現出的顧慮或困難最小化，這顯然對學生及關懷系統團體是有傷害性的偏頗。相反地，目的是要去學習什麼是已經進行得很順利的，並找出學生、諮商師，以及重要他人如何在這個過程中出力。所以，學生優勢的辨識將學生環繞在一個有力的、系統取向的治療環境中，持續地對學生及重要他人提供支持的機會。

最後，指出學生優勢能提供參與者間建立關係與信任的機會。建立這樣的關係與信任相當重要，因為稍後學生可能會面臨改變過去熟悉的暴力行為的挑戰，並被關懷系統團體成員追究戒除暴力應負的責任，於是優勢評估建立了一個讓學生能接受挑戰的基礎。所以，在學生的優勢評估過程中，諮商師必須要協助學生與重要他人互相肯定且彼此支持，而這能藉由要求學生回應重要他人支持性的發言來達成。

諮商師：Maria，妳母親告訴妳她愛妳的時候，是什麼感覺？

Maria：（啜泣）我沒辦法完全描述出那是什麼感覺，因為這

實在是太難以置信了。在我對她和外婆做了那麼糟糕的事之後，知道她愛我對我多麼重要。

母親：Maria，妳知道我愛妳。

Maria：我現在知道了，媽媽。但直到妳告訴我之前我都不知道妳還愛我，我以為妳討厭我，因為我這麼壞，而且還打人。

諮商師：有時候當人們喜歡我們，他們在我們有威脅、恐嚇或暴力行為時，會不知道該怎麼回應。媽媽，如果妳只能對 Maria 說一件關於她承諾要過無暴力生活的事，妳會講什麼？

母親：妳不必用這種方式生活，妳就像妳的外婆一樣堅強，我知道妳不需要打架。更重要的是，Maria，在諮商過程中我會盡我所能地支持妳，但是我不會騙妳，妳如果又開始打架，我會當著妳的面，打電話給妳的保護官，我寧願妳因為打架被關進少年拘留所，也不願意妳因為殺人而坐牢。

諮商師：Maria，妳聽到母親說了什麼？

Maria：我聽到她說她相信我沒必要打架。

諮商師：我聽到她說這個了，但我還聽到她說了其他的。

Maria：什麼？

諮商師：我聽到妳的母親說她愛妳，妳可以忽略掉妳之前的打架行為，而她會支持妳。但我也聽見她說她會誠實，如果妳又開始打架，她會打電話給妳的保護官，她會用贊成妳進少年拘留所的方式，保護妳免於因為殺了人而在監獄裡度過餘生的可能性。

Maria：我也聽到她這樣說了。

諮商師：這代表她不愛你，或者她說真心話的時候不是試圖要幫妳嗎？

Maria：不是，這只是代表她試著幫忙，而且知道說實話能夠幫我。

諮商師：那妳希望妳的母親能夠誠實，即使妳不喜歡她所說的嗎？

Maria：我可能不會喜歡她說的那些話，但如果她對我說些什麼，我得聽她的。

這個對話描繪了兩項重要元素。首先，這段互動提供了女兒與母親更進一步建立關係與信任的機會，經由強調母親聲明她「愛」Maria，並鼓勵 Maria 描述當她聽見母親的愛對她代表什麼而達成。第二，它幫助 Maria 從不適當地回應誠實的闡述，轉而在未來的關懷系統互動中有了成長。所以，不只是母親指出她會做出誠實的發言，女兒也被激發這樣的發言，並指出母親發言的目的是要協助 Maria 保持無暴力行為，以免進監獄。

≫ 非暴力且「喜歡的」事

我們已經發現關懷系統方法中最重要的一環，是幫助學生指出能做的非暴力且「喜歡的」事。下面的對話呈現如何幫助案主找到這類有趣的行為：

諮商師：Maria，告訴我一些妳喜歡做的事。

Maria：我不知道，我真的沒做多少事。

諮商師：那妳喜歡和母親或外婆一起做的事呢？

Maria：嗯，我母親和外婆有時候帶我去「流行串珠飾品店」。

諮商師：妳在那裡做什麼？

Maria：我們坐下來聊天，然後製作手環和項鍊之類的東西。

諮商師：這好玩嗎？

Maria：非常好玩。

諮商師：妳怎麼讓它變得有樂趣的？

Maria：你的意思是什麼？

諮商師：嗯，我相信人們能藉由對自己說一些事情，來讓很多事變得有樂趣，讓這段體驗很好玩。妳知道的，就像那些喜歡做數學問題的小孩一樣。

Maria：我討厭數學。

諮商師：我也不喜歡，但我曾經認識真的很喜歡數學的小孩，他們甚至認為數學是一場狂歡宴會。

Maria：我不是這種人。

諮商師：我也不是，但妳覺得他們面對數學問題時，他們在對自己說些什麼，讓數學變得很好玩？

Maria：我不懂，你在問什麼？

諮商師：嗯，我自己在想，「我不喜歡數學問題，Maria 也不喜歡數學問題」，這些喜歡數學的孩子，在做數學問題時，對自己所說的話是什麼？

Maria：我不知道。

諮商師：我想知道他們是否會說一些像「這個數學問題很有趣，因為我知道我會做」和「數學問題是個謎團，我等不及要看看如何解開這道謎題了」。

Maria：噢，我了解了。這有道理。

諮商師：所以當妳和母親及外婆一起做首飾的時候，妳對自己說了些什麼，讓這些經驗變得有趣？

Maria：噢，我現在懂了。我會說「我在這裡和我最喜歡的人聊天，我覺得很有樂趣，因為我在做一些我能帶出去秀給大家看的漂亮的東西。」

諮商師：很好！所以妳不是在說「媽媽和外婆不會嘲笑我的體重，或笑我不會做一條完美的項鍊」？

Maria：不是，我永遠不會這樣想。我在對自己說：「媽媽愛
　　　　我，外婆關心我，她們永遠不會嘲笑我的體重。」
諮商師：很好。所以我聽到兩件事：首先，當妳和妳的母親及
　　　　外婆一起做首飾的時候，妳在說類似「媽媽愛我，外
　　　　婆關心我」的話，讓這段體驗很有樂趣。第二，我聽
　　　　到妳喜歡和妳的母親及外婆在一起，而且當妳和她們
　　　　在一起的時候，妳不會想著打架。
Maria：完全沒錯。
外婆：那我相信妳媽和我需要和妳一起做更多事。
諮商師：完美！因為妳們越常和她在一起……
母親：（打斷諮商師）她就越少感覺她被嘲笑，也不會覺得
　　　她需要回擊。
諮商師：妳太棒了，媽媽！這就是我們要做的。妳和外婆完全
　　　　知道需要怎麼做了。

　　讓我們分析在這段對話裡發生了什麼。第一件事，學校諮商師用這麼
富有表現力的方法所做的，是直接詢問 Maria 她喜歡的有趣的事。這項假
設是，如果學校諮商師能找出某些 Maria 覺得自在的時刻，她的自我對話
將會是正向的，她也會更有可能感到樂趣。第二項假設是，如果我們可以
指出一次有趣的時刻，那 Maria、母親以及外婆就能一起指出或創造其他
有趣的時刻。最後一項假設是，如果 Maria 能開始增加她正向自我對話的
數量，並在一天之中有更多的「樂趣時刻」，她暴力行為的可能性就會減
少。

　　當諮商師直接問了問題，Maria 的回答和大多數學生一樣，是「我不
知道」，諮商師沒有停止，反而立刻詢問 Maria 喜歡和她的母親及外婆一
起做的事。換句話說，諮商師不接受 Maria 最終的答案是「我不知道」，
諮商師了解如果他繼續詢問 Maria 喜歡和別人一起做的事，早晚這女孩可
能就能想到某些有樂趣的事。關鍵是永遠要問學生和他們喜歡的人或願意

相處的人一起做的有趣的事，我們從來沒遇過有學生和其他學生混在一起，僅是為了享受他們的陪伴所帶來的痛苦的。即使是成人，如果我們不覺得獲益會大於成本的話，我們之中也很少有人會花時間和我們不喜歡的人在一起。特別是對學生而言，如果他們和同儕或重要他人在一起時，沒有最起碼的最小樂趣的話，他們將不會投入，而是花時間和其他能帶給他們樂趣的人在一起。

當 Maria 指出她喜歡和母親及外婆一起製作項鍊和手鍊時，諮商師轉變了對話。特別的是，諮商師詢問 Maria 如何將這段經驗「變」得有樂趣。從認知行為的角度來看，諮商師開始訓練 Maria，她的自我對話或內在對話能讓經驗變得正向或負向。尤其是當諮商師提到某件對我們所諮商過的學生而言，幾乎全都感到不可思議的事：有些學生喜歡數學！這讓 Maria 產生共鳴，她的回答是她「討厭」數學。諮商師並非和 Maria 爭辯她應該要喜歡數學，諮商師立刻站到學生這邊，並且表明「我也不喜歡」。換句話說，諮商師在委婉地說：「嘿，妳和我很像，妳討厭數學，我也討厭數學。」更重要的是，對 Maria 而言，弦外之音是她和諮商師有某些共同點，這項認知能促進覺察「嘿，這個諮商師和我很相似」。

這種治療式的結合是非常重要的，它會幫助 Maria、母親及外婆看到學校諮商師是投入的，而且和她們每個人都是很相似的。我猜測外婆不會有一些諸如「什麼？這個學校諮商師不喜歡數學？她怎麼敢說她不喜歡數學？」的內在對話，相反的，我們會預期外婆也許在想「那個學校諮商師比我原來想的還要像我」。

接下來，學校諮商師挑戰讓 Maria 了解喜歡數學的學生在內心是「如何」重新詮釋數學問題的。這裡諮商師表示，那些喜歡數學的學生感覺數學問題是有趣的謎，換句話說，諮商師鼓勵 Maria 去了解類似的過程。在這裡數學問題與製作首飾是「類似的」，換句話說，一個人的自我對話（如「我正從尋找數學謎團答案的過程中得到樂趣」等）會影響我們解讀經驗或任務的方式。另外，諮商師也協助 Maria 了解有關她對母親及外婆如何看她的內在對話。

更進一步的，諮商師指出，當 Maria 與母親及外婆一起做有樂趣的事時，她不會打架。外婆立刻了解了這個非暴力的詮釋，並指出 Maria 需要增加和母親及外婆一起活動的需求。隨後 Diaz 女士將學校諮商師要說的話說完，更明顯表現出她也了解，當 Maria 和她及外婆一起製作首飾的時候，Maria 不會打架。接著諮商師讚揚了母親及外婆能指出 Maria 的需求，以及她們樂於同意花更多時間和這女孩相處。

≫ 非暴力時刻與暴力時刻共同點的比較

在我們開始指出學生願意做的最喜歡的事之後，我們再稍微提升我們的焦點，特別朝向其他非暴力的時刻。尤其是我們想要指出和學生在一起的是誰、正在做什麼、在哪裡，還有學生在這些非暴力的時刻中對自己說了些什麼。在此，諮商師可能會開啟下面的對話：

諮商師：Maria，告訴我一些妳不打架的時候。

Maria：你想知道什麼？

諮商師：我相信妳不會一整天所有的時間都在打架，對嗎？

Maria：對。

諮商師：所以告訴我一些昨天妳沒有打架的時刻。

Maria：嗯，讓我看看。我昨天在和朋友練習足球，而我沒有打架。

諮商師：好的，有誰在場？

Maria：Annie、Karl、Juan，還有 Olivia。

諮商師：妳曾經和 Annie 打架，或者與 Annie 在一起時和人打過架嗎？

Maria：（咯咯笑）當然沒有，她是我朋友，我們從來不打架。我們在一起有太多樂趣了所以不會打架。

諮商師：那 Karl、Juan 和 Olivia 呢？妳曾經和他們打過架，或者在他們在場的時候和其他人打架過嗎？

Maria：從來沒有。

諮商師：我很困惑，妳怎麼不會和 Annie、Karl、Juan 以及
　　　　Olivia 打架？

Maria：這很簡單。我們總是一起玩，我們不爭吵或打架。

諮商師：Maria，當你和 Annie、Karl、Juan 還有 Olivia 在練習
　　　　足球的時候，妳對妳自己說怎麼樣的話？

Maria：我猜我在想「這很好玩，這些都是我的朋友，他們喜
　　　　歡我，而且我不用擔心他們會開我玩笑」。

讓我們在這裡打住。Maria 說到了她喜歡的四個朋友，而且她不和他們打架，她也提到當她沒打架的時候，他們五個人在做什麼：練習足球。Maria 還描述了她的自我對話。在這裡，諮商師可能想要邀請 Maria 和關懷系統團體成員指出他們注意到她在沒有暴力行為的時刻中有哪些共通點。

諮商師：Maria，我不曉得這裡的其他人怎麼樣，但我在妳並未
　　　　表現出暴力行為的那些時刻，聽到了一些共通點。特
　　　　別是我聽到當妳與一些妳覺得是朋友的人在一起，像
　　　　是 Annie；還有當妳處在相當結構化的地方，像女童
　　　　軍團、教堂以及足球練習時，妳常告訴自己妳在
　　　　「玩」，並且「享受」自我。你們其他人聽到了什麼？

在團體完全地討論完對 Maria 在非暴力時刻的共通點之觀察後，諮商師可能會這樣繼續：

諮商師：Maria，這裡的每個人都是妳特別選的，告訴我們，他
　　　　們會說妳應該跟誰在一起、做什麼活動以及該去哪些
　　　　地方，以減少妳變得暴力的可能性？

這裡的目標是讓 Maria 自己指出她應該要有更多參與的人、活動及場所。

接下來，諮商師會調查與 Maria 的暴力行為有關的人、活動、場所以及自我對話。在此諮商師可能會使用類似下列的對話。

諮商師：告訴我妳最後一次打架時的狀況。有哪些人？是在哪裡發生的？還有當時妳對自己說什麼？

再一次，諮商師想要聽到每次 Maria 打架時的共通點。當這些共同點變得清楚時，諮商師會說一些類似如下的對話：

諮商師：Maria，就像妳在那些妳選擇不要打架或變得暴力的時刻的共通點，我聽見一些其他的共通點，是和妳變得暴力的時刻有關的。特別是我聽到當妳和 Chrissie 在一起的時候，還有當妳在沒有很多大人監督的時候，妳容易做一些會讓妳陷入麻煩的事情。有其他人聽見一樣的事情嗎？

在調查暴力時刻的結尾，關懷系統團體會提供 Maria 該和誰保持距離、不該去的場所以及不該做的事的建議。諮商師應該要接著詢問 Maria，她能有多堅定地遵守關懷系統成員的建議。

諮商師：這就是我聽到妳很看重的人們今天所說的話。我聽到他們說妳應該要花更多時間和 Annie、Karl、Juan 以及 Olivia 在一起，而且很重要的是，和朋友一起完成關懷系統要妳去做的事。我還聽到妳很看重的人們說，妳應該要和 Chrissie 以及沒有大人監督的地方保持距離。如果以 1 到 10 為量表的話，妳覺得妳有多大可能做到這些事情？

萬一 Maria 指出一個高的數字，像 6 或以上，她應該要被稱讚，並恭喜她選擇做最好的事。相反地，萬一她給出 5 或更低的數字，諮商師可能會說：

> 諮商師：妳說妳會在量表上給自己 1 分，代表妳可能不想去實行這個團體給妳的建議。如果不去做這些妳的朋友們所給妳的建議，怎麼樣能夠對妳有所幫助？

　　就像你在節錄的臨床對話與討論中看到的，關懷系統模式提供學生與學生的重要他人學習如何做改變的機會。這種介入相對來說比較容易實行，而結局將產生出顯著的成果。關懷系統參與者從真誠及培育的方向支持過去有暴力的學生，在本質上，他們組成了教練團隊，這些方向提供了新的行為模式及認知模式，確保學生能夠成功。

本章摘要

　　現存的文獻證明了關懷系統介入對學生及他們的家庭系統的效用。同時，關懷系統方法看起來像是提供給曾有暴力行為，或可能有、但無立即暴力風險的學生，一個藉由與重要他人進行規律會談來減少暴力行為可能性的機會。這個方法似乎可以良好地適用於來自許多機構的專業人員，共同設計與學生、學生的家庭及非專業重要他人的多元化介入，以防止潛在的暴力行為，並增強理想的行為。隨之而來的，採用學生所選出他們信任並尊敬的非專業人員，是確保介入方式是特別發展來符合每個學生特殊需求與目標的重要一環，從而提高學生的動機和治療承諾。關懷系統方法與可能處於暴力行為風險的學生進行協調，增加治療提供者的合作，以達成預防學生暴力行為、培養利社會且沒有暴力的互動模式之整合性介入。

校園自殺、自傷與暴力 ——評估、預防和介入策略——

第八章

使用心理急救回應校園暴力倖存者與其家長

🌿 心理急救

　　心理急救（Psychological First Aid）廣泛被使用在校園暴力的倖存者以及他們的父母身上。對諮商者而言，這是種容易提供的非侵入式的介入。非脅迫性的取向讓倖存者以及他們的父母在暴力經驗之後有機會參與諮商。然而，這個方式並不要求或強迫倖存者進入諮商歷程，反而是歡迎倖存者以他們覺得舒適的程度與步調加入。

≫ 概論

　　根據國家兒童創傷壓力聯盟與國家創傷後症候群中心（National Child Traumatic Stress Network and National Center for PTSD [NCTSN/NCPTSD], 2006, p. 1）的《心理急救：操作手冊》（*Psychological First Aid: Field Operations Guide*）指出，「心理急救是一組用來協助遭遇天災或恐怖事件後的兒童、青少年、成人與家庭的實證模式」。簡單地說，心理急救是用以降低災難倖存者的心理創傷，以及促進他們「短期與長期的適應功能與調適」。

　　從專業角度來看，心理急救符合心理諮商師的基本原則和方針。特別

是心理急救是從健康角度出發，而非針對心理病理學，換句話說，發展心理急救的人相信大多數倖存者是有彈性的，他們相信很多倖存者將能夠適當地調適事件的相關經驗，而不會有令人難受的長期創傷症狀。此外，心理急救的發展者也相信，如果發展出創傷經驗，症狀將會落在很寬的範圍，因此症狀可能從中等到嚴重程度都有。對諮商者來說，這種廣泛且持續的影響相當嚴重，希望所有的創傷經驗**不會**以嚴重的經驗在光譜的另一端結束。這個模式是站在將倖存者視為心碎而需要修補的另一邊。取而代之，心理急救的基本假設是認為，倖存者是依據多重因素來反應：包括他們對經驗的知覺、之前情緒與人際關係的健康程度，以及對未來與希望的知覺。

>> 八個核心行動、目標，以及對應的臨床對話節錄

八個核心行動提供了心理急救的基礎。每個核心行動有對應的目標，本章會對各核心行動及其目標有更詳細的描述，包括以學校暴力為背景的臨床對話節錄。Angel 13 歲，是某西南部大城 Cactus Bluff 中學七年級學生，她和她最好的朋友 Katrina 一起參加學校的七年級女生籃球隊，她們都是籃球隊的啦啦隊成員，在一場週四晚上的比賽為同校七年級的男籃隊加油。在這場比賽中，Angel、Katrina 在場邊大聲叫罵，發動語言攻擊批評客隊的球員。對方一名球員的姊妹與兩位女性朋友威脅說，如果她們不停止討人厭的言論，要痛打她們兩人。

Angel 與 Katrina 繼續她們對對方球員的語言攻擊，並開始辱罵球員的姊妹和她的朋友。中場時，對方球員的姊妹推了 Angel，Angel 從座位第三排摔了下來，這場肢體衝突因為學校維安人員將對方球員姊妹與朋友轟出去而落幕。比賽後，Angel 與 Katrina 離開學校走路回家，但是當她們穿過燈光昏暗的停車場時，對方球員的姊妹和朋友出現了，那個姊妹拿著刀子往 Angel 的胸部、背部與手背猛刺，Katrina 掙脫襲擊者的朋友，回到學校體育館求救。校方人員、副校長和幾位老師馬上跑到停車場尋找

Angel，當對方球員的姊妹和朋友看到大人出現，她們就跑了。Angel 被救護車送到當地的醫院，因為表面割傷和刺傷的傷口縫了幾針，Katrina 則是嚇得聲淚俱下。

核心行動 1：接觸與約定

第一個核心行動是接觸與約定。這個核心行動的目標是與暴力倖存者進行最初的接觸，或是回應與倖存者的接觸。核心行動的主要內容是以一種冷靜的態度，展現對經歷暴力者的尊重與憐憫之心。這第一個核心行動往往是由學校諮商師透過簡短的介紹開始，如同剛剛描述的情節，學校諮商師當時也在籃球場，也是停車場攻擊後第一個去和 Katrina 互動的人。諮商師也許會這樣說：

> 諮商師：哈囉，Katrina，我是妳的學校諮商師 VanderPaul 女
> 　　　　士。我記得上週當妳需要大廳通行證時，我們交談
> 　　　　過，妳記得我嗎？
> Katrina：對，我認識妳。我記得妳幫我拿到大廳通行證。
> 諮商師：很好。妳好嗎？
> Katrina：我不知道。Angel 跟我當時穿越停車場，然後我們被
> 　　　　攻擊。
> 諮商師：我想要跟妳確認一下，看看妳是不是一切都好。
> Katrina：（停頓許久）我不知道。
> 諮商師：我現在可以怎麼幫妳呢？

學校諮商師常在校園裡，所以當校園暴力發生的時候，因為學生已經和這些諮商師比較熟悉，所以這些專業人士有最特別的位置去擔任校園暴力倖存者的「第一個回應者」。一般來說，學生馬上可以認出學校諮商師，而這樣的熟悉感總是可以提供安全的感受，並能安慰暴力倖存學生。在前述簡短的臨床對話中，諮商師認出 Katrina，並提醒 Katrina 她們最近

一次在校園中的正向互動，這樣做只是要以無威脅和無侵入性的方式與學生建立連結。Katrina 馬上提到她認識學校諮商師。而諮商師只是簡單地確認 Katrina 的陳述，然後問：「妳好嗎？」

　　這個陳述方式非常重要。諮商師並沒有滔滔不絕地說：「好可憐喔！我打賭妳嚇個半死！」反而是提供學生一個**接觸的機會**。換個說法，這個諮商師並沒有要求學生要互動，也沒有傳達這個學生在這場暴力事件之後一定有嚴重的心理創傷。如果 Katrina 回應了「我還好」，這個諮商師會只是簡單地問她說是否需要任何東西（例如順道載她回家），或是想要談談。讓學生決定是否需要接觸，學校諮商師永遠都不該強迫他們進行互動。請注意，這位諮商師同時也問了 Katrina，現在需要她做什麼。這部分也很重要，學生可能會說需要談談、需要有人和她的父母談這場暴力事件，或是其他任何事。重要的是學校諮商師展現了她對學生的關心，並詢問學生立即的需要。不管這個學生的需求是什麼，都至少需要確認有嘗試達到他們的需求。例如，當倖存者獲得心理急救時，他們通常會簡單要求談談的機會、一瓶水或是一些食物。給倖存的學生一瓶水，提供他們感覺舒服的機會，與諮商師談論非關心理病理的話題，而諮商師僅僅只是回應基本的需求。這樣的安全經驗創造立即性的正常感受，也提供進一步的機會去討論發生了什麼事、這個學生希望做什麼、需要什麼，或對這暴力的感覺。

　　以下的臨床對話節錄中，學校諮商師開始和學生接觸。然而諮商師回應一個暴力事件倖存學生的接觸時，時機是很重要的。例如，當 Angel 在星期五早上回到校園，她可能出現在 VanderPaul 女士的辦公室。在這種狀態下，Angel 是在尋求她的學校諮商師提供協助。

Angel：VanderPaul 女士，妳有沒有空可以跟我談一下？

諮商師：Angel，我當然有空。妳要不要在我辦公室坐一下？要不要來瓶水？

Angel：不用，謝謝。

諮商師：Angel，我要怎麼做才最能幫到妳？

再度注意這裡發生了什麼事。學校諮商師 VanderPaul 女士馬上邀請學生在她的辦公室坐下，並提供一瓶水，然後她問要怎樣最能幫上 Angel。這樣的互動傳達出學校諮商師關心 Angel，並且想要能提供協助。如此的互動傳達出安全，提供機會給學生來描述發生什麼事、他們擔心什麼或他們需要什麼。

核心行動 2：安全感與舒適

這個核心行動的主要目標是「提高立即與持續性的安全感，並提供身體與情緒的舒適感」（NCTSN/NCPTSD, 2006, p. 12）。尤其是這個核心行動是設計來讓學生知道，他們從剛剛的暴力事件倖存下來，現在處於可以保護他們的「安全區」（Safe Zone）。同時，這個核心行動可以讓學校諮商師來評估學生因校園暴力的驚嚇與威脅，對自己（自殺信念等等）或是其他人（與其他人的關係等）造成的衝擊。如果注意到上述狀況，需要立即的介入，例如學校諮商師評估倖存學生時，注意到一個學生出現呼吸不規則、頭昏、尿便失禁或皮膚濕冷的情況，諮商師應該立即聯繫緊急醫療人員，確保提供適切的醫療介入。當暴力倖存學生表示意圖報復引起暴力者，學校諮商師需要立即介入，舉例來說，如果學校諮商師察覺有立即危險的威脅，則此諮商師該立即諮詢督導以及學區內的法律顧問，然後和警方接觸以確保安全。

在 Katrina 的例子裡，在這個核心行動內的學校諮商師將建立一個立即遠離暴力的安全區。例如諮商師可以在圖書館或是教師休息室拉起安全區的封鎖線，封鎖這樣的區域，將倖存者、學校諮商師以及醫療人員之外的人隔離於安全區之外，也讓其他人遠離倖存的學生們。要達到這樣的指令，諮商師需要請其他人幫忙，這可能涉及學校維安人員、副校長、護士、老師、教練或總務人員。創造安全區的任務就是倖存者可以待在一個不會被一群想要幫忙的人包圍的環境，直到警方或他們所愛的人抵達，倖

存者所愛的人（例如雙親）可以被護送進安全區和暴力倖存學生重逢。

　　依暴力事件、倖存學生的年齡與受歡迎程度等個別情況來看，諮商師可能希望讓倖存學生較親密的朋友進入安全區，朋友進入安全區後可以支持倖存學生直到他們的父母抵達。以下是之前 Katrina 例子的對話。

> 諮商師：Katrina，讓我們到我的辦公室去。學校維安人員將會守在我辦公室外面，保護我們的安全。我會在那裡打電話給妳的父母，然後要他們到我的辦公室跟我們安全地碰面。妳覺得這樣好嗎？
>
> Katrina：好……我只想要安全。我不知道該怎麼做。
>
> 諮商師：Katrina，我會跟妳在一起，直到妳爸媽抵達。妳跟我和學校維安人員安全地在一起，直到妳爸媽抵達。

　　這個例子中，學校諮商師採取行政管制。她將學校維安人員列入行動，確保 Katrina 了解他們在她父母抵達前是安全的。當 Katrina 表示她不知道怎麼辦時，學校諮商師再度採取行政管制，告訴 Katrina 說，學校諮商師將會和她待在一起，直到她的父母抵達為止。整個過程中，學校諮商師的溝通重點就是「妳是安全的」、「我和妳在一起」，以及「妳的父母已在來學校的路上」。

　　正如之前提到的，學校諮商師可以決定有 Katrina 一兩個參加球賽的朋友和她一起在安全區，作為治療性的支持。為了避免單方面做決定，諮商師該詢問 Katrina 的意願。

> 諮商師：現在妳在我的辦公室裡是安全的，外面有學校維安人員守在門外確保妳的安全。我們的校長 Valadez 先生正在打電話給妳媽媽，確定她會盡快趕到。今晚的比賽我看到妳跟 Gina Gonzalez 和 Erin Jones 坐在一起，我想在等妳媽媽趕來的這段時間，妳是不是願意讓我

找她們兩個其中一位，或是兩位都來安全區加入我們
呢？

這是一段重要的互動，從三個不同因素來看：

1. 注意學校諮商師持續向 Katrina 傳達她是安全的。她說：「妳是安全的」，而且以學校維安人員站在安全區門外確保她的安全來增強這段訊息。
2. 學校諮商師陳述安全區外發生的事情讓 Katrina 知道。諮商師指出校長正在和 Katrina 的媽媽聯絡，然後媽媽很快就會到。
3. 學校諮商師在球賽時看到 Katrina 和另外兩個應該是她朋友的人坐在看台上。然而，並非在未經 Katrina 同意下就讓她們進入安全區，諮商師以讓 Katrina 來決定是否一人、兩人或兩人皆可以進入安全區陪伴 Katrina，直到她媽媽抵達，做這個決定讓她有控制感。

至於先前 Angel 的例子，她在暴力事件後的第二天早上出現在學校諮商師的辦公室，核心行動持續圍繞在安全感與舒適。然而因為暴力事件發生在前一晚，攻擊者並不會出現在 Angel 的學校，學校諮商師的反應將會不同。諮商師用不同的方法提升安全感和舒適，而非將 Angel 帶到安全區去。學校諮商師一樣諮詢其他人，例如學校維安人員，確保 Angel 在目前校園周圍是安全的。但是必須通知學校維安人員、校長、教職員以及 Angel 的老師有關前一晚的暴力事件。

以 Angel 的情況，在諮商師諮詢學區法律顧問處理方向，及聯絡校長、學校維安人員後，VanderPaul 女士通知 Angel 關於學校對於她的安全所進行的具體措施，告訴 Angel 當她覺得受到威脅，或她在其他地方（例如商店、電影院、演唱會等等）看到這些施暴者時，她應該怎麼做，並討論可以協助 Angel 因應的服務。尤其是，學校諮商師非常可能會跟 Angel 和她的雙親見面，確保已傳達所有相關訊息，包含前一晚的暴力，

以及解釋當施暴者又再度出現時該怎麼反應。跟 Angel 與她雙親的會面，也提供了機會說明 Angel 這個年齡的孩子在經歷暴力事件後通常會有的反應。

諮商師：Jones 先生、Jones 太太，非常謝謝你們來討論 Angel 的情況。你們來表示 Angel 對你們是重要的，而且你們承諾協助確保她的安全和需要有被照顧到。

Jones 太太：謝謝妳找我們來。我們非常擔心。

諮商師：Angel，妳有告訴爸媽昨晚的事件嗎？

Angel：有。他們到急診室的時候，醫師正在縫我的傷口，警察告訴他們發生了什麼事。

諮商師：Jones 太太，警察是怎麼告訴妳的？

Jones 太太：那個警官人很好，他提到有場言語衝突。顯然 Angel 和她最好的朋友 Katrina，跟 Smith 中學的幾個女孩吵架。籃球賽後，Smith 學校的女生拿刀子攻擊 Angel 和 Katrina。Katrina 逃開，但 Angel 被砍傷，縫了 13 針。

諮商師：警察還有提到其他的事嗎？

Jones 太太：他們帶 Angel 到警察局，Angel 從 Smith 中學的年鑑指認其中兩個女孩。當地助理檢察官今天早上和我聯絡，會對這兩個女孩提出指控。她們叫作 Penny Andersone 跟 Veronica Wareht，目前他們還是不知道第三個女孩的名字，但應該今天下午就有消息。

諮商師：妳會介意我把這些資訊轉達給學校維安人員和校長嗎？

Jones 太太：請妳幫忙處理。

諮商師：為了確定 Angel 的安全，我們學校（Cactus Bluff）接下來會這樣做。首先，學校維安人員、校長、副校長以及 Angel 的老師會被知會目前的狀態。同時會有一份針對疑似施暴者的描述提供給學校維安人員、校長、副校長以及 Angel 的老師。這幾個女孩進入 Cactus Bluff 時，學校維安人員會因為她們非法入侵校園逮捕她們。接著，Angel 和我會一起規劃一份行動策略，Angel 會知道再遇到這些人或是其他讓她感到威脅的人時，該做什麼。Angel 要馬上通報老師、學校職員、學校維安人員或行政人員她正感到危險。此外，在這學期剩下的時間裡，我們會要求 Angel 使用「夥伴系統」，至少隨時有個朋友在身邊，包括上學與放學的路上。

　　讓我們來回顧這一段臨床對話。學校諮商師做的第一件事是感謝 Angel 的雙親參與這段會談。對於他們的出席，她用正向語言表達，讓 Angel 和父母都聽到彼此身上很正向的事情，這可以潛在地提高 Angel 對父母出席的正向感受。換句話說，諮商師表示父母的出席而且承諾確保 Angel 的安全，代表 Angel 對他們是重要的，而不是讓 Angel 認為雙親出席是為了控制或約束她。同時，學校諮商師也提供父母正向的補充，這樣的補充說明可以降低他們潛在對於「必須」出席學校要求會面的防禦心。

　　接著，諮商師以分享行政管制來充權 Angel。她問 Angel 是否有與父母分享這個狀態，來促進她主動加入討論，並讓她覺得自己也參與對話。如果 Angel 還沒和父母分享前一晚的事件訊息，這也提供 Angel 在學校諮商師控制的安全環境裡陳述這件事的機會。

　　舉例來說，如果 Angel 沒有向父母提這件事，父母因此感到生氣，學校諮商師也許可以正向地重新詮釋 Angel 這個未告知行為。

Angel：不，我並沒有告訴他們。

Jones 先生：什麼？妳在學校被襲擊沒有告訴我們！

Jones 太太：妳為什麼沒有告訴我們？我們是妳的爸媽，我真不敢相信……

諮商師：（有禮貌地打斷 Jones 太太）抱歉，Jones 太太，我並不是故意要打斷妳，在此請讓我提供我的專業意見。對我來說，Angel 經歷一件非常創傷的事件——有人以想要造成嚴重身體傷害的方式，拿刀襲擊她。毫無疑問，Angel 當時處在這事件帶來的混亂情緒中，她的反應就像很多十二、三歲學生會做的，她把所有的事情悶在心裡。用心理學的專有名詞來說，她在潛意識裡從認知上「隔離」（compartmentalize）這件事，因為她非常害怕，她不希望妳和 Jones 先生擔心。既然 Angel 多半是在潛意識而非在有意識的狀態下做出這樣的反應，她大概無法全然記得為什麼她要這樣做。她只知道那個狀態下當時的情緒負荷即將超載，而這是她能夠最快回應的方式，對十二、三歲的孩子來說，這樣的反應很常見。我覺得此時最重要的事情是，Angel 要你們兩位都來我的辦公室，這樣她可以在一個安全的地方告訴你們這件事，在這裡，妳和 Jones 先生會覺得安全，也知道 Angel 沒有事。

在這裡，學校諮商師有禮貌地打斷 Jones 太太，為打斷她而致歉，然後穿插自己的「專業意見」，這段穿插與治療相關。用一般人的話來說，諮商師其實是讓自己進退維谷，學校諮商師以提醒父母對 Angel 來說這是嚴重的創傷事件，來讓母親的負向語句轉向。沒有尖銳的對峙，學校諮商師明確地提醒 Angel 的雙親，他們的女兒是只有 13 歲的兒童，而她的行

為和大多數經歷生命威脅創傷事件的 13 歲兒童一致。學校諮商師也重新以心理學專有名詞詮釋 Angel 的行為，而且暗示潛意識裡，Angel 是想要「保護」她的父母。我們的經驗顯示，當有這樣正向的詮釋時，爭執或攻擊就會結束，即使諮商師的解釋聽起來也許似是而非，但已經可以讓雙親與學生停止負向的對話，來深思熟慮這樣的解釋。中斷爭執過程有助此次會面的重新聚焦，以及回到最關心的重要議題。

回到原來 Angel 告知父母前一晚創傷事件訊息的臨床對話，學校諮商師再度以告訴 Angel 與其父母有關學校會如何來保護 Angel 安全的做法，來促進安全感與舒適的核心行動。這同時也提醒 Angel 再度看到那些攻擊者時該如何反應，也鼓勵她記住那些她發展出來確保自己安全的行動計畫。

在第二核心行動階段，學校諮商師持續提醒學生（與雙親，端視他們是否抵達學校），學生是被關注而且安全的。如果此創傷事件已結束，而且沒有立即的危險，則對倖存者複述他們是安全的，將會有所幫助，這樣做強調立即的危險消失了。學校諮商師也許會這樣說：「Angel，妳現在安全了。我們跟妳在一起，一切都不會有問題。」這樣對狀態的確認可以安慰學生，並且可以提醒他們以及趕來的家長，立即的危機已經解除。如此的再確認非常重要，而且可以有效平息焦慮以及害怕的出現。

此外，依據受影響學生的年齡及家長的情緒穩定度，來描述典型的創傷反應應該是有幫助的。不管何時，介入經歷創傷事件的學生時，都要告訴家長，經歷創傷學生的反應和行為通常各有不同。很多時候，當好幾個學生經歷相同的創傷事件，他們的臨床表現也會有很大的差異。在面對暴力之後的階段，有些學生會出現憂鬱情緒，覺得無助與悲傷，然後會覺得疲倦或是表示整個人無精打采（Perry, 2002）。對創傷事件的其他反應包括變得過度黏著媽媽和主要照顧者，他們可能變得對拒絕過度敏感，很難與母親或主要照顧者分離，或許會被認為愛抱怨。有些會有退化現象，行為表現倒退好幾歲。校園暴力事件的倖存者有可能會有尿失禁或大便失禁的現象（Krill, 2009），而且需要父母極度的呵護。其他則可能表現出光

譜的另一端，之前沒有注意力不足過動症（ADHD）的學生，可能會突然出現容易分心、衝動或攻擊性。因此學校諮商師必須告訴家長可能會出現的症狀。我們的信念是，知會家長可能會發生的狀態，可以降低學生因為暴力事件之後的症狀而被處罰的可能，同時也提高家長注意到症狀，並尋求立即的心理衛生協助來消除症狀。

在 Katrina 的例子中，對話可能如下：

諮商師：這些年看下來，我們發現學生對暴力事件有各種不同的反應。有些會有一點症狀，有些會突然呈現悲傷、憂鬱或害怕。其他有的會變得很黏人或愛抱怨，不願意離開他們的媽媽或是家人；還有些會變得容易生氣、挑釁、衝動或容易分心。這些都是正常的創傷反應行為。

母親：有道理。

諮商師：這就是我們要請你們在未來幾天還有幾週做的事，你們願意嗎？

父親：好。

諮商師：很好。首先請注意 Katrina。我知道我不需要告訴你們這個，所以我好像只是在多費唇舌，但是有些家長在孩子出現創傷後的症狀時處罰他們。我知道你們不會這樣對 Katrina。

父親：我們永遠不會因為她經歷創傷症狀而處罰她。

諮商師：我想也是。雖然才認識你們幾分鐘，看得出來你們倆都很愛 Katrina。

母親：非常正確。

諮商師：因為知道你們兩位是很棒的父母親，我想你們可能會有一段時間特別留給 Katrina 跟你們兩位一起做些什麼。也許你們決定一起散個步或玩桌遊，或許你們可

以做些其他的事，像是一起做晚餐或是一起寫故事。
重點是多花點時間跟 Katrina 在一起，直到她恢復正常
狀態。我可以相信你們倆做得到這件事嗎？

母親：沒問題，我們會這樣做。

諮商師：很好。我還有件事要說，如果你們發現 Katrina 的狀態
惡化，請打電話給我。這是我的電話號碼（諮商師給
媽媽一張名片，也給爸爸一張）。如果她變得比較憂
鬱、充滿怒氣或無法專心，打電話給我，然後我們可
以見面討論。

父親：我們一定會這樣做。

諮商師：Katrina，我也有話要跟妳說。如果妳開始覺得無法承
受，想要傷害自己或其他人，或是不知道為什麼覺得
非常悲傷或憂鬱，來辦公室找我，或打這個號碼的電
話給我（諮商師也拿了張名片給 Katrina）。

　　讓我們回顧這裡發生了什麼事。首先學校諮商師描述了 Katrina 可能
出現或發展的症狀，這比較接近心理學的教育，提供 Katrina 的父母關於
她**可能會**出現的創傷後症狀一個大概的描述。接著，VanderPaul 女士讓
Katrina 的父母回應可能的治療方案，但是，不是簡單告訴 Katrina 的父母
要做什麼，諮商師問他們是否願意跟著指令。即使是微妙的暗示，結果也
是顯著的，現在 Katrina 的父母同意照著諮商師的指示做；換句話說，
Katrina 的父母加入了治療。諮商師總是告訴父母要做什麼，很多時候父
母雖然同意，但卻沒有真正投入他們孩子的創傷復原。在這個例子裡，這
對父母有機會拒絕諮商師的指示，但他們沒有拒絕，反而是立志要完成專
家的指示。

　　緊接著，諮商師同時讚美 Katrina 的雙親，並建立一個自相矛盾的說
法，這個自相矛盾的說法指出不適任的父母才會處罰出現創傷後症狀的孩
子，而且，這個說法強調 Katrina 的父母和這些不適任父母的差異。你能

想像任何關心孩子的父母會回答「不，我要做個不適任的父母，然後不合宜地處罰我的孩子，因為他的創傷後症狀」嗎？當然不會！Katrina 的父母將投入協助他們的女兒，他們很快就回應說，他們永遠不會因為 Katrina 出現症狀而處罰她。這些乍看不重要的溝通，事實上非常重要，它們促使 Katrina 的父母可以合宜地回應。

學校諮商師隨後提供 Katrina 父母一些他們可以和女兒在多出來的親子時間從事的內容。而且不只提供一個可以做什麼的實例給 Katrina 的父母做參考，還提供了四個建議。更重要的，諮商師對 Katrina 的父母灌輸建議——也可以做「其他事」。這個進行活動的建議解決了後續的問題，尤其是學校諮商師詢問父母是否願意提供特別的約會時間，有誰可能會回答「不」？如果他們真的回答「不」，學校諮商師可以簡單回應如下：

> 諮商師：我覺得有點困惑。要怎樣不用額外花時間增加你們的
>   相處，又幫得上 Katrina？

最後有兩個重要的互動值得特別注意：

1. 諮商師提供有她電話的名片給每個人——父親、母親和 Katrina。這很重要，沒有漏掉任何人。如果諮商師只給爸爸媽媽名片，而沒有遞給 Katrina，則似乎暗示她不在這個解決方案裡，進一步暗示 Katrina 的復原是掌控在父母的手裡，而她是徹底無力的。
2. 諮商師要求每個人（包括 Katrina），在 Katrina 出現症狀時打電話給她。這裡也是對 Katrina 進行參與她個人創傷復原的邀請。充權她，也讓她知道她可以對治療成功有正面的影響。

核心行動 3：穩定（如果必要）

這個核心行動的主要目標是讓情緒超載且混亂的暴力倖存者平靜下來，找到方向。在學生經歷嚴重暴力事件時（例如，校園槍擊事件，或是其他顯著的攻擊事件導致同學受傷或死亡），「穩定」這個核心行動對於

本質較不嚴重（例如一個並非來勢洶洶的人所做出的隱含性的威脅）或結果較不嚴重（沒有人受傷）的暴力事件並非必要。例如，被一個小個子、年紀小的學生威脅的學生，也許並沒有感受到危險。這樣的話，進行穩定核心行動就沒有必要。[1]

然而有些倖存者在暴力事件後的反應極端，學校諮商師需要穩定這樣的學生或轉介到其他心理衛生專業來穩定他們。極端反應的例子包括學生有以下的現象：

- 對口語問話沒有反應。
- 表現出嚴重退化行為，例如呈現胎兒姿勢、漫無目的地前後擺動或吸手指頭。
- 無法控制的哭泣、發抖或搖晃。
- 對自己大聲嚎叫或無意義地大聲說話。

記得之前 Katrina 的對話。她從學校停車場的攻擊中逃脫，雖然情緒上受到驚嚇，但因為她報告了這起事件，所以她的朋友 Angel 才因此得救。讓我們稍微修改這個案例的對話，讓它與穩定核心行動有關。目前的情境為：當 Katrina 脫逃時，因為情緒受到太大衝擊，所以她躲在學校停車場的車輛間。當天傍晚稍晚的時候，她被發現背靠著停車場裡一輛卡車的輪胎坐著，膝蓋緊靠著身體，手臂環抱著小腿，她的手緊握住腳踝，來回滾動著、發抖而且發出哭聲，臉上掛著淚痕，而睫毛膏因為眼淚而模糊掉，Katrina 對發現她的學校維安人員沒有反應。這時很明顯的，穩定核心行動與這個個案有關而且必要。

在這狀態下，端視停車場是否有立即的危險性（例如：交通狀況、尚未被捕的攻擊者等等），最具治療性的穩定介入是直接到學生身邊，而不是將沒有反應的學生帶到學校諮商師的辦公室。舉例來說，諮商師可能請學校維安人員去召集其他教職員或警察，協助在學生身邊創造出一個安全

---

[1] 請注意僅因為威脅無法被證實或威脅者沒有很強烈，不表示這樣的威脅就不是真的或可能潛在著危險。

區。可能的話，這個區域半徑範圍至少要有 6 英尺，而除了涉及緊急介入的人員外，其他人都不能進入這範圍。在學生可以完全看見的視野內，學校諮商師用安靜且緩慢的態度陪伴，諮商師會問學生是否願意讓她在旁邊坐下來，將自己定位為一位準備要協助學生的諮商師。諮商師的聲音柔軟且充滿關懷，溝通的步調非常緩慢。諮商師講話非常慢，也容許問題或陳述之間有沉默的時刻。這個諮商師可能會說些像以下的特定對話內容。

諮商師：我是 VanderPaul 女士（暫停，等待學生回應。如果沒有回應就繼續）。我是 Cactus Bluff 的諮商師（暫停，等待學生反應）。我可以坐在妳旁邊和妳談談嗎？

學　生：（沒有回應，視線往前，但沒有直接的目光接觸，繼續啜泣）

諮商師：（一分鐘左右的沉默）沒關係，一切都會沒問題的。妳是安全的，我會照顧妳。妳可以告訴我妳叫什麼名字嗎？

學　生：（沒有反應）

諮商師：妳會沒事的，可以告訴我妳叫什麼名字嗎？

學　生：（沒有反應）

諮商師：妳沒事了，我是來這裡協助妳的。妳現在安全了，直到確定妳沒事之前，我都不會離開妳。妳可以告訴我發生什麼事嗎？

學　生：嗯……（Katrina 緩慢又輕微地搖頭，表示「不」。）

諮商師：沒關係，我們不談發生什麼事，這結束了。妳現在安全了，我看妳有一件 Cactus Bluff 中學的 T 恤，妳是 Cactus Bluff 的學生嗎？

學　生：嗯嗯（Katrina 緩慢地點頭，表示「是」）。

諮商師：那妳最喜歡的老師是誰？

學　生：James 老師（以幾乎聽不見的音量）。

諮商師：James 老師也是我最喜歡的老師之一。她是個和善的女士。讓我們看看能不能找到她好嗎？

學生：嗯嗯（Katrina 肯定地點頭）。

諮商師：妳上 James 老師的什麼課呢？

學生：（坐著沒有回應）

諮商師：我們現在來找 James 老師，看能不能找她過來，或是讓她打電話到我的手機。一切都會沒事的，妳跟我在一起是安全的。

學生：（坐著沒有回應）

諮商師：當我覺得很害怕，或是有壞事發生的時候，我會想跟我媽媽或爸爸說說話，要不要我們打電話給妳媽媽或爸爸呢？

學生：好……我要我媽媽。

諮商師：好，我們馬上就去找妳媽媽。妳叫什麼名字？我們好打電話給她。

學生：Katrina，Katrina Marlboro。

諮商師：妳記得妳媽媽的電話號碼嗎？

學生：222-5000。

諮商師：好，Katrina，我們馬上就打電話找妳媽媽。

在這段臨床對話中，Cactus Bluff 中學的諮商師 VanderPaul 女士，被學校維安人員通知在學校停車場發現一名無法反應、情緒激動且未確認身分的學生。在考慮安全因素下，學校諮商師先確定停車場裡的安全，並確定有人同行之後，前往探視這名學生。看到 Katrina 之後，VanderPaul 女士在 Katrina 可以完全看到她的視線內，緩慢接近 Katrina。這樣做確定兩件事：

1. 這個學生知道 VanderPaul 女士靠近她，而不會受到驚嚇。

2. 如果這個學生變得躁動不安或有敵意，VanderPaul 女士可以觀察

生理或情緒表徵的變化，需要避開的時候要避開。

其次，VanderPaul 女士以姓名與職稱來識別自己。這是重要的，這幫助 Katrina 了解 VanderPaul 女士不是企圖傷害她的陌生人。這樣的陳述希望可以喚起在校園裡看見 VanderPaul 女士或和她互動的正向回憶，此記憶也許能提供 Katrina 安全感，促使她穩定下來。即使學生們沒有和 VanderPaul 女士互動過，諮商師的自我介紹仍然可以提升安全感，這是因為多數學生覺得學校諮商師是討人喜歡的，也相信他們的工作是協助學生（E. Zambrano, personal communication, December 23, 2009）。因此，提到她在 Cactus Bluff 中學的職稱和單位，顯示諮商師想要和學生建立連結的企圖。

VanderPaul 女士也要求得到加入 Katrina 以及和她講話的許可。對暴力倖存者而言，請求允許是非常好的治療介入，這可以提供他們控制感，而且間接指出學生能夠控制諮商師是否可以進入他們的空間，在暴力情境之後感受到事情可以掌控，通常會產生安全感。一般來說，暴力倖存者在他們或其他人無助地被侵犯時，會覺得沒有控制感，說出他們現在可以「控制」誰被允許和他們互動，表示他們不再是無助的，也代表他們重新取得控制權。

這個學生此時以不反應作為一種回應。不立刻說任何話，VanderPaul 女士提供片刻的沉默，這也是非常好的治療性介入，如此做充權了學生，讓她知道是「她」控制了互動。換句話說，是 Katrina 而不是大人來控制 Katrina 是否要回應，Katrina 也因此控制她要和誰對話。此外，她控制了這段會談的進行速度，這樣的速度控制可以確定討論議題是照著 Katrina 的速度進行，而不是學校諮商師的速度。如果問題或議題太令人困窘，或是 Katrina 覺得太具「威脅性」，她可以不繼續回應或是降低回應速度。終極目的就是要確定 Katrina 指揮問問題的進度，這個做法可以讓學生再度獲得力量，並控制下一步。

在這個時候，不要持續地盯著學生是重要的。對諮商師來說，最好是展現她全心全意在聽，但是短暫緩慢的改變視線接觸。我們通常教我們督

導的學生，一開始問問題的時候，最好維持完全的視線接觸，然而，如果學生在幾分鐘後依然沒有回應，我們教實習生慢慢低頭，然後靜靜地看自己腿上的雙手；當實習生看著自己的手時，再來是慢慢用左手食指摩擦右手大拇指，然後再回去看學生的眼睛。如果這個學生還是沒有反應，諮商師重複這個技巧：大拇指—看—摩擦。在進行任何進一步的陳述之前，諮商師進行兩次到三次前述這段過程。

諮商師永遠都不該將視線遠離。換句話說，他們不該看著遠處的學校建築物或是足球場，學生會誤以為看著遠方的東西是因為想逃離他們。緩慢短暫地看著他們自己的手，諮商師依然在學生的「關係泡泡」（relationship bubble）裡。這個動作表示「我依然和你一起在這裡，我在注意你，而且我不會馬上離開」。

學校諮商師接著告訴 Katrina 一切都好，她很安全。這位諮商師同時指出她會照顧 Katrina。用不同的說法，諮商師可以說：「我因為妳而在這裡，我對妳有承諾。」這對 Katrina 傳達有人承諾照顧她，當諮商師在的時候她不會再受傷害，這樣的說法提高學生的安全感受，也讓諮商師能夠問下個問題：「可以告訴我妳叫什麼名字嗎？」

Katrina 此時並沒有回應。所以諮商師複述她很安全，並再度詢問她的名字，不重複相同的問題。學校諮商師重複的句子是「妳是安全的」，而且把問題改為：「妳可以告訴我發生什麼事嗎？」沒有逼暴力倖存者回應（例如：「拜託，回答我的問題。妳是誰？」），VanderPaul 女士只是溫和地重複這句：「妳現在安全了。」通常驚嚇過度的暴力倖存者不願意回想事件過程，這個回憶太過可怕也太強烈。請注意當 Katrina 搖頭表示「不」的時候，諮商師提供了支持性的回應：「沒關係，我們不談發生什麼事，這結束了。」這個反應是核心，並且確認了創傷事件已經結束。換句話說，「妳不用再經歷發生過的一切」。下一步的回應是重複句子「妳現在安全了」，而且清楚地讓倖存者知道不會強迫她回應。這句話對倖存學生來說，就是「妳不用再度經歷這強烈的記憶。由妳控制要討論什麼主題」。

諮商師問了一個新問題，進一步指出倖存者繼續控制著互動歷程。這顯示，「沒關係，妳不想談這起暴力事件。但是我不會離開，而且我答應要幫妳，我要再問幾個問題來知道妳是誰，妳對我很重要。」這裡諮商師提到一個中性的觀察，並問一個不同的問題（「我看妳有一件 Cactus Bluff 中學的 T 恤，妳是 Cactus Bluff 的學生嗎？」）。這件事跟暴力事件無關，而且 VanderPaul 女士問學生：「妳最喜歡的老師是誰？」這是一個非常安全的問題，這與學生剛經歷的創傷事件完全無關。更重要的，這有可能勾起過去的正向回憶，想起一個關心她的人——一個學生跟他在一起是感覺舒服、安全的人。這個問題會激發 Katrina 的言語回應。

諮商師接著談到，她也喜歡學生提到那位喜歡的老師 James 女士。學校諮商師對於 James 女士的正向描述是想要建立關係，以及繼續和學生互動。諮商師提到去找 James 老師是為了表達「再來會更安全，妳喜歡和關心妳的人會過來」。此外，如果接下來學生仍沒有任何回應，藉由和 James 老師接觸，可提供確認學生身分的一條線索。

諮商師接著提到，當她自己感到害怕時，常想要和父母說話。然後她就問 Katrina 是否想要和媽媽或爸爸說話。Katrina 馬上有反應，提供她自己的名字和媽媽的電話，這樣學校諮商師就可以撥電話給她的媽媽。

核心行動 4：資料蒐集（需求與目前的擔心）

就如同這個行動的名稱所顯示，這個階段的目標就是確認暴力倖存學生的立即需求與擔心（例如，「這個學生現在需要什麼？」）。具體來說，學校諮商師決定學生倖存者對暴力經驗感受到的嚴重程度。記住，那些直接經歷死亡或嚴重傷害的人，通常會潛在受驚嚇的經驗；同時，那些目睹親密朋友或同儕死亡或受傷的人，可能也經歷情緒上的創傷。每位倖存者個別的需求因為他們不同的復原力、調適機轉以及支持，而可能有很大的差異。

蒐集與學生受暴經驗有關的資訊時，學校諮商師將依據個別學生的狀況來進行。有些倖存者可能會顯得勉強，或對事件沉默以對。這些倖存者

可能對問題提供粗略或簡單的回應；而有的倖存者則可能滔滔不絕或提供過多的訊息。對學校諮商師來說，最重要的就是對被詢問者有中肯適切的反應，當倖存者猶豫著該不該回應時，給他們一點空間，只要簡單提供聯絡資訊（例如印有緊急諮商聯絡電話及告訴學生和家長該怎麼做的單張），或讓他們和附近其他倖存者先待在一起。透過這個方法，沉默的學生感受到學校諮商師的存在，以及**如果必要的話**，是可以接觸的。一個可被信任的諮商師的出現，對那些沉默的學生來說，提供了一種安全感和舒適。

以一個在學校運動會目睹朋友被槍擊的沉默高中生為例，學校諮商師可以這麼做。

諮商師：你還好嗎？

　學生：我還好。

諮商師：你認識 Johnny 嗎？

　學生：我認識，當他被槍擊的時候，我們正一起熱身，並等著接力賽要上場。

諮商師：你看到他被槍擊嗎？

　學生：你知道我現在真的不想談這件事。

諮商師：好，這是我辦公室電話號碼，以及一支 24 小時開放的學校危機熱線（遞給學生一張學校諮商師的名片）。如果你想談的話，我都在，只要讓我知道。

　學生：好。

上面的例子裡，學校諮商師簡單問這名高中生他還好嗎？學生的反應很簡潔，諮商師接著問這個學生認不認識暴力事件受害者。倖存者回答說，在他的朋友被槍擊時，他們正一起熱身。諮商師接著問倖存者是否目擊他的朋友被槍擊，倖存者簡短地結束溝通。諮商師並沒有逼迫倖存者回想他看到跟槍擊有關的細節，或是他對暴力事件的感受，只是很就事論事

地回答:「好」,並順從學生不要談論這件事的要求。在結束談話前,學校諮商師提供了聯絡方式,並告訴學生如果改變主意想要談的話,可以找她。

值得注意的是,學校諮商師並沒有說像「我了解」這樣的句子。這樣的說法可能會不正確地傳達,似乎學校諮商師完全知道倖存者經歷了什麼,這種治療上的錯誤,很快就可能讓倖存者用言語攻擊諮商師。倖存者通常對於不在暴力事件現場的人宣稱了解暴力事件感到生氣,此外,學校諮商師也不該說「我想看到同學被槍擊一定很可怕」,這種陳述表示倖存者**應該**感到「可怕」。

反過來,那些健談的學生似乎是想透過敘說來確認他們的經歷,然而他們也該被知會,在這個特別的時刻,學校諮商師僅僅蒐集與倖存者潛在迫切需要的重要「基本」訊息。然後,這些倖存者該被溫和地提醒,在這些基本資料蒐集完之後,很快地,倖存者會有機會更充分地討論他們的經歷。依照前述例子的情節,諮商師與健談的學生互動可能如下所示:

諮商師:你還好嗎?

學　生:我不知道。我跟 Johnny 當時在熱身,然後就是槍擊發生。Johnny 倒在地板,到處都是血,我不知道該怎麼辦,所以我跑到看台椅子後面躲起來。槍響停止後,我跑到 Johnny 那邊,但他已經死了,我不敢相信發生了什麼事。我是說,這一切好像電影,令人無法相信,前一分鐘我還跟我的隊友在熱身,然後他就死了。我很害怕,我想每個人都非常害怕。

諮商師:我現在可以為你做什麼呢?

學　生:我不是被槍擊的人,我很好,只是被嚇到。我被嚇得很嚴重,我當時在想:「這不可能發生,這好像電影還是什麼?」我很高興 VanderPaul 女士妳在這裡,因為我腦袋裡有好多東西在跑,需要處理一下。

諮商師：我現在正在做的只是先試著了解倖存者需要什麼，你還好嗎？

學生：是，我還好，我只是不能相信這一切在 Jefferson 高中發生。但 VanderPaul 女士，我很高興我可以跟妳一起處理這件事。

諮商師：這時候我只是先蒐集基本資料。你已經提供給我了你的狀況，一旦情況穩定下來，我們也知道每個人需要什麼後，我們會再重新來過，讓我們到時候詳細討論。這樣聽起來如何？

學生：我滿喜歡這樣。

就像之前和回答簡短的學生互動一樣，學校諮商師再度簡潔地詢問學生目前的狀態。但這一回的學生漫談開來，描述他看到什麼、他的想法和感覺。諮商師讓這個健談的學生稍微漫談一下，在他換氣且稍慢下來的時候，諮商師藉由換句話重述基本問題的方式來打斷學生的漫談，然後她問是否「現在」可以為他做什麼？這暗示著「你是否有迫切的需求？」學生很具體的表示他想要和諮商師一起處理這件事。除了不讓他現在就開始進行，以及不繼續漫談下去，諮商師解釋她正試著了解倖存者立即的需求是什麼，然後她重複：「你還好嗎？」這些最後、直接而且封閉式的問題是設計來停止漫談，學生有機會回答是或不是。換句話說，學校諮商師溫和地結束漫談討論的機會。這個學生之後回應他「還好」，諮商師透過告訴學生他提供的訊息正是她需要的，以再度跟學生建立連結。此外，她告訴學生在她了解所有倖存者目前立即的需求後，他還會有機會和諮商師談。她用「這樣聽起來如何？」這個問題來結束對話。最後這個問題非常具充權性，它顯示這個學生對於諮商師是否離開可以有一些掌控。

通常在資料蒐集階段問的問題會圍繞著倖存者的經歷或需求。問題可能包含如：「你受傷了嗎？」「你跟被槍擊的人有多熟？」「你有朋友失蹤嗎？」有時候倖存者可能感到困惑，不知道接下來該做些什麼。諮商師

也許可以說：「我們打電話給你的父母好嗎？」還有些倖存者可能會有過度的罪惡感或羞愧感，因為是自己倖存而不是朋友。這時諮商師或許可以說：「聽起來你覺得自己才該是被槍擊的人，而不是你的朋友。」請注意每個問題或陳述都是試圖要蒐集與倖存者需求或擔心有關的訊息，這個企圖並不是將倖存者提供的資訊作為談話治療的開場，這時候僅是允許倖存者說出他們的需要、擔心或感覺，用來確認倖存者的特殊需求。

核心行動 5：實際協助

此階段學校諮商師提供實際協助。這裡的實際協助與前個核心行動蒐集來的資料有關，最重要的是對學生倖存者最急迫或預期擔心的部分提供協助。這個核心行動包含四個步驟：

1. 確認最迫切的需求或擔心。
2. 澄清需求。
3. 討論行動計畫。
4. 依照需求行動。

首先，從先前的核心行動中得到的需求列表中，協助個案**確認最迫切的需求或擔心**。確認個案最迫切的擔心，具有治療性的助益，這幫助他們能夠在這個時刻決定什麼對他們是最重要的，這也幫助他們能夠明確知道他們需要什麼，以及他們如何看待這些事情。

在繼續下個議題之前，很重要的是依據適齡的需求與擔心來說明情況。一般來說，小學生通常會要求他們的父母或主要照顧者到現場，這種狀況下，當父母抵達現場，學校諮商師要提供學生和家長心理急救協助。這個做法是協助學生和家長確認學生最迫切的需求，同時也回應家長對學生最刻不容緩的需求，通常家長需要確認他們的孩子是安全的，之後沒有持續性的生理或心理傷害。學校諮商師可能對年紀較小的學生和學生家長這樣說：

諮商師：Johnny，你現在安全了，媽媽在這裡。

母　親：John-John，我剛才好擔心。

Johnny：媽咪……剛剛好可怕。

母　親：真不敢相信發生什麼事。你有沒有受傷？

Johnny：沒有。

諮商師：Samuels 女士，很高興妳在這裡。Johnny 很需要妳告訴他，他現在安全了、沒事了，妳會跟他在一起。

母　親：John-John，沒事了，噢，我好擔心你。

諮商師：我們現在需要做的是幫助 Johnny 知道他現在很安全，所有的事會盡快回復原狀。

母　親：他會沒事嗎？我是指他有沒有因為他看見了那個壞人拿刀攻擊他最好的朋友 Tommy，而有心理創傷？這整件事很瘋狂。我希望他們因為他做了這件事殺了他。

諮商師：媽媽，John-John 現在真的很需要妳聚焦在他身上，告訴 John-John 他是安全的，攻擊事件結束了。Tommy 現在在送醫的途中，那邊的醫師會盡量讓他好一點。John-John 需要妳跟他說這個。把他抱到妳的腿上，看著他的眼睛，告訴他他是安全的，有妳在這邊保護他。而 Tommy 要到醫院去，醫師們會盡力治療 Tommy。

母　親：John-John，媽咪在這裡。一切都結束了，壞人不見了，警察會把他關進牢裡。Tommy 的媽媽跟他去醫院，再來會沒事的。

Johnny：好（輕輕地哭泣）。

諮商師：媽媽妳做得很好喔！

母　親：但妳可以跟我保證 John-John 真的會沒事嗎？

諮商師：緊急救護人員很仔細檢查過 John-John，沒有發現任何傷勢。John-John，是不是這樣呢？

Johnny：（點頭）

母親：但我是指心理上的。妳可以跟我保證他不會因為這件事而有心理問題嗎？

諮商師：據我們所知，像 John-John 這樣的年幼孩子，通常很有韌性。一般而言，如果有像妳一樣深愛他們的家長，他們都會很好。我當然不能保證任何事，但我相信現在該做的大事是讓局面穩定，讓你們回家，讓所有的事盡可能像平常一樣。妳覺得這樣聽起來如何？

母親：很好。我只想帶 John-John 回家去。

諮商師：John-John，你覺得這聽起來怎麼樣？

Johnny：（Johnny 再度沒有回話，但他點點頭。）

諮商師：好，那我們就這麼做。媽媽，我會給妳一些有緊急聯絡電話的單張，如果之後 John-John 出現一些狀況，或是妳覺得擔心或有疑問，可以打上面的電話。這些單張同時也有一些孩子在這種情境後的典型行為（諮商師繼續解釋孩子可能會有的心理創傷反應）。

諮商師：那媽媽妳現在最擔心的是什麼？

母親：我只想帶 John-John 回家去。

諮商師：好，那就這麼做。我會陪你們走到指揮官 Smith 先生那邊，他會有些表格需要妳簽名，然後他會陪你們去開車。

諮商師：John-John，你現在最擔心什麼？

Johnny：我不知道。

諮商師：沒關係，那你現在需要什麼嗎？

Johnny：沒有……我想沒有。

諮商師：很好，如果你想起任何事，告訴你媽媽，讓她或你自己打電話給我，這樣好嗎？

Johnny：好。

讓我們詳細檢視上述的臨床對話。如同之前的對話，學校諮商師繼續重述句子，強調學生是安全的。諮商師表示因為媽媽抵達，所以一切都回歸正常，學生是安全的。這暗示媽媽控制局面，而且知道什麼對她兒子最好。這給她力量和權威，學校諮商師並不是說明或暗示她控制場面，而是將媽媽放到權力階層的頂端。從結構性家族治療觀點來看，這給媽媽高於 Johnny 的權威，顯示 Johnny 應該要服從媽媽的權威。這段對話同時也顯示一切回歸正常，由媽媽接管。

　　接著在 Johnny 和媽媽簡短的互動中，學校諮商師藉由指出有媽媽在場是很好的，來治療性地與媽媽聯盟。然後諮商師告訴媽媽一些她需要說的重要事情，這是為了讓媽媽和她兒子的溝通定調。這段對話暗示著「媽媽，妳必須為了 Johnny 堅強，不要被過度強烈的情緒打倒。告訴 Johnny 他安全了，他會沒事的，而妳會確保他的安全」。這段陳述告訴媽媽，她對 Johnny 恢復健康扮演關鍵性的角色。

　　當 Johnny 的母親問到 Johnny 是否會因為這個創傷事件導致之後的心理衝擊或是障礙後，她開始對整個情境有點情緒化，開始說她要怎麼教訓這個施暴者。諮商師重新讓她聚焦回手上該處理的事，諮商師隨後告訴媽媽到底該說什麼，還有該怎麼把孩子抱到她的腿上，除此之外，也引導媽媽接下來該如何說、如何做。諮商師的引導有其他的目的，她告訴 Johnny 接著會如何。知道接著會發生什麼事，讓這個孩子不會有任何意料外的事發生。此外，諮商師告訴他這個暴力事件結束了，Tommy 在前往醫院的路上，然後媽媽重述這些事情來表示 Johnny 是安全的，而且所有可以為 Tommy 做的事都做了。

　　另外有個題外話，你是否注意到學校諮商師用了一個微小但重要的建立關係的技巧？學校諮商師一開始叫這名學生「Johnny」，然而，當媽媽開口時，她叫他「John-John」，當諮商師一聽到這個，她馬上在之後和學生與媽媽的互動中使用「John-John」的稱呼。這是另一個吸引學生和家長的方法，同時也顯示你融入他們。

另外需要注意的是諮商師對媽媽要求**保證** Johnny 沒有受到心理傷害的回應。諮商師先是描述孩子的彈性與潛能，然後提到在媽媽的愛與奉獻照顧下對 Johnny 的正面影響。學校諮商師最後提到「我不能保證任何事」。這是重要的，家長想要再確認他們的孩子將會和暴力事件前一樣，但很遺憾，不管我們有多希望這是真的，專業人士都無法做這樣的保證。所以，最好是在提供期待孩子的彈性可以克服這件事的想法時，簡單地陳述無法提供日後一定會沒事這樣的保證。

因為這個階段的核心行動提供的實際協助是針對媽媽和孩子之前提到最迫切的需求和擔心，學校諮商師接著處理他們想要回家的事。諮商師特別提到之後會發生什麼事。諮商師並沒有將核心行動的主導權留給媽媽，而是也邀請 Johnny 加入。當這個男孩沒有提出迫切的需求與擔心時，諮商師讚美他，並提供他繼續與諮商師互動的機會，確認是否有任何需要處理的事。最後，諮商師再度透過告訴媽媽和學生，之後如果有任何問題或擔心時，兩人都可以打電話給學校諮商師來充權他們。

在前進到這個核心行動的下個步驟前，必須討論一下實際與不切實際的迫切需求兩者間的差異。就像選美參賽者宣稱希望世界和平一樣，有時學生和家長可能會提到不切實際的迫切需求。當出現很明顯不切實際或不適切的需求時（例如「為了忘記這個暴力創傷經歷，需要學校送我們到迪士尼樂園一個月」），必須以非爭辯或是不造成爭論的方式來回應。也許可以這樣說：

諮商師：爸爸，你說到迪士尼樂園可以幫助你兒子跟家人從這件事復原是有道理的。很抱歉，我沒聽說過有學校系統送過暴力倖存者到迪士尼樂園，我也不相信學校系統有經費可以支援這樣的行程。但我想也許有其他地方是你跟家人既有能力可以負擔、又可以讓你兒子跟家人從這件事中喘息一下的去處。

這個對話的目的是確認這些要求背後的目的，並重新導向提供父母思考的機會，以及討論其他潛在的可行性。

這個核心動作的下一個步驟是**澄清需求**。尤其是學校諮商師會和倖存學生，很可能再加上家長來澄清他們迫切的需求，然後諮商師會協助他們實際地檢驗需求，了解它的「根本核心」。也就是說，不是追求一個模糊或整體的需求（例如，「我要覺得好過些」），學校諮商師協助學生和家人了解需求的關鍵是什麼。此時協助學生們以具體可行的方式來描述這個需求很重要（例如，「我要我媽媽來」，或「我想要喝點運動飲料」）。以行為為基礎的具體需求描述可以增加結果的成功率。

第三，學校諮商師將與倖存學生和他們的家人**討論行動計畫**。學校諮商師通常知道有哪些可使用的服務能幫助倖存者與家屬。例如，學生們通常想知道那些被救護車火速載走的受傷同伴狀況，或是暴力事件中的受傷者是否已接受治療。學校諮商師必須依不同的情況，運用他們的臨床判斷來考慮是否該透露部分訊息。

舉例來說，在 Angel 與 Katrina 的臨床對話節錄中，Katrina 提到的最迫切需求可能是想知道 Angel 現在在哪裡，還有她的狀況。如果學校諮商師知道 Angel 從攻擊中存活，被送到附近的醫院，提供這樣的訊息給 Katrina 符合治療性的邏輯。事實上如果 Katrina 和 Angel 把彼此當成是最好的朋友，而學校諮商師也知道這一點，如果 Angel 身體狀況穩定的話，讓她們兩人在醫院見面在治療上也是適切合宜的。

相反地，如果學校諮商師知道 Angel 被挾持後已經遭殺害，諮商師就需要權衡現在告訴 Katrina 這件事對治療是否有好處，或之後才讓她知道她的朋友已被殺害。有許多因素需要列入考慮，例如，在學校諮商師和 Katrina 母親互動的短暫過程中，諮商師是否認為 Katrina 的母親有足夠的認知、心理與生理資源以適切地回應目前 Katrina 的暴力後創傷症狀，以及她對 Angel 被殺害的嚴重悲慟反應？

以治療觀點來看，如果學校諮商師知道有其他心理衛生服務提供者可以提供 Katrina 立即的支持，在需要時，學校維安人員可以提供到鄰近醫

院的交通接駁，而醫院也有精神科病房的空床位，這時候可能就是告知 Katrina 有關 Angel 死訊最好的時機。

實際協助核心行動的最後一步是**依照需求行動**。諮商師將協助學生和家長回應確認最迫切的需求。因此，如果學生想要知道其他倖存者的行蹤，就要有協助學生去獲得所需訊息的方案。

一般而言，這四個步驟是連續性的，而且一個步驟到另一個步驟是快速又伴隨些許阻力的。以前面所提的模糊籠統的例子來說，當學生的需求是「我要覺得好一點」，學校諮商師可以問：「怎樣是覺得好一點？」或「要覺得好一點的話，你會做些什麼？」以此為例，對話可能如下。

諮商師：你說你想要覺得好一點。我也希望你可以好一點，對你來說怎麼樣是覺得好一點？

學　生：我不知道。

諮商師：如果可以讓我們知道平常你如何，或怎麼做會讓你覺得好一點，有時候是會有幫助的。

學　生：喔，如果我覺得好一點，我應該不在這裡。

諮商師：所以在哪裡你會覺得好一點？

學　生：我應該在籃球場投籃。

諮商師：這樣講我懂。所以你要怎麼做才能到籃球場投籃？

學　生：我猜我爸媽會說，如果去投籃可以讓我把今天發生的事情拋諸腦後，那我就可以去。

諮商師：好，所以你該做的是去問你爸媽，你是否可以去投籃來忘記這些事？

學　生：我想我只要去問他們。

諮商師：所以這是你想做的事？

學　生：是，我想我只需要去問他們。

回顧這段臨床對話，我們看到學校諮商師僅重複學生提出的模糊需求（即，「你說你想要覺得好一點」）。學校諮商師這樣說，是希望學生可以達到他提出的需求，顯示諮商師支持他的需求，也和他一起努力來讓需求被滿足。接著諮商師問：「對你來說怎麼樣是覺得好一點？」換句話說，你會如何做？你會在哪裡？你會做什麼？如果學生可以回答上述每個問題，諮商師可以開始創造滿足學生需求的方案。這個學生回答說他不要在這裡，而是在籃球場投籃。學校諮商師再度同意倖存學生，然後問他要怎麼做才能得到他想要的自由。學生回答說，他只需要父母的同意。諮商師隨後詢問是否學生想要問他的父母讓他到籃球場去。在此，學生相信他只要徵得父母的同意，而且投籃可以消除這些讓他感到不舒服的事以及壓力。

核心行動 6：連結社會支持

這個階段的目標是協助倖存學生和他們的家庭，與主要支持者及其他潛在協助資源建立接觸。接觸的程度和時間長度依立即與之後發展出的需求來決定，包括專業（例如，專業諮商師、神職人員、醫師等等）與非專業（例如，家庭成員、朋友、鄰居等）的接觸。倖存者和他們的家人需要可以提供心理、生理、社會與靈性支持的連結。

對學校暴力倖存者來說，特別有關聯的是父母與家庭支持。年紀小的孩子，父母是關鍵。在任何暴力威脅或實際事件發生後，年紀小的孩子需要立即和父母接觸，因此諮商師在任何暴力事件或潛在暴力創傷發生後，應立即尋求父母參與處理；然而，當學生是中學生時，需要父母支持的程度可能會有很大的變動，有些高中生想要和他們的重要同儕接觸（例如，男朋友、女朋友、樂團或運動團隊的特定朋友），而較少是和父母或家庭成員接觸。雖然該尋求父母的支持，但必須告知家長們，大一點的學生多數傾向從同儕尋求支持，而這類的同儕支持就這個年齡來說是常見的。諮商師可能會這樣說：

諮商師：Valadez 先生、Valadez 太太，像你們的兒子經歷暴力事件這種狀況，對學生、父母、家人和朋友來說都是挑戰。有時候你可能會發現，像 Joel 這年齡的孩子，需要同儕的支持多過父母的支持。對父母來說這可能有點難接受，但希望獲得同儕支持，對於 Joel 這年齡的孩子來說是正常的。

學校諮商師在這裡正向地重新塑造 Joel 希望同儕支持勝過父母這件事，對這年齡的孩子是正常適切的。

核心行動 7：提供因應資訊

這個核心行動的主要目標是，提供倖存學生與家人對歷經暴力事件可能會發生的不良反應之相關訊息。此外，諮商師應該要能夠建議，當這些不良反應發生的時候，該如何回應處理，同時也幫助學生和家人決定什麼樣的調適策略對他們而言會最有幫助。這個階段的本質是心理教育，也常常同時針對學生和父母進行，這裡對之前提供的訊息進行細節討論，並描述學生該如何回應這些暴力的經歷。

所有與學生及父母進行的有關暴力後可能症狀的討論，都需要考慮倖存學生的年齡。換句話說，如果暴力倖存者是小學生的年齡，要針對他們認知、社會與情緒發展的狀態來呈現這些資訊，使用符合倖存者年齡層常見的、非心理學的專有名詞。例如，當對年紀小一點的暴力倖存者解釋可能會出現的不良反應時，不要說「尿失禁」，年紀小的學生當然聽不懂這個字，對家長來說也可能不熟悉。諮商師也許可以這樣說：

諮商師：（在 5 歲的幼兒園學生 Melanie 面前跟她媽媽說話）有時候像 Melanie 這樣 5 歲的孩子，如果目睹或經歷暴力事件，他們可能會開始尿褲子或尿床，這是相當常見的。如果發生了，不要驚慌。對經歷這樣恐怖事

件的 5 歲孩子來說，尿褲子或尿床都很常見。當然，不是所有 5 歲孩子都會這樣。但如果發生了，不要處罰他們，他們對這樣的生理反應無能為力，可能也比大人更不想坐在他們尿濕的褲子上。

此處，學校諮商師將這項創傷後尿失禁的症狀以「相當常見」來正常化。然後諮商師提到，「如果發生了，不要驚慌」，這是很有力量的說法。請注意，學校諮商師並沒有說「當〔尿失禁〕發生……」，Melanie 並不因此被當成會終生尿失禁，父母親是被預警這可能是經歷校園暴力事件的症狀。因此，如果 Melanie 真的尿褲子或尿床，並不是她**變壞了**，而只是**經歷暴力之後的症狀**。為了強調這一點，諮商師還提到和大人一樣，學生並不想坐在濕掉的褲子上。同時也請注意，諮商師一開始用到「濕」褲子，然後說「尿」，這樣可以確定家長和學生能了解這個症狀。

當然有些諮商師會對於同時在家長**和 Melanie** 面前講這些話感到困擾，他們擔心在 Melanie 面前提到尿失禁，可能會造成她故意尿濕自己。我們不同意這個說法，對家長提出可能會尿失禁的預警，讓家長和學生對可能發生的事有心理準備，當尿失禁發生的時候，就不會因為驚慌、無法控制與預料的行為而導致被解釋為學生蓄意「使壞」。

在這樣的心理教育形式下討論可能的暴力後症狀，清楚地描述你的倖存學生所處年齡可能會有哪些常見症狀。對 5 歲學生和他們的父母談有關青少年暴力倖存者可能會有的症狀，並沒有太大意義，而且要坦率直接地講，不要用諷刺和曲意承歡的態度。

另外一個有用的技巧是讓比較小的孩子解釋他們「認為」發生了什麼事。非常小的小學生可能不能理解死亡的本質是永久性的，或是朋友受的傷可能會對以後的互動有衝擊。因此，聆聽學生如何描述暴力事件的經驗，並且盡可能簡單誠實地回答問題。

如果倖存者年齡非常小，畫圖可以幫助他們更有效地溝通他們所見或所經歷的一切。反過來說，如果倖存者是高中生，就要將他們所處特定發

展階段與需求列入考慮；要記得青少年通常想要被當成大人，因此必須使用該年齡可以接受的方式進行溝通。換句話說，會談時要使用臨床判斷。希望表現出自己是靠自己、堅強和強壯的大學足球校隊，是不會欣然接受用蠟筆來表達自己感受的做法。

不論學校暴力經驗如何，可能的暴力後反應需要與倖存學生和家長兩者都進行討論。至少以下六種暴力後反應需要列入討論：

1. 反覆再度體驗。
2. 逃避和退縮。
3. 強烈生理反應。
4. 重複的遊戲與社會互動。
5. 悲傷與哀慟反應。
6. 憤怒。

反覆再度體驗、逃避、退縮與生理反應常伴隨「創傷後壓力症候群」出現。反覆再度體驗通常包括暴力事件的痛苦記憶或相關影像（例如，一把染血的刀子、施暴者的臉孔、其他倖存者的尖叫聲），儘管倖存者努力想要把這些記憶或影像擋在意識之外，它們還是反覆出現。這樣的記憶或影像對年紀小一點的學生來說，是非常可怕的，有可能造成失能。暴力倖存者通常對於無法停止記憶或影像反覆出現而感到無力，因為和記憶或影像的連結，會讓他們覺得越來越脆弱。讓他們明白這些記憶或影像在暴力倖存者間的常見性，可以幫助他們將反覆體驗暴力後症狀正常化，也讓倖存者了解他們並不是「瘋了」。此外，討論倖存者因為無法控制這樣的記憶或影像而可能出現的脆弱感是重要的。

我們的暴力後倖存者認為一個有幫助的方法是「熱巧克力聖代記憶力」（Hot Fudge Sundae Memory）。按照個別學生的情緒、認知與社會狀態、年齡以及迫切的需求，我們也許可以像這樣說：

諮商師：我剛聽你說，你的意思是說，身為一個高中高年級的
　　　　模範生，同時又是勇猛堅強的地區摔角冠軍，你應該

要能夠停止攻擊事件的記憶又出現在你的腦海中，這樣說對嗎？

Joe：對，我應該要能夠這樣做。

諮商師：你願意幫我一下嗎？

Joe：好，你要我做什麼呢？

諮商師：你喜歡熱巧克力聖代嗎？

Joe：對啊，但這跟我們要做的任何事情有關係嗎？

諮商師：幫我一下。你可以答應我，再來的幾分鐘你都不會想到熱巧克力聖代嗎？

Joe：可以，這不難。

諮商師：很好，你準備好可以開始了嗎？

Joe：嗯……我不會去想熱巧克力聖代。

諮商師：很好。我不要你去想熱巧克力聖代，我不要你去想在冰淇淋碗中的香草冰淇淋，我不要你去想熱騰騰的熱巧克力從上面流到下面的香草冰淇淋，我不要你去想那上面的鮮奶油或是堅果或是櫻桃。所以你想到什麼？

Joe：你說中了。我正在想熱巧克力聖代。

諮商師：Joe，告訴我。這個視覺化跟那些反覆出現的攻擊記憶有哪裡相似呢？

Joe：它們一點都不像。

諮商師：真的嗎？你不是試著不要去想熱巧克力聖代？

Joe：沒錯，我剛試著不要去想熱巧克力聖代。

諮商師：你越試著不要去想熱巧克力聖代，發生了什麼事？

Joe：好，我懂了。我越試著不要去想熱巧克力聖代，更多的熱巧克力聖代就出現在我腦海裡。

諮商師：沒錯。那你學到什麼呢？

Joe：我越試著不要去想那攻擊事件，就會有更多的記憶出現。

257

暴力倖存者試圖想要擺脫持續攻擊他們意識的記憶和影像是一樣的狀況，有些倖存者也會試著避開暴力事件附近的區域、和暴力事件連結在一起的人，或任何與暴力經驗連結的事物（例如，槍、經歷暴力事件時穿的衣服、暴力事件發生時播放的歌等等）。換句話說，倖存者常常企圖用避開任何會提醒他們暴力事件回憶的方式來保護自己。因此，如果倖存者認為這事件和暴力經驗連結在一起，倖存者或許會避開那些可能希望和他們談暴力事件經驗的朋友，甚至也會避開暴力事件前很享受的嗜好。舉例來說，如果暴力發生的時候，學生正在參加合唱團練習，他可能會停止參加合唱團練習，甚至停止唱那首會引起暴力記憶的歌曲。

透過心理教育歷程，學生和他們的家人應該被告知有些潛在生理激發反應會伴隨暴力經驗發生。例如，學生們該被告知他們可能會有「過度警覺」的狀態，這會在學生們持續檢查確認環境中真正或想像的暴力威脅時發生；換言之，有些暴力後倖存者可能會持續警戒下一個暴力事件。其他常見的暴力後生理激發反應包括提高的受驚嚇反應，當有大的聲響時，可能會導致學生跳起來或睡不好，這裡主要出現的問題是無法放鬆。此外，有些學生可能會表現出潛在的怒氣，而且會有不適切的嚴重爆發。年紀小一點的學生可能會一直重複將這個事件當成遊戲主題，並試著自己扮演讓暴力攻擊者繳械的英雄。

很多時候，年紀小一點的學生無法描述他們體驗到的情緒。要他們描述他們的身體感覺，是比直接詢問他們的情緒更有治療效果的方式，而且用封閉式問題會比開放式好。例如，除了問「你現在的心情如何？」諮商師也可以這樣說：

諮商師：有時當學生告訴我，他們被槍擊後的感受時，他們會提到的事情像是，他們的心臟跳得非常非常快，或是他們覺得自己在搖晃。另外，有些時候他們會說，他們持續在腦袋裡聽到槍聲。你的心臟有跳得非常非常快，或是你覺得自己在搖晃嗎？

Joe：沒有。但我覺得怪怪的，就像我在做惡夢，而且無法呼吸。

諮商師：你現在覺得怎樣呢？

Joe：我不喜歡這種感覺，有時候糟糕到我快要吐了。

諮商師：這個時候你會怎麼做？

Joe：我會很驚慌，覺得自己大概全身都有病。

諮商師：如果你嘔吐的話會怎樣呢？

Joe：我的老師會送我到學校護理師那邊去。

諮商師：去看學校護理師，然後呢？

Joe：我想她會把我弄乾淨後送我回班上。

諮商師：她送你回去，然後呢？

Joe：我會回到原狀，我會沒事的。

諮商師：這樣聽起來合理。有些學生發現做些像是數到 10、唱歌，或像是說「我沒事」，對他們覺得自己在做惡夢或是害怕自己不能呼吸時是有幫助的。你有想到任何這一類或其他的事情可能會有幫助的嗎？

Joe：嗯，在我小時候如果受傷，我祖父教我說「estoy bien」（按：西班牙文的「我很好」之意）。

諮商師：「estoy bien」是什麼意思？

Joe：這表示說「我很好、我沒事」。

諮商師：有用嗎？

Joe：是的。

諮商師：你覺得這樣在你覺得怪怪的、就像做惡夢、無法呼吸時會有幫助嗎？

Joe：我祖父教我，當你說「estoy bien」的時候，所有的恐懼都會離你而去。我會試試看。

讓我們回顧剛剛發生的三件事。

1. 沒有讓 Joe 談論模糊不清或是很難描述的感覺或情緒，學校諮商師要他描述體驗過的身體感覺。這很重要，即使是年紀輕的學生也可以準確地描述他們的身體感覺。

2. 描述一個人的身體感覺是安全的。沒有人可以說你的身體感覺是「不正確的」，學生知道他（她）的感覺，雖然身體感覺無法具體被握在學生的手中，或是傳遞給學校諮商師，這感覺對學生來說，是確實存在的，它們是真實的。學生報告的身體感覺不會是錯誤的，學生可以說他（她）**感覺**到什麼，而這些感覺的真實性永遠不會被懷疑。

3. 不用心理學專有名詞。描述感覺時所使用的語言是符合年齡而且易懂的。

這三件事提供學生安全感。當他們覺得安全時，他們比較容易繼續進行諮商。

接著，諮商師描述一些其他受到同種暴力行為（例如，被槍擊）的學生所提到的感覺。此處很重要的是，必須注意，學校諮商師並沒有描述其他被車撞或是從屋頂掉下來的學生的感覺，諮商師陳述的是那些有相似情境經歷學生的感覺。諮商師隨後將焦點放在三個症狀上：心悸、覺得搖晃，以及反覆再度體驗之侵入式回憶。這是常用在封閉式回應陳述時的強迫選擇反應，比較沒有經驗的諮商師可能無法理解此時使用這類強迫選擇或封閉問題的重要性，他們可能誤以為所有問題陳述都必須是開放式的。然而對比較小的學生，或暴露在暴力事件的人來說，只使用開放式問題可能會造成治療的反效果。對於年紀比較小的學生與因為暴力事件過度負荷的人來說，需要封閉式問題帶來的結構與安全感。將可能的反應限制在三個，以提供學生控制感，也強調對許多暴力倖存者來說，很多重要的議題是共通的。

在這段對話中，學生否認有任何上述三種反應，而是指出了三種不同的感覺：覺得奇怪感、身在惡夢裡，以及無法呼吸。

諮商師立即邀請學生，並進一步提供描述及討論這些感覺的機會。這個學生提到不喜歡這些感覺，也提到擔心會嘔吐。諮商師接著就採用一個「連結」的介入，來幫助他理解目前所擔心的事情「最後」的結果。在這個例子裡，這位學生被鼓勵回答「再來會怎樣」，直到「最後結果」出現（即嘔吐）。

　　這個例子裡，學生提到如果他真的吐了，不會有太誇張的事情發生，最後他還是會平安回到教室。當可接受的結果被說出來，諮商師介紹啟動新行為的想法，這些暴力後經歷的討厭感覺，應該就像之前經驗過的一樣。諮商師明確地建議數到 10 或是唱歌，而且提供了第三個選項——「你創造的方法」。這個學生選了第三個選項。

　　學校諮商師欣然接受學生的回應，也了解他尊敬的祖父教過他的西班牙片語，依照學生的說法，過去使用這個片語（正向自我對話）似乎是有效的。當學校諮商師問這個學生，將這個片語用在暴力後症狀是否會有幫助時，Joe 接受這個因應的選項；其他可以建議的因應行為選項，包括和信任的重要他人談話（例如，家人、朋友、老師等）、寫日記或繼續諮商。學校諮商師可能會這樣說：

諮商師：我想知道你可能想嘗試什麼樣的因應行為？

Joe：你的意思是說？

諮商師：是這樣的，有時經歷過暴力行為的學生會提到，開始使用不只一種因應行為是有幫助的，就像除了說「estoy bien」，也開始幾種新的因應行為，像是寫日記，描述你在想什麼或是你有什麼樣的感覺。

Joe：我不喜歡寫東西，日記可能不適合我。

諮商師：那還有什麼會對你有幫助？

Joe：我喜歡跟我祖父玩傳球。他跟我常常講話，我想這樣會有幫助。

諮商師：聽起來很棒。讓我們跟你祖父談談，然後看看我們是

否可以安排一個你們兩個可以一起的時間。

　　如你所見，學校諮商師試著讓學生有多重因應行為。第一個被提出來的是日記，學生回應說不喜歡寫日記，諮商師直接問這個學生他覺得什麼樣的因應行為會有幫助，而不是繼續列出可能的因應選項。這是一個有效的介入，這個學生很快就指出他所相信最好的因應方式。有些學生在暴力經驗後無法指出有效的因應選項，這些學生和他們的父母通常想要一張列表，然後從中選取他們所要的；其他學生則是拒絕所有可能的想法，似乎發現自己創造自己的因應行為是重要的。誰建議或創造因應行為都不重要，最重要的是讓學生和他們的家人使用多種因應方式，做他們覺得最有幫助的事，以得到最好的效果。

核心行動 8：合作服務連結

　　這個核心行動的主要目的是，讓倖存學生和他們的父母與提供倖存者所需服務的專業機構、方案建立連結。很多時候這樣的連結服務包括：治療暴力事件受到的身體傷害，或為了暴力事件後的焦慮與失落所開立的精神科藥物；為了與暴力後症狀或是導致暴力之暴力前的物質濫用有關的個人或家庭成員的諮商服務；以及羈押令與陳請書等相關的法律服務。這類申請通常是有關受害者要求歸還在暴力事件中被沒收的個人財產（例如，腳踏車、首飾、衣服等）。學校諮商師不僅要將學生以及他們家人連結到立即需要的服務（例如，因為暴力事件中需要醫療服務的撕裂傷），也包括未來可能需要的服務（例如，未來可能需要的限制令法律服務）。

　　在這個核心行動階段，諮商師討論參與下個階段減壓敘說（debriefing）[2] 團體機會，不強迫倖存學生和他們的父母參與。反之，學

校園自殺、自傷與暴力——評估、預防和介入策略——

2　譯註：debriefing 原意為任務報告、匯報情況或解說，意指鼓勵成員敘說及整合災難後的經驗，以得到適當的情緒宣洩和成長。目前有很多不同的中文翻譯，如危機介入、減壓、災難經驗分享等，本書經譯者多方諮詢衡量之後，採用「減壓敘説」為其中譯。

校諮商師僅簡單提供減壓敘說團體的時間和地點資訊，以及減壓敘說團體的簡單目的說明。人們是否參與減壓敘說團體通常受到他們認為團體對他們有什麼功能而定。如果學校諮商師能夠澄清減壓敘說團體比較傾向是協助其他人處理與因應暴力事件，而不是自助，將會是有用的。特別是諮商師可以這樣說：

> 諮商師：減壓敘說團體也許會對你有幫助，但通常對需要處理
> 　　　　發生事件的其他人會更有幫助。你參與減壓敘說團體
> 　　　　很可能對其他人比對你更有幫助。

因此，參與減壓敘說團體的烙印就會被掩蓋下來。倖存者和父母可以說他們參加是為了幫助其他人，而不是為了他們自己因暴力事件所帶來的心理症狀及反應需要協助。一般而言，學校諮商師可以提醒自己關於減壓敘說團體的參與有一個 20-60-20 的定律：大約有 20% 的參與者認為有一點幫助；約有 60% 的人覺得，這經驗是否有幫助取決於他們在參與減壓敘說團體歷程中感受到自己和他人的支持互動；最後 20%的參與者，不管發生什麼事，似乎都認為減壓敘說團體過度正向。

本章摘要

本章描繪心理急救、八個核心行動及其目標。心理急救以相對容易施行的介入方式呈現，且依牽涉在內的學生與家人之特定需求來使用，而且這些介入以通用範本的方式呈現，方便學校諮商師可以視倖存者需要進行修改。此處提到的介入，就像其他緊急狀態介入一樣，缺乏證據顯示其有效性。包括國家兒童創傷壓力聯盟與國家創傷後症候群中心（National Child Traumatic Stress Network and National Center for PTSD, 2006, p. 1），似乎透過「有其證據」的說法來強調此介入欠缺實證研究基礎。然而就像所有介入一樣，學校諮商師應該認真思考使用這些介入的正向與負

向之處，確保這些介入可符合倖存者的需求，並不會對他們造成顯著的傷害。

第九章

適用於焦點解決的倖存者
與父母減壓敘說模式

　　剛剛經歷或目睹暴力事件之後的倖存學生，以及他們本身為成員之一的所屬系統（例如學校、家庭和朋友等）像被拋入一個生理的、心理的、認知的、人際需求的漩渦之中，其中最重要的需求是讓身體受傷的學生可以立刻送到急診接受治療而穩定下來。然而，一旦藥物及身體狀況穩定之後，學生和他們的父母需要的介入包括：(1) 提升對於經歷或目睹暴力事件者的因應能力；(2) 提供對於潛在的暴力後症狀評估，以及立刻對於處在嚴重心理痛苦者進行轉介，或許可以得到有效的精神科藥物治療或住院治療；(3) 恢復之前的功能水準。

　　筆者（Juhnke 博士）在 1980 年代開始從事暴力和創傷倖存者的諮商以來，一直在尋找一個創傷後介入的「靈丹妙藥」，我找到一套早已為人所知，而且可以用在任何地區的介入方法，那就是我最初使用的個別及家族治療。這些諮商及治療似乎讓大多數倖存者的情緒漩渦緩慢下來，但令人遺憾的是，當開始進入多位倖存者或多位家庭成員時，效果相當有限。

　　我也發現許多倖存者想要與曾有相同受暴經驗者聯絡或互動，他們經常討論其他倖存者的「需要」，而且渴望與那些曾有相同創傷的人互動，「看看他們正在如何做」。一段時間後，我開始注意到很明顯的狀況，處遇內容一直圍繞在討論其他的創傷倖存者，我經常使用第七章所描述的循

環問句，這允許了倖存者與其他受到暴力的創傷者比較自己的狀態及復原的情況，同時經由一個安全的投射，提供他們和他們的父母說出什麼是他們所關切的。換句話說，藉由討論倖存者所相信其他成員的需求，來進一步直接說出他們自己的需要，而不是讓他們說出「令我痛苦的是什麼」，或「我們的家庭現在需要的是什麼」。當然，類似一些較怯懦的個案可能會說：「我有一個很好的朋友正與憂鬱症在對抗，她和我的年齡差不多，她先生和我先生的年齡也很接近，我們都是老師。實際上她和我很相像，但我必須讓你知道，她不是我。」

此外，即使年輕學生對個別治療或家族治療有不錯的反應，較年長的成人仍希望同儕的倖存者可以共同加入。他們的父母感到相當氣餒的是，這些青少年極度想要和同儕互動，遠遠超過和父母的互動，當然，這也是對於一些個別治療或家族治療單獨使用所無法恰當觸及之處做出適當的發展。因此，隨著時間，我了解到將倖存者或倖存者家庭分開來進行個別或家族治療內容時，似乎降低了療效，而且限制了許多同儕的需求及家庭內在的支持。

在 1990 年代初期，我閱讀了有關將危機壓力事件減壓敘說（Critical Incidence Stress Debriefing, CISD）應用在天然災害倖存者的資料，之後我跟著一位資深的臨床醫師接受 CISD 的訓練，並開始加入 CISD 的介入處遇。在我第一次參與 CISD 期間，團隊針對將近 50 位受暴倖存者進行敘說分享，許多成員淹沒於悲痛、恐懼和狂怒之中，我立刻觀察到成員間有效的協力，這是在我之前進行個別或家族治療時所沒有看到的。我持續參與這些減壓敘說，並加入一個由具有豐富經驗、也是 CISD 創始人的 Jeffrey Mitchell（1994）教授所帶領的訓練專題。慢慢隨著時間，我開始了解更多我的個案和他們家人的渴望，或是發現 CISD 創始人 Mitchell 教授所說的效用。

因此，本章的目的在於讓讀者熟悉受暴後的介入方法：適用於焦點解決的倖存者與父母減壓敘說模式（Adapted Solution-Focused Survivors-Parents Debriefing Model）（Juhnke & Shoffner, 1999）。讀者對於 CISD

可獲得大致上的概念,以及 CISD 和校園受暴後的焦點解決減壓敘說模式之間的差異,讀者將會學習到如何將適用於焦點解決的減壓敘說模式使用在學生和他們的父母身上。詳細的實作細節收錄在本章的各項內容中,將示範如何透過此模式逐步達到特定目標,並且增加讀者對使用此模式的知識。

適用的焦點解決減壓敘說模式

適用的焦點解決減壓敘說模式(Adapted Solution-Focused Debriefing Model)提供諮商師一個對於校園受暴倖存者進一步評估及介入的方法,這個減壓敘說的經驗,也提供了一個額外與倖存者和他們父母聚會的機會,同時可讓諮商師立即主動地留意倖存者的心理及家庭系統的需要。因此,對於處在遭遇暴力後短暫失調現象的學生或學生的家庭,諮商師可以快速地介入。

》 基本的歷史及概述

在 1990 年代初期,大家對 CISD 普遍的認識是一個小團體的過程,基本上使用於處理緊急災難事件的成年工作人員身上(例如消防人員、緊急救護人員及警察等),他們面對的是特別可怕和痛苦的危急情況(Mitchell & Everly, 1993)。團體的目的是試圖提供一個減壓敘說的機會,讓他們可以從恐怖的緊急情況所造成的心理痛苦中得到釋放,並且和那些因為參與緊急救援而出現極度嚴重的創傷後症狀隔絕開來。從那時期起,CISD 成為討論的焦點,專業人員對它的臨床成效有許多論辯(Everly, Flannery, & Mitchell, 2000; Leis, 2003; Lewis, 2003; Robinson, 2004; Rose, Bisson, & Wessely, 2003; Tuckey, 2007; van Emmerik, Kamphuis, Hulsbosch, & Emmelkamp, 2002)。在過去十五年期間,CISD 進展成危機事故壓力處理(Critical Incident Stress Management, CISM)。

CISM 遠遠比 CISD 複雜，而且介入更加周密，「呈現出背離了早期單純的危機介入模式，而且是一個新的時代……整合的、廣泛多重的危機介入計畫，跨越了整個連續的、完整的危機階段，從危機發生前、急性危機期，一直到危機過後為止」（Everly et al., p. 23）。

當筆者（Juhnke 博士）初次開始在創傷倖存孩童及家長身上使用CISD 時，它被視為一項對於經歷暴力或自殺的在學學生可行的介入方案（O'Hara, Taylor, & Simpson, 1994; Thompson, 1990），我發現 CISD 對正與創傷倖存者工作的個別治療師或家族治療師原本所欠缺的部分可以提供有效的協助。但是，我提出一些有關使用 CISD 的顧慮，在我所推動的「適用的焦點解決減壓敘說模式」中，針對孩童和青少年諮商時提出五項特別重要的事（Juhnke, 1997）：

1. CISD 是為了從事緊急救難的成人工作人員而設計。
2. CISD 被設計為單次的聚會。
3. 適用的減壓敘說過程是使用專業的諮商師來陪伴緊急救難工作同仁。
4. CISD 主要聚焦於精神病理學。
5. CISD 是為了那些需持續不停地應變險峻行為的人而設計。

CISD 最初使用於緊急救難的成人工作人員。隨著身心發展，成人與國中小在學學童已遠遠不同，特別的是，CISD 對於孩童的認知、生理、社會及心理功能上沒有足夠的說服力。的確，很難想像小學生或年幼的在學孩童圍成圓圈參與減壓敘說，而且被要求在團體中開放地討論他們自己處於危險時最初的想法，或者是在他們的父母親沒有出席及提供支持的情況下參與團體。然而，適用的焦點解決減壓敘說模式藉由父母親的分享及親子間的分享，將家長共同納入處遇之中，此外，親子分享的過程中，也會利用到適合年齡的相關介入技巧，如繪畫、說故事或遊戲等。

CISD 被設計為單次的聚會。坦白而言，孩童暴露在創傷之中，得到的是痛苦的經驗，他們有時候無法用口語明確表達出自己的擔心，單次的

聚會對小學生或年幼的在學孩童缺乏臨床上所需的效用。因此，適用的減壓敘說要求多次的聚會，這些聚會持續的時間可能比起 CISD 單次聚會的時間較短，不過對於孩童所需的注意力卻比 CISD 更好。這些增加的聚會也提供了更多觀察及評估孩童的機會，並允許有更長的時間來觀察及評估親子互動，同時提供他們額外的心理教育機會。最後，適用的減壓敘說過程中，運用一群家庭的經驗（Juhnke & Shoffner, 1999），來提供創傷孩童倖存者的父母親進行互動，並從其他人身上學習如何由創傷後的夢魘轉變為面對各種相關事情的「私人祕方」（secret cooking recipes）。

CISD 運用專業的諮商師來陪伴緊急救難的工作同仁，我的專業讓我堅信，在孩童身上所使用的減壓敘說經驗，是藉由具正式教育及臨床經驗，特別是可以針對孩童的需要來服務的非同儕的專業人員所提供。此外，我認為學校的諮商師必須是減壓敘說團隊中的主要成員，學校諮商師往往了解學生受到暴力的影響，更重要的是，學生認識學校諮商師，至少已經和他們建立了一些基本的關係，學校的諮商師也了解校內及學生之間的特殊文化、環境和習慣的語言，因此，他們可以有效地完成「局外人」所無法辦到的介入。

除此之外，我也認為 CISD 主要聚焦的重點是精神病理學，較少強調治療性，或是倖存者和他們父母在這段時間中所經歷到健康上的變化。身為臨床督導及專業諮商師，我觀察到有些缺乏效能和經驗不足的諮商師，協助個案的重點都聚焦於個案的症狀上，我清楚地記得有一個效能不彰的諮商師和個案的互動類似這樣：

諮商師：你今天感覺如何？
　個案：我覺得十分憂鬱。
諮商師：你對於你的憂鬱感覺如何？
　個案：我對我的憂鬱感覺非常憂鬱。
諮商師：所以，在你憂鬱時，你對你的憂鬱感覺如何？
　個案：你看看！我真的感覺很糟，而且當我要形容感覺有多

糟的時候，我覺得糟到極點了，所以請不要再問我感覺如何了！

　　某些效能不彰的諮商師太過於聚焦在個案所表現出來的症狀，而讓他們無法看到自己的進步，或甚至更糟的是，因為只聚焦於外顯的症狀，而掉入更深的漩渦。因此，我運用基本的焦點解決介入，來協助學生倖存者及他們的家人將注意力放在他們正向的改變上。

　　最後，CISD 所使用的對象，也就是這些緊急救難的成人工作人員，經常要面對許多險峻的行為，隨著時間，他們也從經歷生命威脅的傷害與死亡中有所學習。就我所知道，這些緊急救難的工作人員選擇這份工作，他們處理應接不暇的「救命專線」，即使厭惡極其可怕的受傷及流血畫面，他們仍激動地奔往各種交通意外或槍擊現場。特別的是，他們希望成為第一位回應報案的人，他們變得習慣立刻回應嚴重傷患，同時也會遇到他們嘗試想喚醒的死者。我所服務的學生和家庭並非參與險峻行為的工作，我確定他們是在沒有選擇的情況下參與了所經歷的創傷，此外，除觀看電視上描述的死亡和傷害救護之外，我所諮商的孩童和家人並非對傷害或死亡習以為常，但仍是使用在緊急救難工作人員身上的 CISD 所適用的。

≫ 角色

　　「適用的減壓敘說模式」主要的團隊成員角色有：帶領者、協同帶領者及守門人，這些成員符合 CISD 基本的角色要求（Mitchell & Everly, 1993）。帶領者簡短解釋減壓敘說的流程，創造一個支持性的環境，確認是否有人感受到過度不舒服的情緒，並透過非語言溝通（例如：手勢、點頭等）來指示團隊成員，以便處理團體中嚴重煩亂悲痛的學生或家長。除此之外，帶領者還會跟家長和學生討論在學的受暴倖存學生普遍出現的症狀準則（例如：診斷）和相關經驗（例如：創傷後壓力症候群、伴隨焦慮

情緒的適應障礙等）。帶領者對類似症狀正常視之，並鼓勵家長需透過額外的諮詢來辨識更多嚴重的症狀（例如：經常性的大便失禁、持續的失控暴怒、慢性的過度警覺等）。

協同帶領者在過程中提出恰當的回應，並且支持帶領者，更重要的是，協同帶領者對於情緒激昂的學生和家長提供立即的支持，他們也要協助約束團體動力來預防分裂的情況。同時，他們亦可拉回學生的注意力，當學生注意力達到極限時，幫助帶領者確認團體將告一段落。類似地，萬一有兩個或更多家長或學生開始聊天，或開始非減壓敘說相關的討論時，協同帶領者可以協助制止這些行為，並且將所有參與者重新聚焦回倖存者的需要，以及減壓敘說的過程中。

團隊中的第三種角色是團體的守門人，他的重要功能是預防非團體成員（如：記者、其他學生等）闖入進行中的團體，守門人同時也預防嚴重失控的學生或家長衝出團體，並鼓勵學生及家長稍作休息後再回到團體。

❯❯ 在減壓敘說進行前

在減壓敘說進行之前，團隊成員應該先被告知暴力事件及其細節，回答一些與暴力事件有關的調查問題。例如，團隊應該要知道暴力是否隨機或特別指向受害者？此外，確認加害者是否已經被逮捕？這些因素對於參與者對暴力事件的感受，以及學生和家長表現出來的情緒都有可能造成影響。如果暴力行為來自成群結夥，或懷疑這次的參與者有被報復的可能時，團隊必須有警察或校方安全人員駐守在減壓敘說進行場地外以確保安全，包括當參與者進入及離開團體場地時都需予以保護。

❯❯ 分開進行減壓敘說

有鑑於成人和學生在發展及角色上的差異，參與減壓敘說的需求是不同的，每次的分享應該先解決成員特別在意的內容及他們的需要，同時，減壓敘說的經驗應該有一個優先重點，就是協助改善倖存者潛在的痛苦。

家長減壓敘說

　　家長和學生的需要經常是不同的，而且無法透過一次的團體完全被解決，因此，第一次的團體引導的對象是那些孩子遭遇暴力事件的家長們，之後的團體則是針對孩子目睹暴力、但未真正遭受暴力事件的家長。在這些階段的團體中，必須將參加的家長人數控制在少數（即少於八人）。家長經常表達對於孩子未來安全問題的擔心，以及對於校方沒有適當地保護孩童免於暴力事件的憤怒，團隊必須讓家長保持聚焦於孩童立即的需要，而不是承諾有關孩童未來的安全，這種承諾既無法保證，更有損於學生立即的需求。在第一次團體中，需要持續提醒家長下列三項主要的目標：

1. 教育家長留意他們孩子可能出現的症狀。
2. 提供可利用的轉介資源。
3. 提醒家長注意他們在確認孩子症狀過程中的角色（差異在於需盡可能確認出孩子未被發現的不安），並且用平常心來看待孩子的擔憂。

親子減壓敘說

　　這些目睹或經歷暴力痛苦的學生們，常常正反應出他們自己在創傷後所感受到的需求及擔心。特別是年幼的孩童，情緒上更顯得容易受傷，希望家長和老師可以保護他們，他們經常要求保證安全，而且需要父母確認危險已經結束。因此，在親子減壓敘說進行期間，團隊必須提升安全感和平靜的感受，帶領者可藉由放慢他們的說話速度和降低音調，來引導這樣的氛圍。無論何時，減壓敘說盡可能安排在一個安靜的場所，遠離走廊和遊戲場的噪音，讓家長和孩子使用舒服且可活動的桌椅也是有幫助的。

　　在參與親子減壓敘說時，會安排兩個圓圈，不超過五至六位相近年紀的學生，他們和目睹或經歷了暴力事件的朋友及同儕一起坐在內圈，父母親坐在孩子的後面，這些父母的出席，提升了一種穩定、和諧及支持的感受，可以有更多的支持動作，包括父母把手放到孩子的肩膀上，但無論如何，必須是孩子願意接受這樣的動作。

>> 適用的減壓敘說模式七階段

一、介紹階段

在介紹階段中，團體帶領者確認參加團體的成員，並且建立減壓敘說的規則。參與成員會被詢問確認哪些人不屬於這個團體（例如老師、律師，以及只想觀察卻不參與的學生等），他們需被要求離開。解釋團體的限制及尊重個人隱私，鼓勵成員不可以在減壓敘說場所之外討論團體中的談話內容，並留下來參加完整的減壓敘說，帶領者說明減壓敘說主要的目標是協助校園暴力倖存者可以盡快從痛苦經驗中復原。

二、蒐集事實階段

第二個階段是蒐集事實階段，通常情況下，帶領者藉由說明這個團體已脫離暴力事件來開場，以及想聽聽來自學生所說的實情。這項說明主要是鼓勵參與者介紹自己和提供自己目前的狀態，以及自暴力事件發生到現在，他們做了些什麼。要向每位學生強調需說明**事實**。團隊成員不應該催促學生描述他們對事件的感受，不過應該讓學生開始分享感受，帶領者及協同帶領者應該具備表達情緒的知識，並指出這些情緒都是正常的。

三、思考階段

第三個階段是思考階段，這個階段是個過渡期，幫助學生從認知層面轉移至情感層面。帶領者會提問有關當暴力事件突發時，學生在想些什麼（例如：「當你看到她刺傷 Angel 時，妳的第一個念頭是什麼？」）。在這個階段，以接納及正常化來看待每位學生所說的想法和察覺是相當重要的。

四、反應階段

思考階段可以提供一個快速進入情緒激烈反應階段的方法，此階段聚焦於應該讓參與者保持在分享他們對暴力經驗反應的狀態之中。帶領者通常藉由此問題開始：「看到 Angel 被刺傷時，最難熬的部分是什麼？」

五、症狀階段

在症狀階段，帶領者協助引導團體由情感層面回到認知層面，當情緒激烈反應開始消退，帶領者問學生，自從暴力事件發生後的任何相關之生理、認知或情感的症狀。如果學生保持沉默，或表示類似症狀都已消失時，或許帶領者可以問一下家長在孩子身上觀察到的症狀。這個部分必須非常謹慎，在小學生或年幼的在學學生個案上，家長有關於症狀的討論對學生通常是有幫助的，特別是對其他家長，不過，若年齡大一點的學生（例如七年級或八年級）或高中學生，家長的討論則可能對特殊的參與學生造成難堪。因此，帶領者應該運用他們的臨床判斷和相關知識來評估參與者，決定是否邀請家長加入症狀的討論。帶領者時常討論的症狀包括像是噁心、手抖、無法集中注意力或感覺焦慮等，通常帶領者會請有類似經驗者舉手，這樣一個舉手的動作有助於大家正常化來描述這些症狀，而且經常能協助倖存者相信他們並非「奇怪的」或「發瘋的」。

六、教育階段

緊接著症狀階段後面的是教育階段，參與成員對症狀經驗的敘說是正常且被期待的，帶領者可以簡要說明未來可能出現的症狀（例如反覆夢到被攻擊、情緒反應局限、記憶中斷等），這可以協助家長及學生比較容易了解他們在未來可能遭遇到的症狀，並且允許學生、家長和同儕討論這些可能會出現的症狀。在這個階段，帶領者可能會問：「你曾經做過什麼事情，或注意到你的朋友、老師及父母做了什麼事情幫助你妥善處理這個情況？」這些提問意味著學生已經處理得很好，並且協助他們開始發現進步的跡象，而非繼續聚焦在暴力事件上。有時候，較年長的學生可以表達對於來自同儕、老師或家長支持的感受，較年幼的學生或許可以運用活潑的冥想來幫助他們在面對害怕和擔心時有較好的因應，這類的冥想例如：讓孩子假裝他（她）自己是一個可以讓犯罪者放下武器的英雄，有辦法保護其他孩子免於受傷。

七、折返階段

折返階段嘗試終止有關經驗的討論，而讓倖存者和他們的父母討論對於未來的擔心和想法。帶領者可能會邀請學生及家長重新回到迫在眉睫的問題，討論新的主題或想法，或許有助於減壓敘說更順利地結束。解決所有來自學生或家長提出的問題之後，治療團隊會給予一些有關於團體中任何明顯的進步，或可看到的團體支持等回應。一份寫給適齡學生閱讀有關常見反應症狀討論的單張，或另一份單張給家長閱讀，是有幫助的。較年幼的孩子缺乏閱讀技巧來理解這份單張，可能比較喜歡畫下他們現在感受的表情（例如焦慮、悲傷或驚恐），之後，家長可以使用這些圖畫當作在家中和他們孩子對話的開始。單張應該列出 24 小時求助專線，而且包括學校諮商師的工作專線，這往往有助於在減壓敘說中，介紹孩童的學校諮商師給家長認識。

≫ 團體結束後的活動

在減壓敘說開始之後，團隊成員可以在休息時間和家長及孩童融入互動，成員必須找出那些出現煩躁或處於嚴重痛苦的個案，他們需要被鼓勵立刻與在場的諮商師會談，或是可以被轉介諮商。同儕之間的支持（包括家長及學生）是重要的，在復原的過程中，亦可鼓勵家長和學生之後用電話向其他人求援。

≫ 額外增加的減壓敘說聚會

依家長和學生參與者的互動情況，以及治療團隊的判斷之下，也可以提供額外增加的減壓敘說，通常，這樣的減壓敘說有人數上的限制，而且除了一開始就參加減壓敘說的成員之外，要排除其他人。在治療上，用兩次的聚會來提供額外增加的減壓敘說是最有意義的，換句話說，我贊同最初的減壓敘說可以增加到 12 次的分享聚會，這可以有合適的療效。

緊隨著校園暴力經驗和初期的減壓敘說之後，家長經常表達出想要參加一個長期減壓敘說的渴望。但是，暴力所帶來的症狀通常在第一次減壓敘說後消退，而且家庭成員十分忙碌，導致許多人無法實現他們的承諾來參加額外增加的聚會，這會使出席人數受限。那些認真出席者有時會感到被其他不依約定參與聚會的人「背叛」，因此，我們認為如果限制出席人數，反而讓那些同意長期參加減壓敘說的成員對治療感到反感，實際上可能弊多於利。

相反地，如果大多數的參與者都需要額外增加的減壓敘說，而且治療團隊認為是臨床上適合的，沒有不當的話（例如只有一位家長表示想參加、學生被排除在減壓敘說之外的等等），應提供兩次額外增加的聚會。假若大多數參與者出席，而且參加完兩次聚會後，仍期待未來再繼續的話，治療團隊需再次評估潛在的臨床療效，要是評估未來的團體具有合適的療效，可再提供補充兩次的聚會。這個過程會一直持續，直到治療團隊評估臨床療效已至最小，在這種情況之下，若是仍有一位或兩位成員或家人希望繼續，治療團隊或許要將他們轉介至個別或家庭諮商。

通常可由一至兩位學校諮商師來處理額外增加的減壓敘說，此補充聚會之目的是為了：

- 提供對學生復原及親子關係評估的補充觀察。
- 提供有關於家長及孩童創傷復原的補充心理衛教。
- 聚焦於家長和學生正在進行的努力，以及他們創傷復原的進展。
- 對於出現困難的學生、家長或其他家庭成員提供轉介資源。

因此，這些內容通常藉由感謝參與者的出席及提出問題開始，例如：「告訴我自從最後一次聚會結束之後，事情是如何改善的？」特別是學校諮商師想要觀察他們的互動，以及了解個案與家庭成員所描述的改善。由於發生的是如此嚴重的校園暴力事件，初期可以發現的進步可能是很小的，請參考下面這一段對話。

諮商師：非常感謝各位今天又回到這裡，你們的出現表示你們
對於幫助自己、你們的家人和朋友走出之前事件的投
入。另外，我想問一個問題，你們從哪些地方看到你
們的進步？或是自從最後一次聚會之後，你和你們的
家人或朋友在哪些方面越來越好？

Katrina：我沒有看到進步的地方，我仍然對之前我最好的朋友
Angel 被刺傷的事情覺得非常難過。

諮商師：聽起來是一段艱苦的時間。

Katrina：沒錯，我還是一直作惡夢，而且看到那些女孩想殺
我！

諮商師：這些惡夢每天晚上都出現嗎？

Katrina：沒有，是剛開始那幾天，但是已經三個晚上沒出現
了。

諮商師：所以，聽起來惡夢沒有像之前那麼經常出現了，妳認
為那代表什麼呢？

Katrina：我想那代表我越來越好了，但是還沒到 100%。

諮商師：Katrina，這對我有很大的意義，其他人如何呢？有人
注意到惡夢或其他症狀減少嗎？

Angel：好吧，我的惡夢還沒有結束，但是我不會再像攻擊事
件剛發生初期那樣發抖了。

諮商師：請多告訴我們一些。

Angel：剛開始那幾天，我的手抖得很嚴重，甚至不能喝可樂
或拿筆寫字，現在，我完全不再發抖了，而且惡夢也
不那麼嚴重了。

諮商師：各位母親們，我聽到 Katrina 說她的惡夢減少，Angel
也是，而且不再發抖。可不可以幫助我們了解，身為
家長的妳，像剛才說的，當妳的女兒越來越進步，以
及妳的家人或妳愛的人正在走出這事件時，妳看到些
什麼？

讓我們重新檢視一下這一小段對話發生了什麼？首先，諮商師感謝出席減壓敘說的每位成員，並表示他們的出現是一種自助及助人的方式，在團體的開始，就先稱讚參與者，以減少他們的阻抗，這反過來也在鼓勵缺席者可以積極地參與。

接著，諮商師問：「你們從哪些地方看到你們的進步？或是自從最後一次聚會之後，你和你們的家人或朋友在哪些方面越來越好？」這個提問的方法指出一個重要的推論，它暗示著參與者看起來是有進步的，伴隨而來的是，這些進步又和自己、家庭成員和朋友息息相關。不要上當了！這不是文字遊戲，它是用來強烈表達此進步正在發生中，並且鼓勵參與者對於他們曾經經歷或目睹的事情，往正向改變來思考。

Katrina 回應說她並沒有看到改善，諮商師用同理她、傾聽她的症狀，來代替和她爭辯。接著，詢問她所說的惡夢是否每晚都發生？這是非常重要的、有療效的互動，它不只接納了 Katrina，並表示諮商師聽到了她說的話。當 Katrina 描述她的惡夢次數已經在減少時，諮商師繼續討論減少的次數，而提出一個投射性的問題。這個問題提供了 Katrina 一個空間來解釋惡夢次數已如她所願地減少，Katrina 回答她尚未達到 100% 的「好」。諮商師未以惡夢次數減少是否代表著改善來和 Katrina 爭辯，而是轉而詢問其他成員的惡夢次數是否減少了。

留意諮商師是如何意味深長地用「惡夢或其他症狀」來展開問題，換句話說，諮商師並不只用惡夢減少來開始話題，而是從任何暴力後症狀的改善開始。Angel 回答她不再發抖，諮商師請她盡量詳細說明她的發抖情形，而不是只簡單摘要她所發現的改善而已。最後，諮商師擴大 Katrina 和 Angel 所發現的進步，並且請出席的母親們也描述她們所看到的症狀減少或進步的地方。

額外增加的減壓敘說也提供補充的觀察機會，以及給予與創傷後症狀有關的補充心理教育和轉介資源。在下面這一小段對話中，母親描述了 Angel 在暴力事件之後出現對家庭具破壞性的好辯行為，學校諮商師進一步提供了關於暴力後症狀的心理教育，並建議了可使用的轉介資源。

媽媽：我對 Angel 感到很苦惱，自從她被刺傷之後，她悶悶不樂地晃來晃去，不想做任何事情，而且相當好辯，所以，我只能確定她還活著！

諮商師：聽起來妳一定相當憂心。

媽媽：沒錯，對我和她的兄弟而言，她簡直是把整個刺傷事件當成一個藉口。

諮商師：首先，媽媽，讓我先說我對妳感到十分感動，妳可以單單忽略 Angel 的這些行為，並說「誰在乎這些？」但是妳卻想要知道如何做對女兒最好，而且這表示身為家中權威的父母，妳希望 Angel 的行為符合妳為孩子所建立的規則。

媽媽：謝謝，這對於一個有三位青少年的單親家庭來說，是相當艱難的。

諮商師：的確如此，但是妳並沒有放棄，妳讓他們可以聽從規定，向他們展現了他們必須服從規則，聽起來妳做得相當好。不要放棄！當媽媽是一項艱鉅的工作，作為一位單親母親更是不容易，請堅持下去。

媽媽：我會的。

諮商師：我想要重複我在第一次分享聚會時說過的事情，有些青少年在經歷暴力後，顯現出來的症狀圍繞著憂鬱，它可能透過許多不同的管道呈現……不只是悲傷，他們經常悶悶不樂或變成好辯；但是，很多青少年並沒有憂鬱或經歷過暴力，也同樣悶悶不樂或好辯。媽媽，如果有機會妳願意幫我的忙嗎？

媽媽：可能要看情況。

諮商師：我認識一位專攻青少年憂鬱症的精神科醫師，如果我給妳她的名字和聯絡方式，妳願意跟她聯絡預約會談時間嗎？特別是我們可以請她跟 Angel 談談，確定一

下是否有憂鬱的情況，或這些悶悶不樂和好辯只是青少年時期的一般現象。

在上面這一小段臨床對話中，我們注意到了一些事情，首先，母親描述 Angel 的行為——那些青少年面臨暴力行為後相同的情況。母親未將這些經歷暴力後出現的行為視為症狀，而認為是 Angel 的藉口。諮商師並未責備媽媽，反而藉由回答「聽起來妳一定相當憂心」來肯定她，媽媽確認她自己的感受，並描述她所觀察到 Angel 的行為，懷疑 Angel 是否想假裝來當成藉口。

諮商師立刻稱讚了母親，她將母親的行為重新詮釋為代表對女兒的一種承諾，然後進一步肯定了這位母親，這個來自治療師的稱讚及肯定是相當重要的關鍵。倘若這位諮商師反而只是將母親的行為描述為「錯誤」，並將 Angel 所表現出來的行為視為暴力事件的症狀，母親就可能被迫落在對立的位置。如果真的變成這樣的結果，諮商師和母親沒有任何人是贏家，而且最後的輸家是 Angel。反之，諮商師再次重申暴力後潛在的症狀，並提供一個轉介資源給母親，於是，諮商師緊接著提供母親進一步的心理衛生教育訓練和對 Angel 有幫助的治療轉介。

🌿 本章摘要

本章是在描述學校諮商師如何有效地理解作者 Juhnke 針對經歷暴力事件的在學學生和家長所提出的「適用於焦點解決的減壓敘說」。

讀者可以對於 CISD（危機壓力事件減壓敘說）和 CISM（危機事故壓力處理）的歷史及發展有個基本的認識，特別是 Juhnke 對 CISD 所提出的幾項顧慮，以及他如何透過「適用的焦點解決減壓敘說」去解決這些問題。摘錄於文章中的臨床對話，是協助讀者理解適用的減壓敘說，並且可以選擇如何在他們的介入過程執行。再次強調，如同 CISD、CISM 和其他危機介入模式一樣，Juhnke 的「適用的焦點解決減壓敘說」尚未發

表臨床上明確的實證研究，因此，介入的目的應該只於當學校諮商師評估對需要的對象有臨床效用時來使用，在選擇介入方法時，學生的特殊需要是首要的考量。我們強烈相信，最好的介入將提供一套包含多元評估與處遇的治療，Juhnke 的「適用的焦點解決減壓敘說」或許即為其中之一。

校園自殺、自傷與暴力 —評估、預防和介入策略—

第三部分

法律議題與準備

第十章

倫理與法律議題

最近筆者（Juhnke 博士）看見一集訪問 Michael Brewer 和他母親的電視節目。Michael 是佛羅里達州一名 15 歲的中學生，他的同儕在他身上潑灑藥用酒精後點火燃燒。表面上，這起攻擊與電玩遊戲及欠錢引起的糾紛有關。但根據 Michael 的母親描述，Michael 在襲擊發生前就已經「心膽俱裂」，嚇到不敢去學校了，他知道用最極端手法攻擊他的那些同儕是有意要傷害他的。無論如何，就連資深警官也被攻擊者的惡毒所震驚。

迄今你已經讀過有關校園自殺、暴力評估與介入的主題了。然而，這個案例提醒我們很重要的兩點：(1) 無論在自殺或暴力事件發生前有多少次評估，以及盡多大努力去介入，自殺和暴力永遠都可能會發生；(2) 我們必須察覺我們的專業判斷在倫理與法律上形成的結果。

如果你是 Michael 的學校諮商師，且 Michael 向你傾訴他對自己可能遭遇危險的擔憂的話，你會怎麼做？你的回應可能會對 Michael、你的學校以及你自己產生重大的後果。Michael 的事件發生在校外，然而，如果在提出對自身安全的擔憂後在校園遭受攻擊，我們預期會進行釐清相關倫理及法律責任的調查。根據那些調查結果，裁決內容可能會對包括學校諮商師，以及其他知道他的擔憂卻未做出充分行動的人給予嚴屬處分。從這

起案例的可能後果，我們能了解倫理與法律議題對學校自殺及暴力事件的重要性。為了提供討論這些重要議題的必要基礎，我們在本章開頭就專業倫理守則及法規進行全面性的討論。

專業倫理守則及國家輔導法規

專業倫理守則對協助經歷校園暴力、或可能表現潛在暴力風險學生的諮商師是相當重要的。對這類個案而言，專業倫理守則為我們所提出的介入方式中的照顧閾值與必要界線，提供了一套周延的詮釋模式。這些守則亦協助諮商師規劃恰當的界線與行為，以確保學生受到適當照顧。

≫ 專業倫理守則

看起來每個專業諮商組織都有自己的專業倫理守則。有些守則似乎特別與專業諮商師及學校諮商師相關。例如，有 45,000 位會員的美國諮商協會（American Counseling Association, ACA）、26,000 位會員的美國學校諮商師協會（American School Counselor Association, ASCA）與 42,000 位會員的美國認證諮商師管理委員會（National Board of Certified Counselors, NBCC），都有它們自己的倫理守則（ACA, 2005; ASCA, 2004; NBCC, 2005）。ACA 倫理守則指出五項基本目的（ACA, 2005, p. 3），包括：

1. 守則讓協會能對現在、未來的會員及接受會員服務者闡明其成員所共同認定的倫理責任本質。
2. 守則協助支持協會的使命。
3. 守則建立了定義倫理行為的方針，以及協會成員的最佳實務工作方式。
4. 守則是一種倫理指引，是設計來協助成員架構一套專業行動模式，以提供最好的服務給接受諮商的人，並提升諮商專業價值。

5. 守則是處理對協會會員倫理爭議及疑問的基礎。

如果回顧各種協會守則，就會發現很顯然各守則都是特別為促進對學生及諮商師的保護而寫。這項觀察進一步由 Koocher 和 Keith-Spiegel（2008）回顧心理衛生服務提供者的倫理守則獲得證實。Koocher 與 Keith-Spiegel 發現現存的心理衛生倫理守則有反覆出現的共通主題，包括：

- 對學生沒有傷害。
- 行為要專業並符合倫理。
- 在個人專業訓練及能力範圍內進行諮商。
- 保護學生免於不倫理的處遇。
- 保護學生免於被剝削。
- 保護學生隱私。

諮商相關的倫理守則最常以不強調特定問題的一般性準則表現出來。換句話說，不是告訴諮商師「這就是諮商師在這種狀況下該做的」，而是對廣泛議題提供一般性指導準則，如保密性或防止學生受到傷害。所以非常重要的是，諮商師必須熟悉特別針對他們所屬專業的倫理守則，並了解如何將這些一般性的準則應用到專業場域中會遇到的情境。我們相信當學校諮商師更熟悉所屬專業組織相關的倫理守則時，他們就會更常使用倫理守則的決策模式。而這樣的使用能促進適切的倫理行為，並增加不違反州諮商法規的可能性，所以，希望對專業倫理守則的了解與使用上的熟悉，能減少常見違反倫理及法律的頻率。

>> 州諮商法規

與專業倫理法規相似，美國的州諮商法規是為保護各州公民不受有害、不利或者歧視的諮商實務而定。每一州對專業諮商師及學校諮商師的教育、訓練以及臨床督導都設有各自的執業法規。所以，如果有人希望在某一州擔任學校諮商師，他必須遵從現行的學校諮商實務法規。

287

雖然美國大多數的州都設有八個反映核心要求的諮商認證與相關教育共同學程領域（Council for Accreditation of Counseling and Related Educational Programs Common Core Areas, CACREP, 2009）──包括人類成長與發展（Human Growth and Development）、社會及文化基礎（Social and Cultural Foundations）、助人關係（Helping Relationships）、團體工作（Group Work）、職業與生活型態發展（Career and Lifestyle Development）、評估（Appraisal）、研究和方案評估（Research and Program Evaluation），以及專業方向與倫理（Professional Orientation and Ethics）──各州通常仍有不同的執照要求。例如，某些州可能會要求要考特定諮商執照的人，必須上過該州認為對諮商工作和其市民安全重要的特定課程。比如佛羅里達州可能要求研究所課程要有人類性行為、物質濫用與人類免疫缺陷病毒（HIV），但北卡羅萊納州則可能沒有這樣特定的課程要求。這類研究所課程要求是由各州自行決定，並列在該州諮商執照法規中。

州與州之間的類似差異也發生在研究生被督導的臨床時數要求。有些州可能要求比其他州更多的臨床時數，例如，俄亥俄州要求 3,000 小時的研究生被督導經驗，而明尼蘇達州只要求 2,000 小時；另外，有些州會要求這些研究生被督導時數在限定時間範圍內完成（如五年）。所以，不像倫理守則能用一般性準則呈現，州執照要求通常是非常特定的。各州執照要求精確地告訴諮商師，需要做什麼才能取得該州的諮商工作權，以及諮商師必須做什麼以保有他們在該州的執業執照。

倫理決策

我們相信了解專業倫理及州的專業諮商法規都是必要的。然而，在某些法規無法應付的棘手情境下，知道如何使用倫理決策，能協助增加做出倫理上最適當決定的可能性。選擇或創造最切合倫理的決策，是最有可能保護學生、造福社會，並使諮商師遠離責任風險的。

因為心理與生理健康專業人員尋求倫理決策實務與指引，醫學倫理也日益被視為主要領域（Michael Sunich, personal communication, January 28, 2010）。Beauchamp 和 Childress（2009）是兩位重要的醫學倫理學者，他們的著作 *Principles of Biomedical Ethics* 是目前坊間最廣為人知的倫理決策指引教科書之一，這本書目前已再版至第六版，且在醫學倫理文獻中頻繁地被引用。特別是 Beauchamp 與 Childress 強調並倡導實務運用的，是通常被稱為醫學倫理的四項原則（Gillon & Lloyd, 1994），此倫理決策取向包括以下四個核心：

1. 自主原則。
2. 行善原則。
3. 不傷害原則。
4. 公平正義原則。

≫ 自主原則

尊重自主權是 Beauchamp 和 Childress（2009）討論的第一項生物倫理學原則。然而，他們提到「雖然我們討論醫學倫理原則從尊重自主權開始，但我們呈現的順序並不代表此原則有較高的倫理優先性」（p. 99）。顯然過去有些評論者誤以為 Beauchamp 與 Childress 將尊重自主權列在第一項，是認為它是醫學倫理四原則中最重要的。事實上，在此模式中四項原則中的每一項都是同等重要，而且在考慮自殺及暴力風險的學生評估及介入的倫理問題時，需要重新檢視。

尊重自主權特別是指個人應該要有能力支配自己的生活，並為自己做決定。根據 Beauchamp 和 Childress（2009）所述，「有自主權的個人按照其自我抉擇的計畫自由行動，就類似於一個獨立的政府管理其領土與建立政策」（p. 99）。尊重自主權的諮商師理解學生有自我支配或基於個人選擇做決定的權利；尊重自主權亦提供學生有權利堅持他們的觀點，並「根據他們的個人價值觀與信念行動」（p. 102）。

對諮商師與他們的學生而言，尊重自主權在進行倫理決策過程特別重要。我們之中有多少人沒遇過極其聰明有能力的學生，不理會我們鼓勵他們去上那些很可能有傑出表現的進階課程？你有沒有遇過應屆畢業生拒絕著名大學提供的重要獎學金方案？例如，有名學生得到全額支付她頭兩年學位課程的獎學金，包括所有的學費、學分費及書籍費用，唯一的要求是她必須完成申請手續參加該方案。我們竭盡所能來鼓勵這位學生，但她還是什麼都沒做，沒人能強迫她參加。我們的倫理責任是盡可能用最尊重的方式，提供我們所知的選項。然後，根據尊重自主權，我們要**讓她為自己做決定**。我們滿意她的決定嗎？坦白說，她的決定讓我們感到很氣餒，我們不相信她的決定符合最佳利益。無論如何，**做決定的人不是我們**，那是她的選擇。在她衡量過不同選項、考慮過她的成本與利益後，她做了自己相信對她最好的決定。這就是尊重自主權的基本原則。

身為諮商師，我們必須自問：我承認我的學生有權利選擇他們認為最佳的決定嗎？更重要的是，無論他們決定如何，我是否尊重他們？許久以前，筆者（Juhnke 博士）與一位離婚的父親及他的兒子會談，這名兒子有品行疾患的行為問題，及頻繁的酒精濫用問題。這兩位提及了一段讓我之後教授諮商師尊重自主權課程時常想起的一段經驗。這位父親與兒子決定參加一項夜間露營活動，雖然白天氣溫相對溫暖，但父親知道一旦太陽下山之後，夜間溫度就會變得很冷，所以，他告訴兒子要帶外套出門。兒子與父親爭論，父親讓兒子選擇他可以帶或不帶外套，這位兒子故意將外套留在家裡，並告訴父親，他「拒絕」帶外套，父親則告訴兒子，要不要帶外套出門的最終決定權在他自己身上。

那天晚上，兒子想要在夜晚寒冷的空氣中探索樹林，但可惜他沒有穿外套，天氣太冷了，以至於他無法到離營火或帳篷太遠的地方探險。兒子記得父親要他帶外套，卻又不想聽到父親說「我早就告訴過你」。然而，等溫度降到太低的時候，兒子還是放下自尊，開口向父親借外套，結果父親拒絕了他，並建議兒子那晚不要探索森林或看星星了，還是早一點鑽進睡袋裡睡覺。雖然兒子並未因為暴露在冷風裡面臨死亡危險，這段經驗對

他而言仍不太愉快，而且兒子對自己沒聽從父親關於要帶外套的明智建議感到惱怒。

在我們下一週的會談中，我詢問他們的露營經歷。父親表示這段經驗對他的兒子非常有幫助，並提到：「我兒子終於成為一個男人，而且變得更負責任。」我請父親多說些，他提到露營事件之後，他兒子開始聽從父親的話，不再爭論，在家裡也變得更「主動」。然後我請兒子協助我更完整了解他父親所說，這位年輕人的回答大概像這樣：「我〔從露營〕學到了很多，我知道當我爸要求我做什麼時，是因為這樣對我最好；我還知道他不會勉強我做我不想做的事，如果我不聽他的話，我就得自己承擔後果。他對待我的方式像是對待大人，而我喜歡這樣——就算這代表我得承擔我自己的錯誤。」

在會談剛開始的時候，我發現我自己在想，這個父親真的很不支持自己的兒子，直接把他兒子的外套丟進貨車裡難道不會比較簡單嗎？畢竟父親知道沒有外套他兒子一定會冷。然而在我聽完他們兩人描述這段經驗後，允許兒子選擇是否帶外套去露營所產生的治療效果，就像被籃球打中頭一樣擊中我。無意中，這位父親透過對兒子自主權的尊重，等於是採用了部分倫理決策模式。儘管父親並不喜歡兒子將外套留在家中的決定，他還是讓兒子自己選擇是否帶外套，更重要的是，儘管做了要把外套留在家裡的決定，這位父親還是尊重他的兒子。

然而，還是有些時機和情境是必須否決這倫理決策過程的第一原則。尤其是當學生被觀察到對自己有立即性的危險（例如自殺），或者對他人（例如有攻擊性），諮商師就必須有所行動，以保護瀕臨危險的對象。Beauchamp 和 Childress（2009, p. 105）表示：

> 我們尊重自主權的義務不適用於無法充分自主行動（與無法呈現自主能力）的人，因為他們不成熟、無行為能力、無知、被強迫或者被剝削。嬰兒、不理性的自殺傾向者與藥物依賴者皆是例子。

在這些例子中，諮商師需要介入，確保所有人的安全。當這類案例出現時，最重要的是運用專業倫理守則，以及了解該州法律。

≫ 行善原則

行善原則是對別人而非對自己有益的行動。根據 Beauchamp 和 Childress（2009），行善原則是種「為了造福他人而行動的道德義務」（p. 197）。他們指出五項與正向行善原則相關的一般性道德規範，包括（p. 199）：

1. 保護及捍衛他人的權利。
2. 預防他人受傷害。
3. 移除可能會傷害他人的情況。
4. 協助失能者。
5. 拯救處於危險的人。

很清楚的，這些與一般性道德規範相關的行善原則，與美國諮商協會倫理守則有很強的關聯。不管是哪一種，根本的重點是以道德上負責的態度執業。所以，學校諮商師被要求將學生的需求放在諮商任務各方面的首位。

Carter（2002）對行善原則的觀點稍有不同。她表示在分析倫理決策時第二個最重要的核心問題是：「誰因為我的行動受益？以何種方式受益？」換句話說，處理校園自殺或暴力問題時，諮商師的行動必須要深思熟慮地對處於風險中的學生建構出益處，對學校社群而言也是如此。身為一個從 1986 年開始執業，且專長是威脅生命行為的諮商師，我看過學校諮商師非常保護他們的學生，有時這些學校諮商師因承諾確保學生安全，而必須忍受揶揄、行政糾紛以及個人危險。這些諮商師的弱勢學生因為專業人員而受益，絕大多數的時候，這些諮商師周到地建構出能對所有相關人員有益的介入。

>> 不傷害原則

簡單地說，不傷害原則（*primum non nocere*，拉丁文）意即**首先且最重要的就是不造成傷害**（American Medical Association, 2008）。在學校諮商師對倫理決策的四項原則取向的討論中，我們必須確定，當我們要去協助可能因為校園自殺或暴力事件受傷的人時，我們的介入（或者不介入）不會造成任何傷害。或者說，除了好處外，我們不會造成更多的傷害。有時可能的傷害很容易被察覺，但其他時候則不一定，這對學校諮商師而言似乎特別是如此，學校諮商師常被放在一個需要快速決定一系列行動的危險位置。

例如，如果一位學校諮商師無意間聽見一名中學生表達清楚的自殺意念、自殺意圖和周詳且特定的自殺計畫，這位諮商師沒做任何介入，而學生自殺了，這就有很明顯的證據證明這位諮商師**造成**傷害。雖然出現清楚的自殺訊號，他卻未採取行動，結果導致這名學生無阻礙的自殺。

儘管我們做了預期最佳的專業考量，更難預測的是造成的可能傷害。如果學校諮商師相信一名學生**可能**有自殺風險，完成了評估，但不確定該生立即性的自殺風險，為了觀察與保護起見，常見的可能做法是鼓勵學生家長讓這名學生暫時住院。然而，如果這名學生非自願住院而造成非蓄意的傷害，那會如何？這名學生的精神科住院可能導致他被朋友排斥，或因為朋友的父母要他們的孩子遠離「精神病患」而造成友誼破裂。同時，學生可能會被同儕嘲笑或戲弄。因此，為了做好事讓學生活著，結果對學生造成非蓄意的傷害。

有些人可能會爭辯，學生活著總比死了好，換句話說，如果有人懷疑學生可能有自殺的危險——無論立即性風險的程度為何——都必須讓該學生住院。然而，任何一位有經驗的學校諮商師都了解友誼與社交對於國高中女生的重要性，這樣的社會互動對國高中女生而言，是特別重要的。如果一名學生非自願性地住院後，被同儕嘲弄，這個學生可能非常相信非自願住院造成的傷害多過益處。所以，儘管出於好意，學生還是受苦。這裡

的問題是，身為諮商師的我們是否對學生造成傷害多於益處。因此，很重要的是，學校諮商師要考慮他們最佳立意的介入所可能出現的負面結果。在介入之前，盡所有可能，我們應該要嘗試減少並知道介入可能造成的非蓄意傷害，或有害的副作用。

≫ 公平正義原則

醫學倫理四原則的最後一項是公平正義原則。公平正義意味所有人被同等、公正、公平，以及根據他們呈現出來的需求對待（Beauchamp & Childress, 2009）。「公平正義」這個名詞，讓人聯想到個人不會被不公平地歧視反對，或者不被剝削，特別是易受傷害的族群（如非常貧窮、非常年幼或非常年長的人等）。對學校諮商師而言，公平正義代表我們不會不讓較不富裕、較年輕、身體或精神上有障礙，或課業較差的學生獲得相同的關心與諮商服務。反過來，我們要公正地對所有學生提供諮商服務，不管他們是誰或他們的需求為何。

很清楚地，醫學倫理的四項指導原則已經被學校諮商師運用在面對校園自殺或暴力事件的特定議題。了解各原則（如自主原則、行善原則、不傷害原則，及公平正義原則）並在每次進行介入前仔細考慮，這樣似乎是可以保護學生及諮商師本身之合乎邏輯的方法。若未將這四項原則逐一納入考慮，是置個人於做出規劃不佳、衝動、以及無說服力之介入方式的危險中，且可能對我們服務的學生造成傷害多過益處。

五分之四同意的諮詢

五分之四同意的諮詢提供學校諮商師來自專業同儕的直接回饋，並是促進校園自殺與暴力有說服力又有效的介入方式。同時，五分之四同意的諮詢讓學校諮商師可能免於責任問題，因為它證明了實施的介入符合領域中同儕專業人員的共同照顧標準。做法是學校諮商師找到並聯繫五位校園

諮商專業同儕，每一位都有相似的教育背景（即校園諮商碩士學位）、工作經驗（例如：八年中學諮商經驗），以及專業認證和執照。聯絡第一位顧問後，學校諮商師詢問是否能讓他（她）敘述一個緊急的個案，對預定介入方式尋求意見與建議，以確保最有效的介入，並記錄電話諮詢，這樣之後有必要的話可以聯絡顧問。接著，學校諮商師提供此個案的概要，包括所有與情況相關的重要細節，雖然這個個案必須盡可能正確完整地被描述，但保有學生隱私仍是重要的。學校諮商師回答顧問提出的任何問題，如果顧問沒問問題，學校諮商師則詢問對方是否需要更進一步的資訊或說明，或是否對該個案有特定問題。等所有顧問的問題都回答完後，學校諮商師說明欲進行的介入，並詢問這樣的介入是否看來恰當、介入中的哪部分需要修改，以確保做出最周詳適切的介入。讓介入更加有效的適當且有幫助的建議能被整合入介入計畫中，直到對學校諮商師及顧問而言，它都達到臨床上最好的狀況為止。

　　一旦兩位學校諮商師都相信已經創造出最好的介入，學校諮商師便聯繫下一位顧問，重複上述步驟直到五位學校諮商師都聽過這案例的詳細描述以及規劃的介入方式。然後學校諮商師再度聯繫每位被諮詢的學校諮商師，描述整合過所有被諮詢諮商師意見後的介入方式，並回答後續問題。如果有其他建議被提出，學校諮商師重複上述流程，直到有五分之四的被諮詢者相信該介入是臨床上適切的、倫理及法律上是健全的，並提供學生充分的身體、情緒、精神及社會安全。然而如果被諮詢者認為欲使用的介入方式未達照顧標準門檻，該介入就不該被執行，應該考慮新的介入方式。

🌿 臨床督導

　　身為有四十年以上合併臨床督導經驗的諮商教育者及督導，我們當然遇過特殊的被督導學生狀況。在督導過程中，我們相信被督導者依照督導的指導，並讓督導了解所有個案現況是非常重要的。特別是表現出自殺及

暴力風險的個案，只要當學校諮商師認為有潛在的倫理議題在萌芽時，必須立刻通知其臨床督導，臨床督導是重要的防禦隔離線，他應該了解如何能最理想確保所有倫理、法律及臨床議題被適當地解決。

督導該有適當認證，如美國認證諮商師管理委員會核可臨床督導證書（National Board of Certified Counselors Approved Clinical Supervisor），以及任何需要的各州督導執照或證明。諮商督導也可能有諮商博士學位，要求完成督導、倫理或與高等臨床相關的課程，如與自殺或暴力相關的研究所進階課程。所以，這些有認證、執照及學位的督導，應該對他們所督導的諮商師面對的倫理與法律議題有敏銳的覺察。

除了讓諮商督導同步了解現有學生狀況是重要的之外，被督導的學校諮商師依循與學生個案相關的指示和教學也是相當重要的。大部分個案中，督導都遇過和目前學校諮商師經歷的類似狀況，並清楚地知道被督導者該如何回應。如果督導沒遇過類似狀況，或不知該對特別困難或費力的個案採用哪種臨床介入，督導也會知道如何獲得所需資訊，協助學校諮商師為潛在自殺或暴力的學生提供最好的介入。

無論何時，被督導者應盡可能謹慎且徹底地依照督導的指示與教學。如果指示和教學看起來不恰當或者是錯誤的，可能是溝通有問題。被督導者應該以身為夥伴的方式向督導澄清他的指示，被督導者必須請求督導協助了解介入的目的，以及督導所指導的介入在過去是如何操作，換句話說，被督導者應該利用此機會從臨床督導身上學習。基本上，我們發現當被督導者獲得對指導的說明，或了解了介入方式指示的原因，他們的顧慮會減少，介入也能發揮效用。

如果在尋求督導澄清之後，發現該指導明顯牴觸州諮商法規或專業倫理守則，被督導者可能想考慮其他選擇。首先且最重要的，應該要去找臨床督導，在督導時間帶著倫理守則或專業諮商法規參加，請督導解釋他的指示是如何符合倫理守則或諮商法規。如果督導無法解釋他的指導如何符合倫理守則或諮商法規，但仍繼續要求學校諮商師打破或無視這些守則與法規，那我們需要尋找其他選項，可能包括向更資深的臨床督導尋求諮

詢，或聯繫國家或州專業諮詢協會，與倫理專家談談。如果在與更資深的臨床督導或倫理專家談過之後，學校諮商師仍認為存在違反倫理或法律問題，必須記錄下這些顧慮和督導的回應。如果這些顧慮被督導忽略，或如果督導繼續鼓勵學校諮商師違反專業諮商倫理守則或法律，該諮商師就需要聯絡州或專業委員會，以決定具體進行專業投訴的最佳程序。幸運的是，在我們的經驗裡，這種狀況極為稀少，大部分我們熟識的臨床督導，都真誠地想要用最好的方式來對待被督導者及個案，也充分地了解專業倫理及法律。

學區法律顧問

不久前，筆者（Juhnke 博士）14 歲的兒子在一家以不可思議美味的草莓萊姆舒芙蕾聞名的當地早餐餐廳點了一份炸魚三明治。你覺得他喜歡他的炸魚嗎？沒錯……是很可怕。為什麼？因為那家特殊的餐廳裡的廚房員工是早餐專家，他們發跡於製作美味的草莓萊姆舒芙蕾、超棒的蛋卷，及填入打發的鮮奶油並飾以糖漬水果的早餐酥餅。他們當然會做炸魚三明治——就像他們會應客人要求製作花生奶油及果醬三明治一樣——但這不是他們擅長的領域。

讓我們來假設，你是一位對潛在自殺或暴力學生，以及學生倖存者和他們的家屬提供有效的臨床介入有興趣的學校諮商師或心理衛生諮商師。比起學校法規，你的焦點和考量可能更集中在有效的預防、介入及後續處遇。當然，你對倫理守則及法律議題有相關知識，但是你該專注在成為最好的學校諮商師，而不是最好的法律顧問，對嗎？

如果我們需要專長是校園倫理或法律的顧問，我們想要依賴的是一位訓練過的法律專家——某個具有法學博士並專精於學校法律的人，我們想要一位在法律案件成功的人，就像我們能成功處理臨床個案一樣。有鑑於我們所處的社會愛好訴訟，以及法律判例的快速變動，我們希望能有立即可以聯繫的法律專家，精確地告訴我們，什麼行動是最能保護我們所服務

的學生、學校、社區還有我們自己。如果你在學區工作，你可能可以透過學區法律部門免費聯繫這些專家，在實行任何介入之前，好好利用諮詢法律顧問，以確保該介入完全符合法律規定。

當筆者在北卡羅萊納州大學格林斯伯勒分校（University of North Carolina at Greensboro）擔任諮商訓練與研究門診的臨床主任時，我諮詢了大學的法律部門，他們是我所知道最好的法律專家之一，雖然他們不是校園諮商專家，我們共同創造了最好的介入方式，同時滿足學生的臨床需求，以及需要重視的倫理與法律議題。老實說，我很享受與他們每個人的互動，也發現他們對學生事務相當投入。

坦白說，如果你是諮商師，我相信有好的專業責任保險以及能接觸法律專家是相當重要的。當校園自殺或暴力事件發生，很可能會有人提出訴訟，出現責難，你將置身於不得不搭上的情緒雲霄飛車，有最好的法律顧問會確保你得到所需要的保護。

🍃 風險管理諮詢

有趣的是，大多數我認識的專業執業保險顧問，都接觸過風險管理方案與諮詢。風險管理方案通常由包括相關的訴訟議題（如：保密議題、披露報告和諮商紀錄等）的一門課組成，這些方案的目的是藉由極為可能出現的情境發生前的應對，來降低被訴訟的可能性。這些訓練通常是透過DVD 或線上課程，課程內容非常精彩。

這些專業執業保險顧問通常會提供一支免費諮詢專線。因此，萬一出現潛在的高危險議題（例如：一名想自殺的學生），他們能就如何讓可能的責任風險降到最低來進行直接的指導。當然，他們的目的不特定是那些需要解決的臨床需求，然而，他們可以提供重要資訊給相信自己正面臨或擔心可能被訴訟的學校諮商師。

　　本章對學校諮商師想要知道的倫理及法律議題提供概論。我們討論專業倫理守則和州諮商法規的重要性，以及倫理決策模式的四項原則。讀者已經了解了如何利用五分之四同意的諮詢模式，以及如何利用臨床督導、學區法律顧問，以及風險管理來協助創造兼顧倫理及法律的介入方式。最重要的是，我們提倡學校諮商師**永遠不要**在未諮詢其他專業人員之前，包括法律顧問，就進行介入。獨行俠是小說裡的角色，不是諮商師，更何況他有信任的顧問，讓他在行動前先分享自己的計畫。永遠不要做唯一的校園介入者，**總要**諮詢其他專業同儕、督導以及專業律師的意見。

第十一章

結束——準備狀態及未來可望進行的介入

　　為了提供學生學習及社會化所需的安全環境，而且考量到學生自殺與暴力行為的日益頻繁，學校行政人員、校長、諮商師、老師、教職員工和家長無疑希望能夠共同合作，來確保他們的校園做好能夠對潛在危機與創傷事件有效反應之最佳準備。很明顯的，應該在自殺和暴力發生前檢視準備狀態。因此，本章目的包括討論提供這些準備的方式，以及協助讀者在危機發生前發展通用的模式來確保準備妥當。

　　很遺憾的，對於自殺或暴力行為的準備，無法考慮到各種危機反應需要的方案，同樣的實務訓練也無法提供各種型態之校園暴力或自殺的足夠訓練。因此，本章是為了協助學校諮商師來深思熟慮這些最有可能發生在他們校園裡的自殺和暴力事件，發展出特別適合他們學校特定需求的實用模式。毫無疑問，在創造這樣的模式時，每個學校都會有特定的因素需要列入考慮，此模式可以修改或調整以符合各校的需要。

🍃 危機規劃

　　根據 Jimerson、Brock 和 Pletcher（2005），校園危機反應需要有「共享的準備基礎」（p. 275）。考慮學校人事的多元性（例如，學校諮商師、

心理師、社工等）與專業哲學，以及訓練的不同型態，Jimerson 等人的描述似乎特別真實。如果我們期待一個與學校有關的自殺和暴力介入的成功方案，參與應變者彼此間對於該提供什麼服務應該要有共識基礎。

美國教育部在其出版的《危機規劃的實用資訊：學校與社區指南》（*Practical Information on Crisis Planning: A Guide for Schools and Communities*）中，提出這套分享的基礎指南。儘管這樣的指南本質上是通則性的，一開始是設計來協助學校專業人員在於學校面對從自然災害到校園暴力等各種事項的準備，與本章有特定關聯。根據這份指南，學校危機處理有四個相連的階段：(1) 減災／預防；(2) 準備；(3) 應變；(4) 復原。先前的章節已經指出該如何由校園自殺與暴力中應變與復原。然而我們尚未討論兩個非常重要的階段：減災／預防階段以及準備階段。兩者皆和本章特別相關。

≫ 減災／預防階段

減災／預防階段基本上是為了在學校行政人員、教師、職員、警察以及學校資源辦公室人員、護理與醫療團隊成員、家長與學生之間，針對自己校園內**可能**會發生自殺與暴力事件所引起的想法和討論而設計的。按照美國教育部模式，這個階段的關鍵是察覺這些潛在的危機。這個概念是：當學校諮商師、教職員、緊急處理中心、學生和家長討論校園自殺與暴力事件之後，接著就會討論到如何降低或消除生命與財產的風險。

美國教育部模式

美國教育部模式主張危機應變規劃開始於那些頂端的領導人（例如教育局長、校長、機構主管、市長、警察局長等），且需確定時間、資源、 跨部會有關單位，以及跨區基層民間單位的規劃。有說服力的介入及臨床適切的應變需要這樣跨越發展階段的觀念與討論，還有危機應變的共同語言。特別是這些討論應該促進連結緊急醫療服務，成為新的危機處理夥伴，包括醫院、法律強制執行、心理衛生以及社區團體，清楚描繪在

學生經歷校園自殺或暴力事件時，這些單位將如何應變並如何互相支持，以符合這些學生的需求。

無法建立危機處理夥伴關係與建立清楚的應變管轄權

筆者（Juhnke 博士）以專業身分參與過最大規模的危機介入，是與當年的卡翠娜颶風有關。2005 年秋天，大約有 14,000 名卡翠娜的倖存者被送到德州的聖安東尼奧市，多數是由飛機或巴士自前 Kelly 空軍基地送來，場面非常混亂，孩童和父母分離，家庭成員們忙著尋找自己深愛的人。我的諮商系教授同事們、諮商所碩士班和博士班學生，還有我自己，盡可能為那些因為目睹親愛的家人死亡，心煩意亂而即將接受諮商的孩子們準備安置處跟睡眠區。我提到這段經歷是因為這剛好完美反映出美國教育部模式的重要性。

儘管很多人非常努力，但一些高層領導似乎沒有考慮到會有這麼大規模的災民撤退到聖安東尼奧市。隨之而來的是，幾乎無法為這麼大規模的服務需求而建立危機處理的夥伴關係，因此對那些最需要服務的人來說，他們只能獲得折衷的服務。當我在臨時檢傷分類處進行諮商時，行政執行的領導階層有所變動，提供服務者及志工被命令立即停止服務，撤出建築物。這樣的經驗對被諮商者和提供服務者都是非常沮喪灰心的。

不到兩小時，新的領導人可能回復或再度異動，我並不清楚到底發生什麼事，但我發現自己又在我被下令離開的那棟樓進行諮商。很遺憾的，儘管非常努力，我沒有再找到那些當時正在諮商的個案。我希望他們能夠和其他諮商師開始進行諮商，然而我永遠不會知道他們的狀況。不管是哪一種，非必要的行政命令嚴重降低諮商效能，至少會讓個案感到沮喪。這樣的經驗反映出學校、社區和學校高層為校園相關自殺與暴力應變計畫來分配時間資源的重要性。緊急應變者需要了解特定機構將做什麼、誰有最終的權限，以及服務如何整合。如果沒有清楚的協議與特定的服務劃分，學生和他們的家人將會受到二度創傷。學校諮商師和其他準備好對學生與他們家人提供評估及諮商服務者，將會浪費精力和喪失寶貴的治療時間，而且每個人的人身安全可能瀕臨危險。

符合個別學校及學生的需求

不管什麼樣的行政首長同意何種危機計畫，這機會必須同時符合個別學校的特殊需求，以及個別學校服務的所有孩童的需要。換句話說，考量小學、中學以及高中的顯著差異，計畫應該考慮強調與他們年齡相關的語言和需求。特別是所有發送的資料必須用適合年齡的語句來寫。

此外，學校裡如果有母語不是英文的學生，他們應該收到直接用他們母語的口頭或書面危機計畫。同時，當學校有身體、情緒或心理障礙的學生，介入計畫也必須以清楚簡明的方式來回應他們及他們個別的需求。我相信平常負責介入這些學生的人，會比負責管理整個學區或系統的「行政首長們」，甚至是各校校長們更清楚學生的個別需求。因此，行政首長需要提供必要的支持、支援以及時間給這些服務特別族群的人，每個人都需要去確認可運作的危機計畫之制定與發展，是符合個別學校中所有學生的需求。

危機應變計畫的可近性

另外，這類的危機應變計畫應該讓行政人員、老師、教職員、學生和參與緊急應變者容易使用，無法使用危機處理計畫是最糟糕的狀況，必須在危機發生前了解危機應變時間。很遺憾的，我的經驗是很多人並不**熟知**他們學校的危機應變計畫。相反的，這些人相信他們對危機應變計畫了解得**夠多**，**如果**需要的話，他們會使用計畫。當使用應變計畫受到阻礙，或如果無法快速找到計畫，這些人和他們服務的學生很容易受到傷害。

當你身為商業航線的旅客登機時，有多少次看到身旁的旅客看來都不理會空服員對**萬**一緊急事件發生時的應變說明？當然，筆者完全相信我們永遠不會做這樣的事，但是，我強烈懷疑你目擊過其他人——至少一次——沒有注意這樣的說明。我想在 2009 年 1 月 15 日全美航空 1549 航班 Sullenberger 機長成功迫降哈德遜河[1]之後，人們對於空服員的緊急應變

---

[1] 譯註：2009 年 1 月 15 日，一架全美航空 1549 號班機在起飛爬升過程中遭加拿大黑雁撞擊，導致兩具引擎同時熄火，飛機完全失去動力。Sullenberger 機長和機組成員在確認無法到達任何附近機場後，決定於哈德遜河河面進行迫降。該航班於升空六分鐘後緊急迫降於曼哈頓中城哈德遜河河面，該事件也被稱為「哈德遜河奇蹟」。

會比較注意。

　　為何旅客沒有注意呢？因為他們不相信他們的航班會真的墜機。如果他們相信會墜機，首先他們就不會登機。你是不是正在問這段討論和我們主題有什麼相關性呢？毫無疑問，**有**很明顯的相關！就像商業航班上的登機旅客，我們之中的絕大多數並不相信**今天**將會是我們需要應變校園自殺或是校園暴力意外的日子。如果我們相信會有事件發生，前一晚就會再看過校園危機處理計畫，和受害者、校長、緊急應變團隊以及本地警察聯絡。基本上，在危機成真之前，我們會極力抗拒。

　　很不幸地，真實人生並非如此。一般來說，緊急事件發生當天通常就像我們專業生涯中的多數日子，早餐時和我們深愛的家人談話，然後每個人匆忙趕去工作或上學，我們走同一條路去學校，路上在同一個超商買咖啡，把車停在幾乎相同的位置。這天似乎非常平凡而典型，直到我們發現處在危機中！在我們回過神的那一刻，已經來不及做準備，事件已正在發展中。此刻，我們學生的情緒與人身安全依靠多重因素決定，有些因素我們完全不能控制，其他的因素則端視我們對校園自殺和暴力的準備與訓練，形成緊急計畫是在提醒我們有關的策略計畫，以及我們快速、合理應變的能力。

程序、政策與方案

　　然而，對學校諮商師而言，減災與預防階段特別重要。投資在這個階段可以降低重大災難危機的可能性（例如，一位十一年級的失戀者犯下謀殺後自殺）。美國聯邦緊急應變中心（Federal Emergency Management Agency, 2003）提到：「〔減災是〕採取任何支持行動來降低或消除一個有害事件對生命或財產的長期風險。減災……鼓勵長期降低有害事件的易受性。」（p. 20）這階段需要校方人員仔細思考與執行校內程序、政策與方案——每一步都是為了在校園自殺或暴力行為發生前能夠抑制、打斷或介入而特別設計。通行管制與違禁品管制程序是最基本的例子，此時只有擁有有效證件的學校行政人員、老師、教職員、學生或過濾過的訪客可以

進出校園。通行範圍也是被控制的，因此，沒有人可以在校園中隨意漫步。如果被允許通行，也會被限制在一般區域，或是在有人陪伴下才可以通行的特定區域。

第二部分關於違禁品管制也是同樣重要，手槍、刀子及潛在武器應該被視為違禁品立即沒收。因此，必須強調誰可以在校園通行，以及什麼可以帶到校園。此程序、政策與方案的目的是盡可能控制多一點因素來降低學生受傷害的可能性與程度。有人問過我，是否採取此類程序、政策與方案可以保證校園安全，並消除所有校園裡的自殺與暴力。很遺憾，答案是不能。但是，如果無法採取這類通行與違禁品管制的程序、政策與方案，將會陷學生於非常大的風險，這會讓任何諮商專業人員感到良心不安。

那些會特別問這類問題的人，通常不想要他們的自由被縮減，他們認為這類程序、政策與方案會造成個人負擔與不便。然而，即使不是考慮會置學生於更大的風險，這樣做的確是違法的。未盡所能在職權內保護學生和教職員免於潛在危險與風險的學校行政及專業人員，會被視為怠忽職守。因此這類程序、政策與方案的真正目的在於降低潛在自殺及暴力事件發生前所暴露的風險，以確保這類風險成真時，能夠降低嚴重程度。

部分的減災與預防階段需要學校教職員進一步地投入如通行與違禁品管制等這類的程序、政策與方案。學校教職員必須熟悉並且定期檢查校內建築與校園，特別應該了解哪些區域有潛在風險，並採取措施來降低或消除這些區域內的風險。舉例來說，一條偏僻少用的通道可能會被認為是犯罪的高風險區域，學生或教師因為此區域偏遠或缺乏照明，而導致進入這個區域時被攻擊或被搶奪的風險升高。因此，為了降低暴露的風險，這個通道應該上鎖或增加照明及監視器設備。也就是說，這個概念是徹底了解校園，並透過程序、政策與方案，**事先**降低或消除潛在的風險。

>> 準備階段

即使盡可能嘗試減災與預防所有校園自殺與暴力行為，然而有時候發

生一兩件的機率還是高的。準備是第二階段，不同於減災與預防階段，準備階段建議當學校發生自殺或暴力事件時，學校諮商師和教職員對**最壞的狀況**如何準備應變。換句話說，準備階段是指在學校自殺與暴力事件發生後，我們要做的事。這個階段進一步建議學校諮商師應該要為校園自殺或暴力事件想像最壞的狀況，也就是如果學校諮商師先準備好應變最糟的狀況，他們也許就能夠應變實際發生的事件。

最壞的狀況

最近筆者在一場天氣特別酷熱、時間冗長且累人的比賽後，和一位德州高中橄欖球員談話。我坐在一個理論上用來遮陽的超大尺寸陽傘下，但還是感到陽光強到令人煩悶。這位球員已經打了一場幾乎沒有休息的比賽，之後我冷淡的嘲弄說，在這樣煩悶的夏末進行比賽應該是很不容易的。球員的反應讓我驚訝：「一點也不。因為我們整個夏天每天都練習兩次，我們在炎熱的夏天高溫下練習，比賽就變得容易了。比賽只有一小時，但練習則永遠不會結束。」換句話說，比賽日相對於他和其他男孩經歷過的累垮練習來說，是非常輕鬆的。

應變任何校園自殺或暴力當然都不輕鬆，我認為很少有事情比這更難，然而準備好面對最糟的狀況，讓我們在遭遇較不嚴重的校園自殺及暴力事件時，能夠有足夠的準備。

準備時程

在繼續進一步的準備階段討論前，有個額外一定要討論的項目是要建立有可行性的準備時程。在災難處理委員會工作過後，筆者觀察到即使最有能力或最聰明的人，還是有可能突然退縮。通常這些聰明的巨人會突然僵住，因為他們理解到他們的單位對於大型災難、甚至是小型一點的校園危機的應變準備是多麼不足。坦白說，不只一次，這樣的會議讓我想起我第一次遇到一位退休規劃顧問的經驗，我當時大約 20 歲，對退休不太有概念，因此非常注意這位我不熟悉但有推銷能力的人。概括來說，他先讓我指出我想要的退休生活方式，然後他計算我每週需要投資的金額數目，

這個金額理論上可以讓我維持退休時想要的生活目標。

　　當然，我想要的生活方式超過我目前的收入。當他計算出我需要投資在他萬全退休計畫的金額時，這數字超過我整個月的收入。結果如何？完全正確！就是我什麼都沒做。除了不吃不喝露宿街頭外，我無法負擔這每週所需的龐大退休基金。此外我還覺得自己很失敗，怎麼會等到 20 歲才來考慮退休？按照這個退休規劃顧問的說法，我應該從 13 歲、甚至出生就該開始規劃退休。

　　所以我要建議的是什麼呢？在規劃學校自殺及暴力計畫時，可行性是重要的。不要因為聚焦在哪些事情還沒做而驚慌失措，反之，是去創造一個可行的時程來執行你學校的準備方案。毫無疑問，你會認為所有和計畫相關的事情應該都是之前該就完成，然而並非如此，既然你無法改變過去，就該聚焦在未來該做什麼。一個有可行性的時程讓計畫有未來展望。

　　要提出警告的第二件事是：不要期待高層主管會快速接受準備方案中需要的資源要求（例如：經費、時間、聚會場所等）。高層主管的任務有挑戰性，他們的心思與資源通常是受束縛的，對於這些迫切的需要，他們可以分配的資源是有限的。為了還沒發生的事情預做準備通常不會出現在他們的經費分配表或排在經費提供的優先順序。然而，你必須持續為你的計畫進行申請，而且要為這些申請留下紀錄，即使無法獲得足夠的經費，也可按照現有支持與經費狀態設計準備計畫。我們學生的性命仰賴我們的準備，一旦發生校園自殺或暴力事件，各界責難會集中在所有該負責的人身上，包括諮商服務，那指的就是**你**。因此，為你持續性的申請以及主管的回應保存紙本和備份紀錄十分重要。還有，製作適當文件說明你可以做的事情，以及可以提供的資源，這包括製作與保留準備計畫會議的議程或摘要，以及與其他人員的互動（例如，警察、消防隊、醫院等）和有關的回應和協議等。

容易、低成本和簡單為首要

　　我們相信，如果可以找到和執行立即能對你學生的安全產生功用之最

容易與最低成本的活動，你的準備時程將能發揮最大的效能。換句話說，和轄區警察局長、消防隊長、校長以及親師會（parent teacher association, PTA）的會長一起喝杯咖啡，討論準備計畫的時程，應該很容易執行，而且成本不到 10 美元，但可能獲得的好處很多。這簡單的第一步取決於**你**希望誰參與第一次會議？換言之，如果你的學校校長和親師會會長是支持的，而且他們相處融洽，則邀請他們來開會；如果不是這樣，你可能選擇通知你的其他長官來開這個會，而不邀請校長。不管你怎麼決定，要聰明點，別因為將兩個或兩個以上水火不容的人物放在同一個會議，而捲入政治鬥爭，而且要確定政治力量高過你的有權人物了解你的意圖。不夠精明有可能會讓你自己受傷害，也可能會破壞後續活動，這樣的結果當然是會傷害你的學生，也會讓自己頭痛。

你該接觸職業是醫師、醫院主管、警官、消防隊員、緊急救難人員、護理師、市長、當地政府官員，或是其他具有專業或可以直接接觸提供協助的政治人物的學生家長，邀請他們來協助建立時程或計畫。坦白說，你無法在孤立狀態下建立時程或應變計畫，也不可能在沒有其他人參與的狀況下成功。你的熱情加上設立一個委員會來協助時程和計畫的發展，這樣做可以確保不會讓整件事變成你的負擔，而且能夠建立一個具有可行性的時程且運作成功。

如果你的學校沒有很多專業工作的家長，可以接觸你學區內或學區外比較富裕的學校親師會。那些我很熟悉、位在最富裕學區的學校，有些都有「姊妹校」或「認養學校」活動，以此方式，他們的親師會能夠提供資源給周邊缺乏資源的學校。當地電視、廣播或是報紙名人也可能有幫助，這群人通常認識有高度影響力的人，如市長、當地政府官員、富裕的企業主或其他人，他們不只可以協助策劃一個成功的準備時程，並可共同參與完成。此外，不要忘記接觸區域內的學院、大學主管以及教授們。大學校長、教務長、院長和系主任通常希望跟當地學區與學校建立關係；同時，講授教育領導、諮商、心理學、社工、犯罪學、護理以及其他領域的教授們可以協助規劃準備時程，之後他們也可以被涵蓋在與他們專業領域相關

的應變計畫範圍內。

除了時程之外

在規劃準備時程時會發生一件有趣的事。突然之間,在成功應變校園自殺及暴力的過程當中,我們清楚發現,會有許多不同單位和不同的人們需要共同工作。從警察到校長,諮商師到牧師,一個真正有用的應變需要事前取得這些人的合作同意,特別是個別應變團體(例如:學校諮商師)與官方單位(例如:消防隊)將需要清楚徹底地設定範圍。單一應變團體無法完成所有事,就像橄欖球球隊,每個應變團體需要了解自己的特定責任,以及此特定任務在整體應變計畫中的職責。

假設多數學校和支持單位(例如:警察、消防隊等)已經至少建立一些緊急應變協議,看起來最合邏輯的做法是檢閱這些協議來確認這些參與單位及他們現有的責任。舉例來說,消防部門和校方人員可以現有的緊急應變協議作為基礎,重新一起檢視已建立的各種協議,提供機會讓所有相關單位來澄清、促進,以及整合校園自殺及暴力事件發生時的應變。特別是應該定義現有的與新的角色,並建立指揮系統,如此,在校園自殺或暴力行為發生時,每個應變單位和他們的成員才能夠了解是由誰負責,以及他們特定的任務是什麼。

≫ 溝通

學校、應變工作者、學生、教師、職員以及家屬

此外,學校和應變工作者需要清楚地確認所建立的溝通方式。如果有個學生在校內置物櫃間上吊,學校諮商師要如何與緊急醫療服務人員溝通?在學校槍擊事件當中,學校諮商師該如何和抵達的警察溝通?在校園自殺或暴力行為發生前,如果這些溝通問題無法有一個清楚的答案,屆時將會是一片混亂。因此學校諮商師與應變工作者對於要如何溝通(例如,電話、學校廣播等等)、可能的聯絡人、取得學校分機電話以及人員手機號碼等,絕對需要有所共識。

和教師、職員、學生、學生家長以及媒體的溝通也必須列入考慮。設計計畫時，應該特別描述將如何傳達相關訊息（例如，打電話給校園暴力倖存者學生的家人）、誰負責溝通（例如，學校諮商主任、校長等），以及何時該進行溝通（例如，在清楚狀況後馬上進行、在立即危機處理後、在確定學生安全後等）。既然要提供新聞稿給媒體，並寫信給孩子直接經歷或目睹自殺或暴力事件的家長，以及孩子未直接涉入的家長，撰寫新聞稿及給家長信件的統一樣板之時機就要在危機發生以前，這樣不管事實上是由誰負責新聞稿及信件，只要加入與實際事件有關的特定訊息，而不需要再從草稿開始來寫稿件跟信件。

新聞稿及給家長的信

新聞稿及給家長的信應該做到以下四項關鍵的事：

1. 報告事件大概內容。
2. 說明事件已經結束。
3. 不要美化事件內容。
4. 說明學生將到何處上課。

新聞稿及給家長的信應該提供足夠的事件概況，但不涉及細節或揭露保密的資料。事件內容應該包含事件的簡要描述（例如：一起學校槍擊、有一人自殺死亡等）、事件何時發生（例如：今天早上 9 點 45 分）、事件在哪裡發生（例如：在學校餐廳），以及涉及到誰（例如：一名 Cook 高中的九年級學生）。

新聞稿和給家長的信應該提到這事件已經**結束**。如果屬實，信件應該傳達校園已經恢復安全，因此，返校的學生將不會身處危險或是面臨其他額外的風險。請記得，我們無法保證返校學生的安全，即使在自殺和暴力極少發生的最安全學校，一樣無法承諾學生安全。取而代之的，新聞稿和給家長的信應該提到的是已經做了什麼（例如：諮商師的辦公室時間延長；校園自殺熱線開通；為了即將到來的學校週，已經部署額外的學校維安人員等）來降低風險或補救情勢。

自殺受害者與槍手永遠不該被美化。模仿性的自殺和暴力事件是最不需要發生的事，新聞稿和信件中永遠不該將討論重點放在自殺者的傑出特性（例如：「Sam 是個純真友愛的人，永遠不該被忘記」等），以及被同儕忽視的感覺（例如：「Mary 試著融入我們，但我們沒有好好接納她」）。還有，永遠不該以熱情的方式來呈現槍手與暴力犯罪者（例如：「靈巧聰明的學生槍手累積驚人數量的武器，然後熟練地使用武器來對抗受害者與警方」）。

最後，新聞稿和給家長的信該提到，接下來的課程學生何時將到何處上課？例如，有封給家長的信這樣寫：「課程將繼續依照原來的時間，明天早上 8 點開始。」目的相當明確。新聞稿和信件必須傳達學校繼續照常運作。

≫ 封鎖、開放性封鎖、疏散與反向疏散

不同的危機需要不同的應變方式。當威脅來自校區與建築物外部（例如，一個有暴力傾向的人試圖進入校區及學校建築來傷害學生），封鎖校園是必要的。封鎖的目的是阻止暴力傾向的人接近校內的學生、教師、員工以及訪客。在這種狀況下，所有校區和建築物的入口（例如，門、窗戶等）應該被鎖上，沒有人可以進出建築物或校區。此外，學生應該留在他們的教室內，大門上鎖且窗戶緊閉，此時門窗以及走道內外牆上的窗戶都應該關閉，以免有暴力傾向的人看到內部的學生。視目的以及封鎖的時間長度來決定封鎖區域是否涵蓋走廊、通道、休息室和其他區域（例如，教師休息室、餐廳等），並備妥用來防止學生進入的障礙物（例如，上鍊條的門、關閉防火門等）。確保整個校區安全的挑戰性遠勝過單一建築，然而，主要的對外通道（例如車道），以及通往各建築的閘門關卡應該要派警衛確保安全。

封鎖是為了防止暴力份子或外在威脅進入校園傷害學生，開放性封鎖則使用於當威脅出現在建築物內時，在這種狀況下，威脅不是正試圖離開

建築物，就是正在尋找出口中。開放性封鎖可能適用的例子是，當一個學生攻擊另一名學生後，正試圖離開建築物。在這個狀況下，會使用類似封鎖的程序（例如，學生留在他們上鎖的教室，同時關閉窗戶），但是通往主要出口的走道及外面的門都要打開。這樣，逃脫中的學生可以立即看到打開的門，在沒有危險及傷害其他人的狀況下離開建築物。

　　疏散的使用時機是當相信學生、教師、職員和訪客在建築物外面比裡面安全時。目的即是因為內部的危險，例如火警或炸彈威脅，需要快速清空建築物裡的人。在這些狀況下，學校當局可能相信暴力份子會在校內開始放火，或是校內有個爆炸裝置，因此學生、教師、職員必須清楚知道可以快速離開建築的疏散路線。此外，被疏散者需要知道安全的集合地點，一旦離開建築物後，就需要清點人數。

　　反向疏散則是設計用於有外部威脅時，讓學生進入他們學校建築以確保安全。舉例來說，下課或在外面午餐的學生會被通知進行反向疏散，要快速進入建築物內。一旦學生在室內是安全的，適當的封鎖程序會啟動，以避免外部威脅進入學校（例如，學校封鎖）。相同的，當學生、教師、職員回到安全的建築物內，他們該知道往哪裡去，以及該如何清點人數。

　　不管採用什麼方法（例如，封鎖、開放性封鎖）來保護學生免於潛在的危險，都必須制定出清點與危機後的減壓敘說的方法。相關的清點方法應該要訂定與演練，要能夠快速清點在場的學生及下落不明的失蹤學生、教師、職員。暴力後的減壓敘說先前在本書討論過，可以修改用在經歷封鎖的學生身上，學生應該針對封鎖事件來描述他們的想法和感覺，而學校諮商師將會提到和他們年齡相關所可能經歷或將發生的後遺症。

》 練習、練習、再練習：讓安全程序變成習慣

　　很久以前，作為爵士樂的小喇叭手，我的朋友和我受邀在一場活動表演。我們被指定表演的是**簡單的**音樂，演奏這指定曲幾遍後，我們很快地就覺得這件事易如反掌。表演時刻來臨時，我們都帶著微笑，我們一點也

不擔心。這怎麼可能出錯？

　　結果這場表演變成災難。當我們踏上舞台，突然看見數以百計的人盯著我們，我們的焦慮達到頂點，我們向來靈活的手指變得僵硬，我們的嘴唇緊繃，我們的小喇叭發出的聲音很像垂死的大象，現場群眾哄然大笑。是哪裡出錯了？我們的練習不夠充分。當然，我們在表演前有練過幾次這首表面上再簡單不過的歌，但我們並沒有練習到卓越的地步──即音樂變成習慣的程度。亞里斯多德曾用稍微不同的方式說過：「卓越並不是單一次行動造成，而是一種習慣。」也就是說，除了練習這些歌曲直到它們成為我們音樂中根深蒂固的一部分──也就是習慣，如果你做得到的話──我們只需簡單地照樣重複單一動作。

　　練習的意涵和本書有極大的關係。學校諮商師與緊急應變工作者可以有專門用來應變校園自殺或暴力事件最好的計畫及介入方式。然而，這些計畫和介入如果沒有足夠的練習，根本就沒有用處，計畫和介入必須變成習慣。費德勒和小威廉斯是著名的網球冠軍，他們並不是打一次網球就認為自己準備好要打美國公開賽。他們練習、練習、更多的練習。簡單的說，他們練習很多年，直到他們可以完美出賽，而且他們的網球技巧也變成爐火純青的習慣。

　　如同我的小喇叭演奏夥伴和我所發現的，當假定的準備在沒有真實事件的壓力下進行，個人有可能因此放鬆，覺得自己已經有足夠的準備，但事實上並非如此。學校諮商師、緊急應變工作者、教職員與學生需要練習所有可能的介入與應變，直到這些行為變成根深蒂固的習慣。所有人需要知道確實要做些什麼，及他們需要了解要往哪個方向去。必須發現和更正計畫與介入的錯誤，升級及更新過的計畫和介入必須頻繁地練習。當事件真的發生時，習慣已經養成，而你的學生、教師、職員和緊急應變工作者，將已經準備好進行必要的應變。

以下是可以參考的一般樣板。此樣板描述特定的計畫、應變策略以及未來可能可以協助貴校的政策。

計畫

學校自殺及暴力預防行動計畫與政策強調的是危險因子，作為降低校園自殺與暴力的先發制人工具，重點是在學生自殺或暴力發生前制定有效的事前介入方案。因此，應該執行以下五個預防行動與計畫，此外，它們應該透過網站、e-mail 和張貼海報傳遞給行政人員、教師、諮商師、學生、家長以及可能的第一線應變工作者。

1. **自殺與暴力預防會議**。必須公告這些每月舉行的自殺與暴力預防會議，而且對大眾開放。這類會議應該由有興趣的家長、學生、行政主管、警察、心理衛生服務提供者以及社區領袖（例如，企業主、牧師、校友等）組成的委員會來推動。這些會議的目的應該是：

   ■ 找到有創意的方法來降低學生自殺與暴力的風險。

   ■ 提升對自殺危險因子與轉介選項的認識。

   ■ 提升對校園安全的覺察與校園安全。

   ■ 找出潛在自殺或安全的顧慮（例如，發現反覆指出覺得無望或有自殺想法的學生、察覺環境裡可能會有顧慮的區域，如沒有夜間照明的學校走道等）。

   ■ 為強調可能的安全顧慮提出可能的介入方案。

   這類的委員會沒有必要建立規則或政策，比較像是作為諮詢力量來提供建議給學校行政人員，而之後應該和當地的執法單位以及心理衛生人員一起為強調校園內自殺與暴力需求而努力。

2. **個人與環境搜查**。行政人員、教師、職員、學生、家長、警察及學校諮商師應該需要對如何搜查武器、藥物、失竊物品及其他潛

在違禁品進行了解。應該提到以下政策：

- 何時該進行此類搜查（例如，隨機搜查、因為匿名告發搜查等）。
- 進行此類搜查時誰該在場。
- 被搜查者的權利。
- 禁止帶到學校的或不准學生在校園擁有的物品項目（例如，槍、違法藥品等）。
- 那些被搜查者或物品被沒收者可以進行申訴。

此外，這些政策應該提及可能何時及如何對進入校園的交通工具進行搜查。

3. **對行為及品行的期待**。行政人員、教師、職員、學生及家長需要知道適切的行為與無法接受的行為是什麼。這策略是解釋對適切行為的期待，提出無法接受的行為會如何處置，也提出相關的求助過程。和自殺有關的部分，對行為及品行的期待會提到，當有學生報告自殺意念或被懷疑考慮自殺時，學生、教師、職員和學生家長該做什麼。

4. **個人、團體與家庭諮商關懷系統**。被認為有自殺及暴力風險的學生需要預防性的諮商服務。他們可能也需要精神科藥物，如抗鬱劑；或是社會學習的教育性活動，如衝突解決訓練。這策略是期待透過參與諮商來協助有自殺和暴力風險的學生及他們的家屬，以降低自殺和暴力行為的可能性。

同時，治療會談提供諮商師額外的衡鑑機會，也作為評估學生安全與進展的基準。隨著時間，這樣的評估也提供了有關是否需要其他額外諮商相關服務的參考訊息（例如，物質濫用治療）。此外，衡鑑可改變學校諮商師對學生風險程度的判定：某些人風險降低或是某些人增加了自殺或暴力行為的意念與行為。因此，在學生試圖自殺或有暴力行為前，成功介入的可能性就提高了。

5. **大學教授與學生**。很多時候，距離遭遇自殺或暴力事件學校車程

不遠的距離內，就有和自殺或學校暴力相關專長的大學教授。通常這些大學教授正在訓練預防、介入及倖存階段領域的入門或博士級學生，可能對學校自殺與暴力倖存者的介入會有幫助，與這些教授和學生建立聯繫及工作策略，對彼此都有益。這種合作策略的顯著優點之一，就是像諮商、社工、心理學、家族治療、教育領導與犯罪學專長的教授們，在不管需要什麼協助時，可以很快地帶一群為數不少的研究生志工快速前來協助。協助內容可以包括從坐下來和有同儕自殺的學生們會談，到共同帶領學生倖存者與他們家長的減壓敘說團體。此外，藝術、舞蹈或是休閒管理領域的教授與學生，能夠有創造力地帶領校園自殺或暴力倖存者創作災後經驗表達，這樣的經驗有助於學生的療癒歷程。舉例來說，美術教師可以鼓勵年紀小一點的學生把他們的經驗畫下來，或休閒管理系學生可以在學校操場設計攀繩活動。學生和教授之後可以共同研究各種介入的有效性，然後將這些知識應用到後續的學校自殺和暴力事件預防，並促進受到自殺或暴力事件負面衝擊的學生復原。

≫ 應變策略

接下來的五個應變策略應該要放在學校網站，並且在各學期（秋季、冬季、夏季）開始時發放紙本資料。應變策略旨在用來協助校園自殺或暴力事件，策略如下：

1. **自殺與暴力預防演練**。事先在每學期剛開學時選一天，教師、行政人員、心理衛生服務提供者、消防隊和警察應該在每個校園進行不同的校園自殺與暴力情境模擬演練。這種模擬的目的是確保所有人員對應變的介入方案與程序都能夠熟悉（例如，確定哪個房間可以用來做暴力事件後的減壓敘說、確定心理衛生服務提供者要如何從各個不同的點來到學校進行暴力事件後的介入等）。同

時，應該每個月進行封鎖、開放性封鎖、疏散與反向疏散的演練，參與這些演練確保學生和教師、行政人員在事件發生時都熟悉要如何快速有效地採取措施及應變。

2. **自殺與暴力預防訓練**。行政人員、校長、諮商師、教師，以及其他後勤職員應該持續接受自殺與暴力衡鑑與應變的訓練。應該邀請校園心理衛生專業人員與暴力安全專家到學校來，針對如何對不同校園自殺及暴力情境（例如，有學生威脅要自殺、在學校走道聽到槍聲等）進行有效衡鑑與應變的實務研討會，透過參與者描述他們如何針對涉及自殺或暴力的情境進行應變來促進討論。例如，研討會後，參與者可能會被問到：「如果有學生來報告，另一個學生的背包裡有把槍，而且已威脅說要殺死她的前男友、她的老師以及自己，你會怎麼做？」這樣做的目的是透過讓教師、職員與學生預備好來減低校園自殺和暴力事件的可能性，提供所有參與者最佳的安全狀態。

3. **媒體應變小組**。下面這個校園槍擊與自殺事件是筆者（Juhnke 博士）在 1990 年代末期處理過的。當地的電視新聞記者湧入校園，開始隨機採訪學生、家長和老師，情緒緊繃的家長與受到創傷的學生對引導式的問題做了最佳回應。受訪的人當中，有人提供了被槍擊者與涉入者相關資料的不正確訊息，另一些人則以不適當的方式錯誤描述了事件中涉及的其他人。很清楚的，行政人員、教師、職員與學生應該被勸阻不要單獨和媒體人員談話，此外，各校的行政官員應該指派單一發言人，同時必須告知當地新聞媒體，在實際緊急狀況發生時該如何與發言人聯絡。禁止媒體人員擅自進入校園，並且必須告知媒體並勸阻採訪行政官員、教師、職員與學生（換言之，除了指定發言人之外的所有人）。教職員與學生應該每學期被提醒負責這件事的人是誰。

4. **暴力應變決策樹**。清楚地寫下及更新學生自殺與暴力應變策略是必要的。以決策樹形式寫下的策略有所幫助，此策略清楚描繪出

在特定狀態下（例如，學生在擁擠的午餐室自殺、與幫派份子有關的校園槍擊、校園裡學生被挾持、教師在校園被綁架等），誰該做什麼。這樣的策略應該要容易讓行政官員、教師、警察和心理衛生服務提供者取得。圖 11.1 與圖 11.2 呈現的是決策樹可以用在特定學校的例子。

5. **醫院／緊急醫療服務／醫師／心理衛生人員。**和那些在校園自殺或暴力事件中需要的單位或專家共同制定策略是重要的。特別需要的策略是學生該送到哪個醫院、多少的學生需要輸送，以及什麼型態的服務是地區心理衛生人員可以提供的。

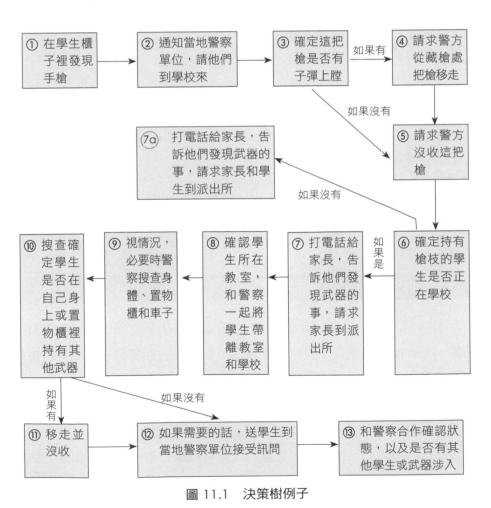

圖 11.1　決策樹例子

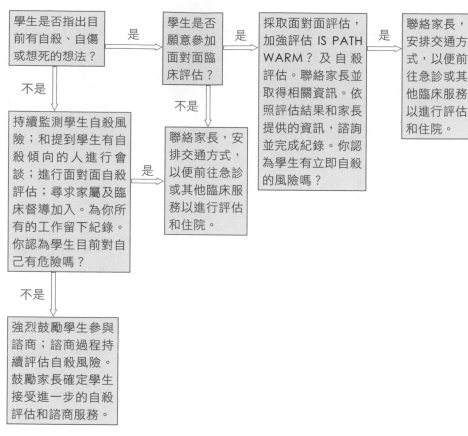

圖 11.2　當學生有自殺意念時

🌿 更加有為的未來介入

　　很顯然，校園自殺和暴力造成的有害結果令人相當困擾。行政人員、教師、諮商師、學生與家長努力要確定校園裡沒有任何自殺和暴力，但短期內自殺及暴力並不會在校園裡消失，必須建立起新的、更加有為的社區型預防及介入。接著，我們描述一種可能具有潛力的新方法，我們相信這些方式展現了第二層次的改變，可以保護和隔離我們的學生和我們本身遠離校園自殺及暴力。我們希望這樣的改變可以修正對校園自殺和暴力的基本信念。

>> 為學校諮商師進行的自殺及暴力之預防與介入訓練

很多學校諮商師是第一線工作者。他們了解他們的學生、學生用的俚語，以及學生面對的壓力，很少專業人員像諮商師這樣被學生信任。然而過去十五至二十年間，諮商師訓練的改變有限。未來新入行的學校諮商師，他們的研究所階段必須包含自殺與暴力評估、預防與介入的訓練。特定需求的課程領域如下所示：

- 照護介入系統。
- 評估自殺傾向、暴力及物質濫用學生。
- 暴力治療。
- 家庭諮商。
- 伴隨社會學習模式的認知或認知行為介入。

應該鼓勵和獎勵有經驗的學校諮商師去參與上述主題的研討會。

>> 自殺與暴力預防專員

在不少經費贊助單位提供校園自殺及暴力研究的財務支持之狀況下，學區和行政官員應該考慮與醫院、執法單位、大學、社會服務組織以及地區家長團體合作，尋求在每個學校訓練自殺及暴力預防專員的經費。自殺與暴力諮商、兒童青少年發展及評估等專長領域的訓練者似乎適合這個位置，這些專業人員能透過個別、團體與家庭諮商來提供有風險的學生諮商服務。

>> 學生的課後活動

正向的同儕關係在降低自殺與非幫派暴力上似乎扮演了重要的角色。因此，建立課後活動方案是非常重要的。鼓勵學生參加有組織的運動和額外的學術同儕活動（例如，外語社團、樂團等），學生將越多時間用在無酒精和其他藥物、結構式、有督導的環境下，他們從事自殺與暴力活動的

時間就越少。同時，結構式的環境增加正確評估的可能性，因此讓學校諮商師有更多時間可以正確評估學生是風險降低，或是變得更有自殺或暴力傾向。

≫ 父母、祖父母與大家庭成員的訓練

父母、祖父母與大家庭成員在預防學生自殺及暴力方面的角色相當關鍵。過去的介入方案總是低估這些角色對童年影響的重要性，因為淡化他們的權力，而降低了他們監督的有效性。主動納入這些學生生活中的重要人物與他們的同儕，可以強化社區概念，增加助人行為。

訓練家屬建立家庭儀式也一樣重要。Gurian（1999）提到，「一個青少年生活中的每一部分都可以透過家庭儀式來增強」（p. 140）。這些儀式要求每天和家人互動（例如，要求全家在晚餐時聊天），並建立每週的儀式（例如，媽媽和爸爸輪流在週六早上和每個孩子去麥當勞吃早餐），能夠增加家長與孩子之間的歸屬感、支持與討論，因此，降低自殺和暴力風險，並且促進孩子顧慮的事在家庭層級就解決，而非學校。

≫ 非懲罰性、非強制性的宗教與靈性體驗

增加學生自由選擇參加支持性、非懲罰性的宗教和靈性體驗，是另一項經研究證實可能有發展性的介入方式。Garbarino（1999）提過：「靈性和愛，可以填滿一個男孩生命故事中的缺口，幫助他發展出正向的自我概念與健康的界線，這樣就可以先發制人的預防他必須透過誇張的姿態和致命的任性行為來補償的需求。」（p. 155）Garbarino 認為，宗教「當它成為靈性與愛的基礎時」，讓生命有目標，也提供日常生活經驗有可循的脈絡。

校園自殺、自傷與暴力 ─評估、預防和介入策略─

≫ 特別為男生制定的學校方案

男孩及青少年男性在使用致命自殺工具上，有最大的風險，他們很明顯的也是主要的暴力犯罪者——校園槍擊事件中的學生槍手絕大多數是男性——因此為男性建立特別的學校方案應該是重要的。Murray（1999）提到：「學校系統是『反男孩』的。小學階段強調閱讀，限制年輕男孩的活動，男孩通常比女孩更活潑，閱讀方面則比女孩慢，老師總是懲戒男孩比女孩嚴厲。沒有一個敏感體貼的榜樣可以讓男孩們學習。」（p. 1）Garbarino（1999）與 Gurian（1999）也注意到，男孩和青少年男性經歷典型的相似壓力和問題（例如，跟女孩相比，男孩注意力失調的人數增加較多；社會期許他們對疼痛或傷害不去表露情緒等）。強調這些重要議題的方案是重要的。

此外，按照 Bowen 和 Bowen（1999）的發現，現存文獻（Berman, Kurtines, Silverman, & Serafini, 1996; Jenkins & Bell, 1994; Richters & Maxtinez, 1993）一致顯示，住在都市環境中、暴露在較強暴力及鄰里危險的非歐洲裔美國男孩和男性青少年，可能可以經由處理這類暴露於傷害和暴力之下的方案中得到最多幫助。

≫ 增加社區服務機會

鼓勵學生參與吸引學生的社區服務計畫方案（如，男童軍、女童軍、國際仁人家園[2] 等）。這類的方案通常也會花他們很多時間，所以通常可以降低被他人孤立的時間，也就比較沒有時間反覆思考自殺念頭或暴力計畫。鼓勵學生自由選擇他們希望參加的社區服務方案，似乎對提供社區和學生兩種服務都有幫助。以「國際仁人家園」為例，教導學生珍惜生命及

2　譯註：國際仁人家園（Habitat for Humanity）是一個非營利組織，致力消除世上的貧困居住環境及無家可歸的情況，並積極以行動及提高意識達到提供適當住屋的目標，可參考 http://www.habitat.org/asiapacific。

服務。我們相信當學生學到珍惜他人與主動為別人謀福利時，他們自殺和暴力的可能性會下降。

≫ 與動物建立關係

在當地動物收容所工作，或是協助動物團體（例如，拯救灰狗〔Save the Greyhounds〕等），似乎是一個合乎邏輯的方式，讓學生對生命有更深入的了解，而且懂得照顧生命。接著去探索照顧互動對於青少年自殺與暴力行為的影響和相關是必要的。

≫ 全校性紀律計畫

Walker（1995）談到一致性的學校紀律計畫可以促進更平和、關愛的學生文化，可以用很清楚明確的方式，來增強學生表現出利他行為。這裡指的紀律計畫需確保學生、教師、家長和行政人員知道學校規則，以及相關的鼓勵與獎賞。因此學校紀律計畫可以作為降低暴力行為及鼓勵利他性的方法。

≫ 取消懲罰取向的政策

很明顯地，學生需要復健式的服務甚於懲罰性的政策（Fitzsimmons, 1998）。那些違反學校規定的學生需要的是被教育，並且回復到原有的利他行為。開除學生沒有什麼好處，最後只是造成輟學、失業和遊手好閒的遊民在街頭流浪。依據 Fitzsimmons 的想法，懲罰只會帶來懲罰的後果，而沒有建設性。方案及政策應該設計來促進與同儕和成人健康的社會互動，確保可以成功完成學業，後續才會有成功的就業。

≫ 學校諮商師個人威脅評估

過去一個常被忽略的領域是學生對學校教師、職員以及諮商師的威脅

恐嚇。Juhnke 設計了 Danger to me 個人威脅評估量表（Danger to Me Personal Threat Assessment Scale），目前正與學校諮商師合作研究這個工具的可能利用狀況。就像「暴力學生量表」，Danger to Me 個人威脅評估量表建立在 10 個文獻所提到的危險因子之上，並提供簡單易記的「Danger to Me」標語代號。學校諮商師可以使用這個量表來針對身邊學生「對我造成的威脅」進行評估和計分（見圖 11.3）。儘管這個量表還在早期發展階段，希望這個工具可以協助學校諮商師對當前面對的學生威脅風險有更好的立即性評估。

D （Delusional）妄想、幻覺、偏執、現實感混亂。

A （Access to guns）接觸槍或武器。

N （Noted history of violence）有需要注意的暴力史，或過去的暴力行為，包括逮捕和監禁。

G （Gang）涉及幫派活動。

E （Expressions）表達傷害意圖（呈現暴力目的之信件、詩、錄影或歌曲）。

R （Remorselessness）毫無悔意（對於之前殘忍的行為或暴力沒有內疚）。

T （Traitor-Troublemaker）叛徒—麻煩製造者：相信學校諮商師背叛了學生的信任，導致傷害，或這是學生有麻煩的主要原因。

O （Overt, covert, or veiled threats）對學校諮商師有直接明顯的、隱晦的、模糊的威脅，或告訴別人打算要這樣做（如，「我要殺掉那個學校諮商師」）。

M （Myopic）目光短淺的，或持續增加聚焦在傷害他人，或想在他人身上「伸張正義」。

E （Exclusion）排斥他人（例如，增加與他人疏離的時間、失去朋友或家庭成員等）。

圖 11.3　Danger to Me 個人威脅評估量表

　　校園自殺和暴力的頻率需要有可以提升校內所有人員安全的預防及應變策略。很遺憾的，即使是寫得最好或目的最佳的策略，都無法終止校園自殺或暴力。準備方案、建立樣板及未來介入的規劃，是校園諮商師可以開始的地方，它們可以依照任何學校的特徵來修改，並被視為是大多數學校的根本基礎。合併使用本書中提到的評估與介入時，它們可以維護學生的安全，同時在校園內外建構出合作、非自殺、非暴力的環境。最後，這些建議僅僅是個開始，現在是行動的時刻！年輕人和國家的未來迫使我們建立新的跨領域合作的自殺介入與反暴力方案，沒有這些應變，會有人繼續受苦，失去無辜的性命，而自殺與暴力的代價會繼續傷害我們的孩子及我們所處的社會。

附錄一

倫理決策模式

學校自殺及暴力介入的建議

_____

_____

_____

_____

一、四項基本原則

1. 是否充分尊重自主？（如果「是」，請說明你如何處理 (1) 至 (5) 的
   項目；如果「不是」，請說明何時及你如何處理 (1) 至 (5) 的項目。）

   _____

   _____

   _____

   (1) 說明已提供特定學生（identified student）和潛在可能受到影響的
   其他人（potentially impacted others, PIOs）（例如家長和同儕等）
   有關專業上可接受的和安全的選項。

① _____

② _____

③ _____

④ _____

(2) 說明特定學生和 PIOs 何時以及如何被允許選擇這些現有的選項。

日期：____ / ____ / ____

_____

_____

_____

(3) 說明特定學生和 PIOs 何時以及如何被允許改變這些現有的選項，發展出新的專業上可接受和安全的選項，或拒絕接受。

日期：____ / ____ / ____

_____

_____

_____

(4) 記錄諮商師在學生有以下狀況時，何時以及如何展現對特定學生和 PIOs 的尊重：

①選擇或發展一套新的專業上可接受的安全的選項，或是

②選擇一個未能充分考慮迫切危險和／或安全的選項。

日期：____ / ____ / ____

_____

_____

_____

(5) 這些特定學生和 PIOs 同意參與的選項，是否為所有涉及與超過的潛在責任風險提供必要最低限度的安全考量？

是：_____

不是：_____（如果「不是」，說明諮商師試圖要向這些特定學生和 PIOs 表達的關心，以及介入的改變無法被接受的原因。）

日期：_____ / _____ / _____

_____

_____

_____

_____

2. 是否完整說明介入的益處？

（如果「是」，記錄預期介入的益處，以及理論上的受惠者；如果「不是」，請說明何時會完整說明益處，並記錄預期介入的益處，以及理論上的受惠者。）

（完全解決問題的日期：_____ / _____ / _____）

(1) 列出對特定學生介入的預期益處

① _____

② _____

③ _____

④ _____

對於主要諮商師的預期益處

① _____

② _____

③ _____

④ _____

對於 PIOs 的預期益處

① _____

② _____

③ _____

④ _____

介入對特定學生的預期益處明顯超過對諮商師或學校的預期益處？

　　是：_____

　　不是：_____（如果「不是」，修訂擬定的介入，直到介
　　　　　　　　　　入對學生的益處明顯超過對諮商師或學校的益處為
　　　　　　　　　　止。）

是否有任何人由此擬定的介入中，比特定的學生受益更多？

　　是：_____（如果「是」，修訂擬定的介入，直到：(1) 特定學
　　　生和 PIOs 脫離立即的危險；(2) 特定的學生已明顯比那些之
　　　前認定的最大獲益者得到更佳的利益。）

　　不是：_____（繼續朝向避免傷害。）

3. 是否已充分做到「避免傷害」？（如果「是」，記錄可能因擬定的
　　介入而導致潛在非預期的後果；如果「不是」，考慮可能因擬定的
　　介入而導致潛在非預期後果，並完成如下相同的紀錄。）

　(1) 列出如果實施擬定的介入可能導致潛在非預期的負面後果。

　　①對於特定學生潛在身體上非預期的負面後果，以及降低比例和
　　　嚴重程度的方法：

　　　(a)_____

　　　　降低比例和嚴重程度的方法：_____

　　　(b) _____

　　　　降低比例和嚴重程度的方法：_____

　　　(c)_____

　　　　降低比例和嚴重程度的方法：_____

(d) _____

　　　降低比例和嚴重程度的方法：_____

②對於特定學生潛在情緒上或心理上非預期的負面後果，以及降
　低比例和嚴重程度的方法：

(a) _____

　　　降低比例和嚴重程度的方法：_____

(b) _____

　　　降低比例和嚴重程度的方法：_____

(c) _____

　　　降低比例和嚴重程度的方法：_____

(d) _____

　　　降低比例和嚴重程度的方法：_____

③對於特定學生潛在社交或人際上非預期的負面後果，以及降低
　比例和嚴重程度的方法：

(a) _____

　　　降低比例和嚴重程度的方法：_____

(b) _____

　　　降低比例和嚴重程度的方法：_____

(c) _____

　　　降低比例和嚴重程度的方法：_____

(d) _____

　　　降低比例和嚴重程度的方法：_____

④對於特定學生潛在學業上非預期的負面後果，以及降低比例和
　嚴重程度的方法：

(a) _____

　　　降低比例和嚴重程度的方法：_____

(b) _____

　　　降低比例和嚴重程度的方法：_____

附錄一　倫理決策模式

(c)＿＿＿＿＿＿＿＿＿＿＿＿＿＿＿＿＿＿＿＿＿＿＿＿＿＿

　　降低比例和嚴重程度的方法：＿＿＿＿＿＿＿＿＿＿＿＿

(d)＿＿＿＿＿＿＿＿＿＿＿＿＿＿＿＿＿＿＿＿＿＿＿＿＿＿

　　降低比例和嚴重程度的方法：＿＿＿＿＿＿＿＿＿＿＿＿

⑤其他可能影響特定學生潛在的非預期負面後果，以及降低比例
　和嚴重程度的方法：

(a)＿＿＿＿＿＿＿＿＿＿＿＿＿＿＿＿＿＿＿＿＿＿＿＿＿＿

　　降低比例和嚴重程度的方法：＿＿＿＿＿＿＿＿＿＿＿＿

(b)＿＿＿＿＿＿＿＿＿＿＿＿＿＿＿＿＿＿＿＿＿＿＿＿＿＿

　　降低比例和嚴重程度的方法：＿＿＿＿＿＿＿＿＿＿＿＿

(c)＿＿＿＿＿＿＿＿＿＿＿＿＿＿＿＿＿＿＿＿＿＿＿＿＿＿

　　降低比例和嚴重程度的方法：＿＿＿＿＿＿＿＿＿＿＿＿

(d)＿＿＿＿＿＿＿＿＿＿＿＿＿＿＿＿＿＿＿＿＿＿＿＿＿＿

　　降低比例和嚴重程度的方法：＿＿＿＿＿＿＿＿＿＿＿＿

⑥對於 PIOs 潛在身體上非預期的負面後果，以及降低比例和嚴
　重程度的方法：

(a)＿＿＿＿＿＿＿＿＿＿＿＿＿＿＿＿＿＿＿＿＿＿＿＿＿＿

　　降低比例和嚴重程度的方法：＿＿＿＿＿＿＿＿＿＿＿＿

(b)＿＿＿＿＿＿＿＿＿＿＿＿＿＿＿＿＿＿＿＿＿＿＿＿＿＿

　　降低比例和嚴重程度的方法：＿＿＿＿＿＿＿＿＿＿＿＿

(c)＿＿＿＿＿＿＿＿＿＿＿＿＿＿＿＿＿＿＿＿＿＿＿＿＿＿

　　降低比例和嚴重程度的方法：＿＿＿＿＿＿＿＿＿＿＿＿

(d)＿＿＿＿＿＿＿＿＿＿＿＿＿＿＿＿＿＿＿＿＿＿＿＿＿＿

　　降低比例和嚴重程度的方法：＿＿＿＿＿＿＿＿＿＿＿＿

⑦對於 PIOs 潛在情緒上或心理上非預期的負面後果，以及降低
　比例和嚴重程度的方法：

(a)＿＿＿＿＿＿＿＿＿＿＿＿＿＿＿＿＿＿＿＿＿＿＿＿＿＿

　　降低比例和嚴重程度的方法：＿＿＿＿＿＿＿＿＿＿＿＿

(b) _____

    降低比例和嚴重程度的方法：_____

(c) _____

    降低比例和嚴重程度的方法：_____

(d) _____

    降低比例和嚴重程度的方法：_____

⑧對於 PIOs 潛在社交或人際上非預期的負面後果，以及降低比例和嚴重程度的方法：

(a)_____

    降低比例和嚴重程度的方法：_____

(b) _____

    降低比例和嚴重程度的方法：_____

(c)_____

    降低比例和嚴重程度的方法：_____

(d) _____

    降低比例和嚴重程度的方法：_____

⑨對於 PIOs 潛在學業上非預期的負面後果，以及降低比例和嚴重程度的方法：

(a)_____

    降低比例和嚴重程度的方法：_____

(b) _____

    降低比例和嚴重程度的方法：_____

(c) _____

    降低比例和嚴重程度的方法：_____

(d) _____

    降低比例和嚴重程度的方法：_____

⑩其他可能影響 PIOs 潛在的非預期負面後果，以及降低比例和嚴重程度的方法：

(a)_____

降低比例和嚴重程度的方法：_____

(b)_____

降低比例和嚴重程度的方法：_____

(c)_____

降低比例和嚴重程度的方法：_____

(d)_____

降低比例和嚴重程度的方法：_____

4. 公平正義已被充分處理？（如果「是」，在下面記錄有關公平正義的議題在何時或是如何被討論；如果「不是」，提供何時討論有關公平正義的議題，以及如何進行討論。）

討論日期：____ / ____ / ____

說明如何討論：

_____

_____

_____

_____

如果「不是」，何時將處理有關公平正義的議題？

討論日期：____ / ____ / ____

如何討論：

_____

_____

_____

_____

(1)記錄下日期，以及擬定的介入是如何去除剝削和歧視，公平地對待特定的學生和 PIOs。

日期：＿＿＿／＿＿＿／＿＿＿

_____

_____

_____

_____

(2)記錄下日期，以及擬定的介入是如何處理特定學生和 PIOs 的相關的議題，例如隱私、社交壓力或尷尬、生理或精神治療上的難題，以及家庭壓力等。

日期：＿＿＿／＿＿＿／＿＿＿

_____

_____

_____

_____

二、五分之四同意的諮詢

1. 五分之四同意的諮詢是否已經完成？（如果「是」，完成下列表格；如果「不是」，說明何時以及你將會諮詢的人。一旦已經完成五分之四同意的諮詢，填好下面的資料。）

（未來接觸的日期：＿＿＿／＿＿＿／＿＿＿）

(1)姓名、職稱、執業地點、學位、執照，以及特約的顧問認證

① _____

② _____

③ _____

④ _____

⑤ _____

(2-1) 藉由上述①顧問的回應，詳細說明針對擬定介入所建議的修訂。

日期及時間：＿＿＿＿＿＿＿＿＿＿＿＿＿＿＿＿＿＿＿＿＿＿

其他額外接觸顧問的日期及時間：＿＿＿＿＿＿＿＿＿＿＿＿＿

建議修訂：＿＿＿＿＿＿＿＿＿＿＿＿＿＿＿＿＿＿＿＿＿＿＿＿

＿＿＿＿＿＿＿＿＿＿＿＿＿＿＿＿＿＿＿＿＿＿＿＿＿＿＿＿＿＿＿

＿＿＿＿＿＿＿＿＿＿＿＿＿＿＿＿＿＿＿＿＿＿＿＿＿＿＿＿＿＿＿

＿＿＿＿＿＿＿＿＿＿＿＿＿＿＿＿＿＿＿＿＿＿＿＿＿＿＿＿＿＿＿

(2-2) 藉由上述②顧問的回應，詳細說明針對擬定介入所建議的修訂。

日期及時間：＿＿＿＿＿＿＿＿＿＿＿＿＿＿＿＿＿＿＿＿＿＿

其他額外接觸顧問的日期及時間：＿＿＿＿＿＿＿＿＿＿＿＿＿

建議修訂：＿＿＿＿＿＿＿＿＿＿＿＿＿＿＿＿＿＿＿＿＿＿＿＿

＿＿＿＿＿＿＿＿＿＿＿＿＿＿＿＿＿＿＿＿＿＿＿＿＿＿＿＿＿＿＿

＿＿＿＿＿＿＿＿＿＿＿＿＿＿＿＿＿＿＿＿＿＿＿＿＿＿＿＿＿＿＿

＿＿＿＿＿＿＿＿＿＿＿＿＿＿＿＿＿＿＿＿＿＿＿＿＿＿＿＿＿＿＿

(2-3) 藉由上述③顧問的回應，詳細說明針對擬定介入所建議的修訂。

日期及時間：＿＿＿＿＿＿＿＿＿＿＿＿＿＿＿＿＿＿＿＿＿＿

其他額外接觸顧問的日期及時間：＿＿＿＿＿＿＿＿＿＿＿＿＿

建議修訂：＿＿＿＿＿＿＿＿＿＿＿＿＿＿＿＿＿＿＿＿＿＿＿＿

＿＿＿＿＿＿＿＿＿＿＿＿＿＿＿＿＿＿＿＿＿＿＿＿＿＿＿＿＿＿＿

＿＿＿＿＿＿＿＿＿＿＿＿＿＿＿＿＿＿＿＿＿＿＿＿＿＿＿＿＿＿＿

＿＿＿＿＿＿＿＿＿＿＿＿＿＿＿＿＿＿＿＿＿＿＿＿＿＿＿＿＿＿＿

(2-4) 藉由上述④顧問的回應，詳細說明針對擬定介入所建議的修訂。

日期及時間：＿＿＿＿＿＿＿＿＿＿＿＿＿＿＿＿＿＿＿＿＿＿

其他額外接觸顧問的日期及時間：＿＿＿＿＿＿＿＿＿＿＿＿＿

建議修訂：＿＿＿＿＿＿＿＿＿＿＿＿＿＿＿＿＿＿＿＿＿＿＿＿

＿＿＿＿＿＿＿＿＿＿＿＿＿＿＿＿＿＿＿＿＿＿＿＿＿＿＿＿＿＿＿

＿＿＿＿＿＿＿＿＿＿＿＿＿＿＿＿＿＿＿＿＿＿＿＿＿＿＿＿＿＿＿

＿＿＿＿＿＿＿＿＿＿＿＿＿＿＿＿＿＿＿＿＿＿＿＿＿＿＿＿＿＿＿

(2-5) 藉由上述⑤顧問的回應，詳細說明針對擬定介入所建議的修訂。

日期及時間：＿＿＿＿＿＿＿＿＿＿＿＿＿＿＿＿＿＿＿＿＿＿＿

其他額外接觸顧問的日期及時間：＿＿＿＿＿＿＿＿＿＿＿＿

建議修訂：＿＿＿＿＿＿＿＿＿＿＿＿＿＿＿＿＿＿＿＿＿＿＿

＿＿＿＿＿＿＿＿＿＿＿＿＿＿＿＿＿＿＿＿＿＿＿＿＿＿＿＿＿

＿＿＿＿＿＿＿＿＿＿＿＿＿＿＿＿＿＿＿＿＿＿＿＿＿＿＿＿＿

＿＿＿＿＿＿＿＿＿＿＿＿＿＿＿＿＿＿＿＿＿＿＿＿＿＿＿＿＿

(3) 顧問對介入同意的最後建議。

是否同意介入？

姓名	是	否
①＿＿＿＿＿＿	＿＿＿＿	＿＿＿＿
②＿＿＿＿＿＿	＿＿＿＿	＿＿＿＿
③＿＿＿＿＿＿	＿＿＿＿	＿＿＿＿
④＿＿＿＿＿＿	＿＿＿＿	＿＿＿＿
⑤＿＿＿＿＿＿	＿＿＿＿	＿＿＿＿

(4) 最後諮詢建議

＿＿＿＿＿＿＿＿＿＿＿＿＿＿＿＿＿＿＿＿＿＿＿＿＿＿＿＿＿

＿＿＿＿＿＿＿＿＿＿＿＿＿＿＿＿＿＿＿＿＿＿＿＿＿＿＿＿＿

＿＿＿＿＿＿＿＿＿＿＿＿＿＿＿＿＿＿＿＿＿＿＿＿＿＿＿＿＿

＿＿＿＿＿＿＿＿＿＿＿＿＿＿＿＿＿＿＿＿＿＿＿＿＿＿＿＿＿

三、督導、學區法律顧問，以及風險管理保險顧問

1. 學校諮商師是否告知督導特定的關切問題，並就如何解決迫切問題得到明確的指示？（如果「是」，完成下面的資料；如果「不是」，說明你何時，以及將與誰接觸。然後完成下面有關督導指示的資料）（未來諮詢督導的日期：＿＿＿／＿＿＿／＿＿＿）

(1) 詳細說明督導的指示。

日期及時間：＿＿＿＿＿＿＿＿＿＿＿＿＿＿＿＿＿＿＿＿＿

具體指示：_____

_____

_____

(2) 詳細說明你如何遵循督導指示的方向及任何提出的疑慮或問題。

日期及時間：_____

說明依督導指示執行的介入：_____

_____

_____

_____

(3) 督導追蹤紀錄。

日期及時間：_____

詳細說明發生的事情及任何潛在的顧慮：_____

_____

_____

_____

尋求督導對於此個案提供給你進一步的指示：_____

_____

_____

_____

2. 學校諮商師是否獲得督導的允許，與學區法律顧問接觸，並在接觸之後確定接下來如何做？（如果「是」，完成下面的資料；如果「不是」，尋求督導的允許及支持，與學區的法律顧問接觸以得到具體的方向。

（未來與法律部門諮詢的日期：____ / ____ / ____）

(1) 得到督導的允許及支持來與學區的法律顧問接觸的日期及時間。

_____

(2) 詳細說明學區法律顧問的指示。

日期、時間、法律部門諮詢人員姓名：_____

_____

特定的指示：_____

_____

_____

(3) 詳細說明你如何遵循學區法律顧問的指示及任何提出的疑慮或問題。

日期及時間：_____

說明依學區法律顧問指示所執行的介入：_____

_____

_____

_____

(4) 與督導及學區法律顧問的追蹤紀錄。

日期及時間：_____

詳細說明發生的事情及任何潛在的疑慮：_____

_____

_____

_____

尋求督導或學區法律顧問關於這個個案所提出進一步的指示：___

_____

_____

_____

3. 與學校諮商師的專業執業保險顧問進行風險管理諮詢。

學校諮商師是否曾與風險管理小組中的專業執業保險顧問進行接觸，並轉介風險管理小組？（如果「是」，完成資料表；如果「不是」，尋求督導的允許及支持來與學區法律顧問接觸，然後得到法律顧問的特定指示。）

（預計與法律顧問諮詢的日期：＿＿＿／＿＿＿／＿＿＿）

(1) 日期、時間，以及風險管理人員的談話內容：＿＿＿＿＿＿＿＿
＿＿＿＿＿＿＿＿＿＿＿＿＿＿＿＿＿＿＿＿＿＿＿＿＿＿＿＿＿＿
＿＿＿＿＿＿＿＿＿＿＿＿＿＿＿＿＿＿＿＿＿＿＿＿＿＿＿＿＿＿

(2) 詳細說明風險管理人員的指示。
特定的指示：＿＿＿＿＿＿＿＿＿＿＿＿＿＿＿＿＿＿＿＿＿
＿＿＿＿＿＿＿＿＿＿＿＿＿＿＿＿＿＿＿＿＿＿＿＿＿＿＿＿＿＿
＿＿＿＿＿＿＿＿＿＿＿＿＿＿＿＿＿＿＿＿＿＿＿＿＿＿＿＿＿＿
＿＿＿＿＿＿＿＿＿＿＿＿＿＿＿＿＿＿＿＿＿＿＿＿＿＿＿＿＿＿

(3) 詳細說明你如何遵循風險管理人員的指示以及任何提出的疑慮或問題。
日期及時間：＿＿＿＿＿＿＿＿＿＿＿＿＿＿＿＿＿＿＿
說明依風險管理人員指示所執行的介入：＿＿＿＿＿＿＿＿＿
＿＿＿＿＿＿＿＿＿＿＿＿＿＿＿＿＿＿＿＿＿＿＿＿＿＿＿＿＿＿
＿＿＿＿＿＿＿＿＿＿＿＿＿＿＿＿＿＿＿＿＿＿＿＿＿＿＿＿＿＿
＿＿＿＿＿＿＿＿＿＿＿＿＿＿＿＿＿＿＿＿＿＿＿＿＿＿＿＿＿＿

(4) 與風險管理人員的追蹤紀錄。
日期及時間：＿＿＿＿＿＿＿＿＿＿＿＿＿＿＿＿＿＿＿
詳細說明發生的事情及任何潛在的疑慮：＿＿＿＿＿＿＿＿＿
＿＿＿＿＿＿＿＿＿＿＿＿＿＿＿＿＿＿＿＿＿＿＿＿＿＿＿＿＿＿
＿＿＿＿＿＿＿＿＿＿＿＿＿＿＿＿＿＿＿＿＿＿＿＿＿＿＿＿＿＿
＿＿＿＿＿＿＿＿＿＿＿＿＿＿＿＿＿＿＿＿＿＿＿＿＿＿＿＿＿＿

尋求風險管理人員關於這個個案所提出進一步的指示：_____

_____

_____

_____

4. 如需進一步的資訊，聯絡全國性或國家專業諮詢協會的倫理委員會，或國家認證的倫理委員會。儘管已依照來自臨床督導和直接的行政主管所指示的倫理決策過程和諮詢，並持續接受監督，校內諮商師仍必須繼續面對無法解答的疑慮，可考慮與全國性或國家專業諮詢協會或國家授權倫理小組進一步諮詢聯繫。

(1) 日期、時間，以及諮詢協會或國家授權倫理小組人員的談話內容：_____

_____

_____

(2) 詳細說明風險管理人員的指示。

特定的指示：_____

_____

_____

_____

(3) 詳細說明你如何遵循這些指示以及任何提出的疑慮或問題。

日期及時間：_____

說明依指示所執行的介入：_____

_____

_____

_____

(4) 與風險管理人員的追蹤紀錄。

日期及時間：＿＿＿＿＿＿＿＿＿＿＿＿＿＿＿＿＿＿＿＿＿＿＿＿＿

詳細說明發生的事情及任何潛在的疑慮：＿＿＿＿＿＿＿＿＿＿＿＿

＿＿＿＿＿＿＿＿＿＿＿＿＿＿＿＿＿＿＿＿＿＿＿＿＿＿＿＿＿＿＿＿

＿＿＿＿＿＿＿＿＿＿＿＿＿＿＿＿＿＿＿＿＿＿＿＿＿＿＿＿＿＿＿＿

＿＿＿＿＿＿＿＿＿＿＿＿＿＿＿＿＿＿＿＿＿＿＿＿＿＿＿＿＿＿＿＿

尋求風險管理人員關於這個個案所提出進一步的指示：＿＿＿＿＿＿

＿＿＿＿＿＿＿＿＿＿＿＿＿＿＿＿＿＿＿＿＿＿＿＿＿＿＿＿＿＿＿＿

＿＿＿＿＿＿＿＿＿＿＿＿＿＿＿＿＿＿＿＿＿＿＿＿＿＿＿＿＿＿＿＿

＿＿＿＿＿＿＿＿＿＿＿＿＿＿＿＿＿＿＿＿＿＿＿＿＿＿＿＿＿＿＿＿

資料來源：*Principles of Biomedical Ethics,* 6th ed., by T. L. Beauchamp and J. F. Childress, 2009, New York: Oxford University Press; and *Principles of Health Care Ethics,* by R. Gillon and A. Lloyd, 1994, Chichester, England: John Wiley & Sons.

附錄二

國內自殺與暴力防治相關資源網站

全國性自殺防治機構

自殺防治中心

由衛生福利部委託台灣自殺防治學會執行成立國家級自殺防治中心，協助各縣市推動自殺防治關懷網絡。

http://tspc.tw/tspc/portal/index/#

財團法人董氏基金會

自殺防治網

http://www.jtf.org.tw/suicide_prevention/

國際生命線臺灣總會

http://www.life1995.org.tw/

諮詢與醫療機構

臺北市生命線協會

http://www.lifeline.org.tw/

馬偕紀念醫院

自殺防治中心

http://www.mmh.org.tw/taitam/sudc/

高雄市立凱旋醫院

自殺防治中心

http://khd1.kcg.gov.tw/kspc/

臺北市政府自殺防治中心

http://tspc.health.gov.tw/

三軍總醫院精神醫學部自殺防治中心

http://wwwu.tsgh.ndmctsgh.edu.tw/psy2/cosp/index.htm

24小時專線

衛生署安心專線：0800-788995

各地張老師：1980

各地生命線：1995

教育資源

教育部學生輔導資訊網

http://www.guide.edu.tw/discontinue_school.php

教育部防制校園霸凌專區

https://csrc.edu.tw/bully/

臺北市政府警察局少年警察隊犯罪預防專區預防校園暴力

http://jad.tcpd.gov.tw/ct.asp?xItem=79409&ctNode=8323&mp=108161

臺北市政府警察局少年警察隊少輔簡訊

http://jad.tcpd.gov.tw/np.asp?ctNode=8678&mp=108161

自殺防治中心「青少年心理衛生與自殺防治手冊」

http://tspc.tw/tspc/upload/tbpaper/20070606133610_file1.pdf

自殺防治中心珍愛生命打氣頻道〈2014學生自殺防治劇場〉

https://www.youtube.com/watch?v=zme3oJ5uhnk&list=PLZn_
BTLWYFmNg8etVKdgyMpkt1mts99hv

台灣自殺防治學會
自殺防治課程

http://www.tsos.org.tw/km/1092

校園自殺、自傷與暴力——評估、預防和介入策略——

參考文獻

Adams, J. R., & Juhnke, G. A. (2001). Using the Systems of Care philosophy to promote human potential. *Journal of Humanistic Counseling, Education & Development, 40,* 225–232.

Adams, J., & Juhnke, G. A. (1998, November). *Wraparound services with school children and their parents.* Presented at the North Carolina School Counselors Association Conference. Winston-Salem, NC.

American Academy of Child & Adolescent Psychiatry. (2005). http://www.aacap.org

American Association of Suicidology. (1998). School suicide postvention guidelines. Washington, DC: Author.

American Association of Suicidology. (2006). Warning signs for suicide. Retrieved from http://www.suicidology.org/web/guest/stats-and-tools/warning-signs

American Counseling Association. (2005). *Codes of ethics.* Retrieved from http://www.counseling.org/Resources/CodeOfEthics/TP/Home/CT2.aspx

American Foundation for Suicide Prevention, American Association of Suicidology, and Annenberg Public Policy Center. (n.d.). Reporting on suicide, recommendations for the media. Retrieved from www.afsp.org

American Medical Association. (2008). Code of medical ethics: Current opinions with annotations 2008–2009. Chicago: American Medical Association.

American Psychiatric Association. (2000). *Diagnostic and statistical manual of mental disorders.* Arlington, VA: Author.

American School Counselor Association. (2004, June 26). *Ethical standards for school counselors.* Retrieved from http://www.schoolcounselor.org/files/ethical%20standards.pdf

Ang, R. P., Chia, B. H., & Fung, D. S. S. (2006). Gender differences in life stressors associated with child and adolescent suicides in Singapore from 1995 to 2003. *International Journal of Social Psychiatry, 52*(6), 561–570.

Aseltine, R. H., Jr., & DeMartino, R. (2004). An outcome evaluation of the SOS Suicide Prevention Program. *American Journal of Public Health, 94,* 446–451.

Askew, M., & Byrne, M. W. (2009). Biopsychosocial approach to treating self-injurious behaviors: An adolescent case study. *Journal of Child and Adolescent Psychiatric Nursing, 22,* 115–119.

Austin, L., & Kortum, J. (2004). Self-injury: The secret language of pain for teenagers. *Education, 124,* 517–527.

Bailley, S. E., Kral, M. J., & Dunham, K. (1999). Survivors of suicide do grieve differently: Empirical support for a common sense proposition. *Suicide and Life Threatening Behavior, 29,* 256–271.

Beauchamp, T. L., & Childress, J. F. (2009). *Principles of Biomedical Ethics* (6th ed.). New York: Oxford University Press.

Becker, K., & Schmidt, M. H. (2005). When kids seek help on-line: Internet chat rooms and suicide. *Reclaiming Children and Youth, 13*, 229–230.

Berman, S. L., Kurtines, W. M., Silverman, W. K., & Serafini, L. T. (1996). The impact of exposure to crime and violence on urban youth. *American Journal of Orthopsychiatry, 66*, 329–336.

Bongar, B. (2002). Risk management: Prevention and postvention (pp. 213–261). In B. Bongar (Ed.), *The suicidal patient: Clinical and legal standards of care* (2nd ed.). Washington, DC: American Psychological Association.

Bowen, N. K., & Bowen, G. L. (1999). Effects of crime and violence in neighborhoods and schools on the school behavior and performance of adolescents. *Journal of Adolescent Research, 14*, 319–324.

Braddock III, C. H., Edwards, K. A., Hasenberg, N. M., Laidley, T. L., & Levinson, W. (1999). Informed decision making in outpatient practice. *JAMA, 282*, 2313–2320.

Brausch, A. M., & Gutierrez, P. M. (2010). Differences in non-suicidal self-injury and suicide attempts in adolescents. *Journal of Youth & Adolescence, 39*, 233–242.

Brock, S. E. (2003). Suicide postvention. In S. E. Brock, P. J. Lazarus, & S. R. Jimerson (Eds.). *Best practices in school crisis prevention and intervention* (pp. 553–576). Bethesda, MD: National Association of School Psychologists.

Brown, S. A. (2009). Personality and non-suicidal deliberate self-harm: Trait differences among a non-clinical population. *Psychiatry Research, 169*, 28–32.

Cable News Network. (2009). Conviction in MySpace suicide case tentatively overturned. Retrieved from http://www.cnn.com/2009/CRIME/07/02/myspace.suicide/index.html

CACREP (2009). The 2009 CACREP standards. Retrieved from http://67.199.126.156/doc/2009%20Standards.pdf

Campfield, D. C. (2009). Cyber bullying and victimization: Psychosocial characteristics of bullies, victims, and bully/victims. ProQuest Information & Learning, US. *Dissertation Abstracts International: Section B: The Sciences and Engineering, 69*(9), 5769.

Capuzzi, D. (1994). *Suicide prevention in the schools: Guidelines for middle and high school settings.* Alexandria, VA: American Counseling Association.

Capuzzi, D., & Gross, D. R. (2004). The adolescent at risk for suicidal behavior (pp. 275–303). In D. Capuzzi, & D. R. Gross (Eds.), *Youth at risk: A prevention resource for counselors, teachers and parents.* Alexandria, VA: Pearson Education.

Carter, L. (2002). A primer to ethical analysis. Office of Public Policy and Ethics, Institute for Molecular Bioscience, University of Queensland, Australia. Retrieved from http://www.uq.edu.au/oppe

Cassidy, W., Jackson, M., & Brown, K. N. (2009). Sticks and stones can break my bones, but how can pixels hurt me? Students' experiences with cyber-bullying. *School Psychology International, 30*(4), 383–402.

校園自殺、自傷與暴力──評估、預防和介入策略──

Centers for Disease Control and Prevention. (2010). Choking game awareness and participation among 8th graders—Oregon, 2008. *Morbidity and Mortality Weekly Report*. Retrieved from http://www.cdc.gov/mmwr/preview/mmwrhtml/mm5901a1.htm

Centers for Disease Control and Prevention. (2008). Youth risk behavior surveillance—United States, 2007. Retrieved from http://www.cdc.gov/mmwr/preview/mmwrhtml/ss5704a1.htm#tab21

Centers for Disease Control and Prevention. (2007). *Web-based Injury Statistics Query and Reporting System (WISQARS)*. Retrieved from www.cdc.gov/injury/wisqars/index.html.

Centers for Disease Control and Prevention, Department of Health and Human Services (2000). *School Health Policies and Programs Study*. Retrieved December 14, 2005, from http://www.cdc.gov/HealthyYouth/SHPPS

Children's Mental Health Screening and Prevention Act, H.R. 2063, 108th Cong. (2003).

Chiles, J. A., & Strosahl, K. D. (2005). *Clinical manual for assessment and treatment of suicidal patients*. Washington, DC: APA.

Cho, H., Guo, G., Iritani, B. J., & Hallfors, D. D. (2006). Genetic contribution to suicidal behaviors and associated risk factors among adolescents in the U.S. *Prevention Science, 7*(3), 303–311.

Doll, B., & Cummings, J. A. (2008). *Transforming school mental health services: Population-based approaches to promoting the competency and wellness of children*. Thousand Oaks: CA: Corwin Press and jointly published by the National Association of School Psychologists.

Dougherty, D. M., Mathias, C. W., Marsh-Richard, D., Prevette, K. N., Dawes, M. A., Hatzis, E. S., Palmes, G., & Nouvion, S. O. (2009). Impulsivity and clinical symptoms among adolescents with non-suicidal self-injury with or without attempted suicide. *Psychiatry Research, 169*, 22–27.

Downs, M. (2005). The highest price for pleasure. MedicineNet.com. Retrieved from http://www.medicinenet.com/script/main/art.asp?articlekey=51776

Dwyer, K, Osher, D., & Warger, C. (1998). *Early warning, timely response: A guide to safe schools*. Bethesda, MD: National Association of School Psychologists.

Emanuel, E. J., Wendler, D., & Grady, C. (2000). What makes clinical research ethical? *JAMA, 283*, 2701–2711.

Etzersdorfer, E., & Sonneck, G. (1998). Preventing suicide by influencing mass-media reporting. The Viennese experience 1980–1996. *Archives of Suicide Research, 4*, 67–74.

Everly, G. S., Jr., Flannery, R. B., Jr., & Mitchell, J. T. (2000). Critical Incident Stress Management (CISM): A review of the literature. *Aggression and Violent Behavior, 5*(1), 23–40.

Federal Emergency Management Agency. (2003). *Integrating manmade hazards into mitigation planning*. Web release 10. Washington, DC: Author. Retrieved November 11, 2009, from http://www.fema.gov/library/viewRecord.do?id=1915

參考文獻

Fitzsimmonds, M. K. (1998). *Violence and aggression in children and youth.* ERIC Digest. (ERIC Document Reproduction Service no. ED429419.)

Florida Department of Health. (2009, December 12). Licensure requirements. Retrieved from http://www.doh.state.fl.us/mqa/491/soc_lic_req.html#Mental%20 Health%20Counseling

Franklin, C., Harris, M. B., & Allen-Meares, P. (2006). *The school services sourcebook: A guide for school-based professionals.* New York: Oxford University Press.

Friedman, R. M., & Drews, D. A. (2005, February). Evidenced-based practices, Systems of Care, and individual care. Tampa, FL: Research and Training Center for Children's Mental Health.

Garbarino, J. (1999). *Lost boys: Why our sons turn violent and how we can save them.* New York: Free Press.

Gillon, R., & Lloyd, A. (1994). *Principles of health care ethics.* Chichester, UK: John Wiley & Sons.

Gould, M. S., Marracco, F. A., Kleinman, M., Thomas, J. G., Mostkoff, K., Cote, J., & Davies, M. (2005). Evaluating iatrogenic risk of youth suicide screening programs: A randomized controlled trial. *Journal of the American Medical Association, 293*(13), 1635–1643.

Granello, D. H. (2010). A suicide crisis intervention model with 25 practical strategies for implementation. *Journal of Mental Health Counseling, 32*(3), 218–235.

Granello, D. H. (2010). The process of suicide risk assessment: Twelve core principles. *Journal of Counseling and Development, 88,* 363–371.

Granello, D. H., & Granello, P. F. (2007). *Suicide: An essential guide for helping professionals and educators.* Boston: Pearson/Allyn & Bacon.

Gurian, M. (1999). *A fine young man: What parents, mentors, and educators can do to shape adolescent boys into exceptional men.* New York: Jeremy P. Tarcher/ Putnam.

Harris, K. M., McLean, J. P., & Sheffield, J. (2009). Examining suicide-risk individuals who go on-line for suicide-related purposes. *Archives of Suicide Research, 13,* 264–276.

Heath, N. L., Toste, J. R., & Beettam, E. L. (2006). "I am not well-equipped": High school teachers' perceptions of self-injury. *Canadian Journal of School Psychology, 21,* 73–92.

Helms, J. F. (2003). Barriers to help-seeking among 12th graders. *Journal of Educational and Psychological Consultation, 14*(1) 27–40.

Hinawi, S. S. (2005). A model screening program for youth. *Behavioral Health Management, 25,* 38–44.

Jacobson, C. M., & Gould, M. (2007). The epidemiology and phenomenology of non-suicidal self-injurious behavior among adolescents: A critical review of the literature. *Archives of Suicide Research, 11,* 129–147.

Jacobson, N., & Gottman, J. (1998). *When men batter women: New insights into ending abusive relationships.* New York: Simon and Schuster.

校園自殺、自傷與暴力──評估、預防和介入策略──

Jenkins, E. J., & Bell, C. C. (1994). Violence among inner city high school students and posttraumatic stress disorder (pp. 76–88). In S. Friedman (Ed.), *Anxiety disorders in African Americans*. New York: Springer.

Jimerson, S., Brock, S., & Pletcher, S. (2005). An integrated model of school crisis preparedness and intervention: a shared foundation to facilitate international crisis intervention. *School Psychology International, 26*(3), 275–296.

Joe, S., & Bryant, H. (2007). Evidence-based suicide prevention screening in schools. *Children & Schools, 29*, 219–227.

Juhnke, G. A. (1997). After school violence: An adapted Critical Incident Stress Debriefing model for student survivors and their parents. *Elementary School Guidance & Counseling, 31*, 163–170.

Juhnke, G. A., & Liles, R. G. (2000). Treating adolescents presenting with comorbid violent and addictive behaviors: A behavioral family therapy model (pp. 319–333). In D. S. Sandu & C. B. Aspy (Eds.), *Violence in American schools: A practical guide for counselors*. Alexandria, VA: American Counseling Association.

Juhnke, G. A., & Shoffner, M. E. (1999). The family debriefing model: An adapted Critical Incident Stress Debriefing for parents and older sibling suicide survivors. *Family Journal: Counseling and Therapy for Couples and Families, 7*, 342–348.

Kadushin, A. (1983). *The social work interview* (2nd ed.). New York: Columbia University Press.

Kaffenberger, C. (2006). School reentry for students with chronic illness: A role for professional school counselors. *Professional School Counseling, 9*, 223–230.

Kalafat, J. (2003). School approaches to youth suicide prevention. *American Behavioral Scientist, 46*, 1211–1223.

Kalafat, J., & Underwood, M. (1989). *Lifelines: A school-based adolescent suicide response program*. Dubuque, IA: Kendall & Hunt.

Katzer, C., Fetchenhauer, D., & Belschak, F. (2009). Cyberbullying: Who are the victims? A comparison of victimization in internet chatrooms and victimization in school. *Journal of Media Psychology: Theories, Methods, and Applications, 21*(1), 25–36.

Kelson vs. the City of Springfield, Illinois, 767, F.2d 651 26 Ed. Law Rep. 182 No. 84-4403. United States Court of Appeals, Ninth Circuit. Argued and Submitted July 9, 1985. Decided Aug. 2, 1985.

Kim, Y. S., & Leventhal, B. (2008). Bullying and suicide. A review. *International Journal of Adolescent Medicine and Health, 20*(2), 133–154.

Kim, Y. S., Leventhal, B. L., Koh, Y., & Boyce, W. T. (2009). Bullying increased suicide risk: Prospective study of Korean adolescents. *Archives of Suicide Research, 13*(1), 15–30.

Kiriakidis, S. P. (2008). Bullying and suicide attempts among adolescents kept in custody. *Crisis: The Journal of Crisis Intervention and Suicide Prevention, 29*(4), 216–218.

參考文獻

Klonsky, E. D. (2007). The functions of deliberate self-injury: A review of the evidence. *Clinical Psychology Review, 27*, 236–239.

Klonsky, E. D., & Muehlenkamp, J. J. (2007). Self-injury: A research review for the practitioner. *Journal of Clinical Psychology, 63, 1045–1056.*

Koocher, G. P., & Keith-Spiegel, P. (2008). *Ethics in psychology and the mental health professions: Standards and cases* (3rd ed.). New York: Oxford University Press.

Kress, V., & Hoffman, R. M. (2008). Non-suicidal self-injury and motivational interviewing: Enhancing readiness for change. *Journal of Mental Health Counseling, 30, 311–329.*

Krill, W. E., Jr. (2009). Encopresis and enuresis in stress disordered children. Retrieved November 13, 2009, from http://hubpages.com/hub/Encopresis-and-Enuresis-in-Stress-Disordered-Children

Lazear, K., Roggenbaum, S., & Blase, K. (2003). Youth suicide prevention school-based guide. Retrieved from http://theguide.fmhi.usf.edu/pdf/Overview.pdf

Leis, S. J. (2003). Do one-shot preventive interventions for PTSD work? A systematic research synthesis of psychological debriefings. *Aggression & Violent Behavior, 8*(3), 329–337.

Maine Youth Suicide Prevention Program. (2009). Maine youth suicide prevention, intervention, and postvention guidelines. Retrieved from http://www.maine .gov/suicide/

McEvoy, M. L., & McEvoy, A. W. (1994). *Preventing youth suicide: A handbook for educators and human service professionals.* Holmes Beach, FL: Learning Publications.

McWhirter, J. J., McWhirter, B. T., McWhirter, E. H., & McWhirter, R. J. (2007). *At risk youth: A comprehensive response for counselors, teachers, psychologists, and human services professionals* (4th ed.). Belmont, CA: Thomson Higher Education.

Miller, D. N., & DuPaul, G. J. (1996). School-based prevention of adolescent suicide: Issues, obstacles and recommendations for practice. *Journal of Emotional and Behavioral Disorders, 4*, 221–230.

Minnesota Board of Behavioral Health. (2009, December 12). LPC applications. Retrieved from http://www.bbht.state.mn.us/Default.aspx?tabid=1149.

Mishna, F., Saini, M., & Solomon, S. (2009). Ongoing and online: Children's perceptions of cyber bullying. *Children and Youth Services Review, 31*, 1222–1228.

Mitchell, J. T. (1994, February 24–25). *Basic Critical Incident Stress Debriefing.* University of North Carolina at Chapel Hill. Chapel Hill, NC.

Mitchell, J. T., & Everly, G. S. (1993). *Critical Incident Stress Debriefing (CISD): An operations manual for the prevention of traumatic stress among emergency services and disaster workers.* Ellicott City, MD: Chevron Press.

Muehlenkamp, J. J. (2006). Empirically supported treatments and general therapy guidelines for non-suicidal self-injury. *Journal of Mental Health Counseling, 28*, 166–185.

校園自殺、自傷與暴力──評估、預防和介入策略──

Muehlenkamp, J. J., & Gutierrez, P. M. (2007). Risk for suicide attempts among adolescents who engage in non-suicidal self-injury. *Archives of Suicide Research*, *11*, 69–82.

Muehlenkamp, J. J., & Gutierrez, P. M. (2004). An investigation of differences between self-injurious behavior and suicide attempts in a sample of adolescents. *Suicide and Life-Threatening Behavior, 34*, 12–23.

Muehlenkamp, J. J., & Kerr, P. L. (2009). Untangling a complex web: How non-suicidal self injury and suicide attempts differ. *Prevention Researcher, 17*, 8–10.

Muehlenkamp, J. J., Walsh, B. W., & McDade, M. (2010). Preventing non-suicidal self-injury in adolescents: The Signs of Self Injury program. *Journal of Youth & Adolescence, 39*, 306–314.

Murray, B. (1999, July/August). Boys to men: Emotional miseducation. *American Psychological Association Monitor, 1*, 38–39.

National Association of School Psychologists. (2006). *Supporting student success: Remedying the shortage of school psychologists.* Retrieved from http://www.nasponline.org/advocacy/personnelshortages.pdf

National Association of School Psychologists. (n.d.). *Preventing youth suicide: Tips for parents and educators.* Retrieved from http://www.nasponline.org/resources/crisis_safety/suicideprevention.aspx

National Board of Certified Counselors. (2005). Code of ethics. Retrieved from http://www.nbcc.org/AssetManagerFiles/ethics/nbcc-codeofethics.pdf

National Center for Education Statistics. (2009). *Documentation to the common core of data state nonfiscal survey of public elementary/secondary education school year 2007–2008.* Retrieved from http://nces.ed.gov/ccd/stnfis.asp

National Center for Injury Prevention and Control, Division of Violence Prevention. (2008, August 4). *Suicide prevention: Youth suicide.* Retrieved October 12, 2009, from http://www.cdc.gov/ncipc/dvp/suicide/youthsuicide.htm

National Child Traumatic Stress Network and National Center for PTSD. (2006, July). *Psychological first aid: Field operations guide* (2nd ed.). Retrieved June 6, 2009, from www.nctsn.org

National Crime Prevention Council. (2007). *Teens and cyberbullying: Executive summary of a report on research.* Retrieved from http://www.ncpc.org/resources/files/pdf/bullying/Teens%20and%20Cyberbullying%20Research%20Study.pdf

National Institutes of Health. (2001). *Bullying widespread in U.S. schools, survey finds.* Retrieved from http://www.nichd.nih.gov/news/releases/bullying.cfm

National Strategy for Suicide Prevention: Goals and Objectives for Action. (2001). U.S. Dept of Health and Human Services, Pub No. 02NLM: HV 6548.A1. Rockville, MD.

Nixon, M. K., & Heath, N. L. (2009). *Self-injury in youth: The essential guide to assessment and intervention.* New York: Routledge.

No Child Left Behind (NCLB) Act of 2001, Pub. L. No. 107–110 §115, Stat. 1425 (2002).

Nock, M. K. (2009). Suicidal behavior among adolescents: Correlates, confounds, and (the search for) causal mechanisms. *Journal of the American Academy of Child & Adolescent Psychiatry, 48,* 237–239.

Nock, M. K., Prinstein, M. J., & Sterba, S. K. (2009). Revealing the form and function of self-injurious thoughts and behaviors: A real-time ecological assessment study among adolescents and young adults. *Journal of Abnormal Psychology, 118,* 816–827.

North Carolina Board of Licensed Professional Counselors (2009, December 12). Licensed professional counselor. Retrieved from http://ncblpc.org/LPC.html

Northouse, P. G. (2006). *Leadership: Theory and practice.* Thousand Oaks, CA: SAGE.

O'Donnell, I., Farmer, R., & Catalan, J. (1996). Explaining suicide: The views of survivors of serious suicide attempts. *British Journal of Psychiatry, 168,* 780–786.

O'Hara, D. M., Taylor, R., & Simpson, K. (1994). Critical Incident Stress Debriefing: Bereavement support in schools developing a role for an LEA education psychology service. *Educational Psychology in Practice, 10,* 27–33.

Ohio.gov. (2009, December 12). Counselor licensing. Retrieved from http://cswmft .ohio.gov/clicen.stm

Pellegrino, E. D., & Thomasma, D. C. (1993). The virtues in medical practice. New York: Oxford University Press.

Perry, B. D. (2002). Stress, trauma, and Post-traumatic Stress Disorders in children: An introduction. Online booklet from the Child Trauma Academy. Retrieved from www.childtrauma.org on November 11, 2009.

Peterson, J., Freedenthal, S., Sheldon, C., & Andersen, R. (2008). Nonsuicidal self injury in adolescents. *Psychiatry, 5*(11), 20–24.

President's New Freedom Commission on Mental Health. (2003). *Achieving the promise: Transforming mental health care in America* (Pub. No. SMA 03–3832). Rockville, MD: Author. Retrieved from http://www.mentalhealthcommission .gov/reports/reports.htm

Reis, C., & Cornell, D. (2008). An evaluation of suicide gatekeeper training for school counselors and teachers. *Professional School Counseling, 11,* 386–394.

Richters, J., & Maxtinez, P. (1993). The NIMH community violence project: I. Children as victims of and witnesses to violence. *Psychiatry, 56,* 7–21.

Roberts-Dobie, S., & Donatelle, R. J. (2007). School counselors and student self-injury. *Journal of School Health, 77,* 257–264.

Robinson, R. (2004). Counterbalancing misrepresentations of Critical Incident Stress Debriefing and Critical Incident Stress Management. *Australian Psychologist, 39*(1), 20–34.

Rose, S., Bisson, J., & Wessely, S. (2003). A systematic review of single-session psychological interventions ("Debriefing") following trauma. *Psychotherapy & Psychosomatics, 72*(4), 176–184.

校園自殺、自傷與暴力──評估、預防和介入策略──

Scott, M. A., Wilcox, H. C., Schonfeld, I. S., Davies, M., Hicks, R. C., Turner, J. B., & Shaffer, D. (2009). School-based screening to identify at-risk students not already known to school professionals: The Columbia Suicide Screen. *American Journal of Public Health, 99*, 224–339.

Shaffer, D., Scott, M., Wilcox, H., Maslow, C., Hicks, R., Lucas, C. P., Garfinkel, R., & Greenwald, S. (2004). The Columbia Suicide Screen: Validity and reliability of a screen for youth suicide and depression. *Journal of the American Academy of Child & Adolescent Psychiatry, 43*, 71–79.

Sharaf, A. Y., Thompson, E. A., & Walsh, E. (2009). Protective effects of self-esteem and family support on suicide risk behaviors among at-risk adolescents. *Journal of Child & Adolescent Psychiatric Nursing, 22*, 160–168.

Shields, L. B. E., Hunsaker, J. C., & Stewart, D. M. (2008). Russian roulette and risk-taking behavior: A medical examiner study. *American Journal of Forensic Medicine and Pathology, 29*, 32–39.

Shneidman, E. S. (2005). How I read. *Suicide and Life-Threatening Behavior, 35*(2), 117–120.

Silverman, E., Range, L., & Overholser, J. (1994–95). Bereavement from suicide as compared to other forms of bereavement. *Omega, 30*, 41–51.

Simon, T. R., Swann, A. C., Powell, K. E., Potter, L. B., Kresnow, M., & O'Carroll, P. W. (2001). Characteristics of impulsive suicide attempts and attempters. *Suicide and Life-Threatening Behavior, 32*(Suppl.), 49–59.

Stephan, S. H., Weist, M., Kataoka, S., Adelsheim, S., & Mills, C. (2007). Transformation of children's mental health services: The role of school mental health. *Psychiatric Services, 58*, 1330–1338.

Stillion, J. M., & McDowell, E. E. (1996). *Suicide across the lifespan: Premature exits* (2nd ed.). Washington, DC: Taylor & Francis.

Texas Department of State Health Services. (2009, December 12). Texas State Board of Examiners of Professional Counselors apply for a new license—requirements. Retrieved from http://www.dshs.state.tx.us/counselor/lpc_apply.shtm

Thompson, R. (1990). *Post-traumatic loss debriefing: Providing immediate support for survivors of suicide or sudden loss*. Greensboro, NC: ERIC Clearinghouse on Counseling and Student Services. (ERIC Document Reproduction Services No. ED 315 708).

Toste, M. A., & Heath, N. L. (2009). School response to non-suicidal self-injury. *Prevention Researcher, 17*, 14–17.

Tuckey, M. R. (2007). Issues in the debriefing debate for the emergency services: Moving research outcomes forward. *Clinical Psychology: Science and Practice 14*(2), 106–116.

U.S. Department of Education. (2007). Office of Safe and Drug-Free Schools. Practical information on crisis planning: A guide for schools and communities. Washington, DC.

參考文獻

U.S. Department of Health and Human Services. (2001). *National Strategy for Suicide Prevention*. Rockville, MD: Public Health Service.

Vacc, N. A., & Juhnke, G. A. (1997). The use of structured clinical interviews for assessment in counseling. *Journal of Counseling & Development, 75*, 470–486.

van Emmerik, A. P., Kamphuis, J. H, Hulsbosch, A. M., & Emmelkamp, P. M. (2002). Single session debriefing after psychological trauma: A meta-analysis. *Lancet, 360*, 766–771.

VanDenBerg, J. E., & Grealish, E. M. (1996). Individualized services and supports through the wraparound process: Philosophy and procedures. *Journal of Child and Family Studies, 5*, 7–21.

Walker, D. (1995). *School violence prevention*. Ann Arbor, MI: ERIC/CAPS. (ERIC Document Reproduction Service No. ED 379 786).

Walsh, B. W. (2006). *Treating self-injury: A practical guide*. New York: Guilford Press.

Warner, J. (2009). Some docs in the dark about choking game. *WebMD*. Retrieved from http://www.webmd.com/parenting/news/20091214/some-docs-in-the-dark-about-choking-game

Washington County Department of Public Health & Environment. (2001). *Adolescent depression and suicide opinion survey*. Retrieved from http://www.co.washington.mn.us/client_files/documents/FHL-teensurv.pdf

Weekley, N., & Brock, S. E. (2004.) Suicide: Postvention strategies for school personnel. Helping children at home and school: Handouts for educators, S-9, 45-47. Retrieved from http://www.aamentalhealth.org/SCHOOLPERSONNEL_000.pdf

Weist, M. D. (1999). Challenges and opportunities in expanded school mental health. *Clinical Psychology Review, 19*, 131–135.

Whalen L. G., Grunbaum J. A., Kinchen S., et al. (2005) *Middle School Youth Risk Behavior Survey 2003*. U.S. Department of Health and Human Services. Retrieved from http://www.cdc.gov/healthyyouth/yrbs/middleschool2003/pdf/fullreport.pdf

Whitlock, J., Lader, W., & Conterio, K. (2007). The Internet and self-injury: What psychotherapists should know. *Journal of Clinical Psychology, 63*, 1135–1143.

Whitlock, J. L., Powers, J. L., & Eckenrode J. (2006). The virtual cutting edge: The Internet and adolescent self-injury. *Developmental Psychology, 42*, 407–417.

Willard, N. (2007). Cyberbullying and cyberthreats: Responding to the challenge of online social aggression, threats, and distress. Champaign, IL: Research Press.

Williams, J. M. G., Duggan, D. S., Crane, C., & Fennell, M. J. V. (2006). Mindfulness-based cognitive therapy for prevention of recurrence of suicidal behaviors. *Journal of Clinical Psychology: In Session, 62*, 201–210.

Wyke v. Polk County School Board, United States Court of Appeals, Eleventh Circuit. Nos. 95-2799, 95-3653., Nov. 19, 1997.

校園自殺、自傷與暴力 ──評估、預防和介入策略──

Wyman, P. A., Brown, C. H., Inman, J., Cross, W., Schmeelk-Cone, K., Guo, J., & Pena, J. B. (2008). Randomized trial of a gatekeeper program for suicide prevention: 1-year impact on secondary school staff. *Journal of Consulting and Clinical Psychology, 76*(1), 104–115.

Young, R., Van Beinum, M., Sweeting, H., & West, P. (2007). Young people who self-harm. *British Journal of Psychiatry, 191*, 44–49.

Zenere, F. J. (2009, October 1). Suicide clusters and contagion. *Principal Leadership Magazine.*

國家圖書館出版品預行編目（CIP）資料

校園自殺、自傷與暴力：評估、預防和介入策略 /
Gerald A. Juhnke, Darcy Haag Granello & Paul F.
Granello 著；施彥卿，蕭芝殷譯. --初版. --
　臺北市：心理, 2014.12
　　面；　公分. --（心理治療系列；22147）

　譯自：Suicide, self-injury, and violence in the schools:
assessment, prevention, and intervention strategies

　ISBN 978-986-191-627-9（平裝）

1.校園暴力　2.自殺　3.自傷防制　4.心理輔導

527.4　　　　　　　　　　　　　　　103021432

心理治療系列 22147

校園自殺、自傷與暴力：評估、預防和介入策略

作　　者：Gerald A. Juhnke、Darcy Haag Granello、Paul F. Granello
校 閱 者：楊延光
譯　　者：施彥卿、蕭芝殷
執行編輯：林汝穎
總 編 輯：林敬堯
發 行 人：洪有義
出 版 者：心理出版社股份有限公司
地　　址：231 新北市新店區光明街 288 號 7 樓
電　　話：(02) 29150566
傳　　真：(02) 29152928
郵撥帳號：19293172 心理出版社股份有限公司
網　　址：http://www.psy.com.tw
電子信箱：psychoco@ms15.hinet.net
駐美代表：Lisa Wu（lisawu99@optonline.net）
排 版 者：菩薩蠻數位文化有限公司
印 刷 者：正恒實業有限公司
初版一刷：2014 年 12 月
初版二刷：2016 年 8 月
I S B N：978-986-191-627-9
定　　價：新台幣 420 元